《放送大学印刷教材》

『心理臨床における法・倫理・制度('21)―関係行政論―』

追　補

（第1刷〜第2刷）

JN112431

【追補の趣旨】

　この印刷教材が刊行されたのは，2021年3月20日である。その後，いくつかの法律が改正されたが，印刷教材には反映されていないため，受講者から同じ質問が寄せられることが生じている。そのため，質問が複数あった法律改定に限定して，追補として情報提供する。

第5章　家族の心理支援に関係する法・倫理・制度
p.88上から3行目〜5行目

【追補の趣旨】

　2022（令和4）年4月1日に民法が改正され，成人年齢が18歳に引き下げられ，それまで16歳だった女性の結婚可能年齢も18歳に引き上げられた。

【追補の内容】p.88上から3行目〜5行目

削除：未成年であっても婚姻適齢に達していれば，父母の同意を得て婚姻できる。結婚した未成年は成年に達したものと見なされ，出産した場合，親として親権を行使することができる（高橋，2014a）。一方，

第 11 章　教育分野における法・倫理・制度
p.196 下から 3 行目〜p.197 上 1 行目

【追補の趣旨】

　2022（令和 4）年 7 月 1 日に，改正教育職員免許法の施行により，教員免許更新制はなくなった。

【追補の内容】p.196 下から 3 行目〜p.197 上 1 行目

修正：また，教育職員免許法は，教育職員の資質の保持と向上を図ることを目的にしており，教育基本法改正に伴って，教員免許の更新制が定められ，10 年の間に規定の講習を受けないと教員免許が失効することとなっていたが，2022（令和 4）年 7 月の改正教育職員免許法の施行により教員免許更新制は廃止となった。

第 12 章　司法・犯罪分野における法・倫理・制度
p.225 下から 10 行目〜8 行目

【追補の趣旨】

　2022（令和 4）年 4 月 1 日に改正少年法が施行され，18 歳以上の少年についての扱いが変わった。

【追補の内容】p.225 下から 8 行目

修正：なっている。それに加えて，2022（令和 4）年 4 月に施行された改正少年法では，18 歳以上の少年は特定少年とし，引き続き少年法は適用されるが，死刑，無期又は法定刑の下限が短期 1 年以上の懲役もしくは禁固に当たる罪の事件の場合，原則として検察官送致がなされるようになった。また，起訴された場合は，実名報道の禁止が解除されることになった。

心理臨床における法・倫理・制度

―関係行政論―

津川律子・元永拓郎

心理臨床における法・倫理・制度（'21）

©2021　津川律子・元永拓郎

装丁・ブックデザイン：畑中　猛

s-63

まえがき

　本書『心理臨床における法・倫理・制度（'21）』は，公認心理師（国家資格）受験に際して学部で履修することが必須である「関係行政論」の教科書である。関係行政論とは何かを簡潔に説明すると，公認心理師として実践を行ううえで理解しておくことが必要な法律や制度などを学び，心理専門職として質の高い活動に活かしていくための科目である。

　「公認心理師試験出題基準（令和元年版）」では，大項目として「公認心理師に関する制度」があり，その中項目として，「保健医療，福祉，教育，司法・犯罪，産業・労働」の5つの分野がおかれ，小項目として「医療法，医療計画制度」にはじまって「ストレスチェック制度」まで，実に42もの小項目が挙げられている。学習範囲が広いうえに，たとえば小項目で「刑法，少年法」を学ぶように言われても，何をどこまで理解すれば公認心理師として適切な実践ができるようになるのか，初学者は戸惑うであろう。

　本書の執筆者は全員が，実践経験が豊富で指導者としての経験も充分に有している。その経験に基づき，臨床実践において法律や制度のどこが肝要なのかを丁寧に解説している。加えて，法律だけでなく倫理も重視して本書を編成した。なお，本書は『心理臨床における法と倫理（'17）』をもとに，大学院向け教科書であったものを，学部用かつ最新のものへと章立てや内容を含めて改編したものである。担当専任教員の大場登先生（放送大学）には前書から本書まで長きにわたり本当にお世話になった。ここに記して感謝申し上げたい。大場先生の後，大山泰宏先生がこの科目を担当してくださって完成することができた。また，法律の詳細に関わる部分は，放送大学に所属する法律の専門家による校閲を経ている。

　本書は15章で構成されている。まず，1章と2章において，公認心理師を含めた心理専門職として実践を行ううえで求められる基本的な

4

法・倫理・制度について解説した。3章に全世代を通じて必要となるいのちを支える諸制度にふれた後に，4章「子ども」，5章「家族」，6章「勤労者」，7章「高齢者」と，人の一生を見通した年代を軸とした章を配置した。

　続けて，8章「保健医療」，9章「精神障害」，10章「コミュニティ及び福祉」，11章「教育」，12章「司法・犯罪」と，実践が行われる場，すなわち分野別の法・倫理・制度を解説した。そして，心理実践に関する倫理は13章，心理臨床研究における倫理は14章で取り上げ，15章を展望とまとめとした。

　いわゆる法や制度に関する5分野でいうならば，保健医療分野が，3章「いのち」の一部，8章「保健医療」，9章「精神障害」の一部と，複数の章にまたがっている。また福祉分野が，4章「子ども」，5章「家族」，7章「高齢者」，9章「精神障害」の一部，10章「コミュニティ」と，いくつかの章に分かれて解説されている。これは，保健医療と福祉の営みが，広範な領域にわたって展開されいている実情を反映している故である。本書ではその実情に即した章構成を取ることとした。ぜひとも，保健医療と福祉の法や制度が，社会の多様な分野で展開されている姿を感じ取ってほしい。なお，産業・労働分野は6章「勤労者」で取り上げた。

　関係行政論の学びは，学部で学んで充分ということはない。学部での学びを，大学院や実務現場でより実践的に深めていくこと，そして公認心理師として実践の場に出てからも，要支援者に寄り添いながらその学びを深めていくことが重要となる。倫理的学びはなおさらそうであろう。

　生活者の心の健康の保持増進のために，世の中の法律や制度を熟知し，倫理面に充分な配慮のできる質の高い公認心理師の誕生に，本書が貢献できることを心から願っている。

2020年10月

主任講師　津川律子・元永拓郎

目 次

1 | 心理臨床における
法・倫理・制度の基本

| 津川　律子

《**学習の目標**》　法・倫理・制度は，心理臨床を行うどの場面においても，その実践と密接に関係している。憲法から実際の心理臨床にいたるまでの流れを理解し，自己決定権についても理解する。また，講義の全体の流れを把握する。
《**キーワード**》　心理臨床，日本国憲法，基本的人権，自己決定権

1．はじめに

　臨床心理学（clinical psychology）に基づいて心理臨床を実践する際に，法律や倫理や制度をよく理解しておくことが大切である。広義の心理支援には，心理相談／心理カウンセリング（psychological counseling/counselling）や心理療法（psychotherapy）が含まれるが，心理相談や心理療法を行うのに，倫理はともかく，なぜ法律や制度を学ばなければいけないのかと，疑問に思う読者がいるかもしれない。法・倫理・制度という言葉が放つ堅いイメージは，柔らかな関係性をイメージする心理臨床とは正反対な異物のように映ってしまう場合さえあるかもしれない。

　倫理に関しては，自分を縛るもの，怖いものというイメージが優先しているということはないだろうか。倫理は，その本質を理解しようとし，基本的にはそれを遵守することで，要支援者ご本人・ご家族や周囲の関係者・公認心理師や臨床心理士である自分自身を守るものであり，心理臨床の質を向上させるものである。

　心理臨床実践と法・倫理・制度がどんなに密接なものなのか，臨床家として向上していくなかで，その事実を頭ではなく実感する日が必ず訪れる。まずは，基本中の基本である**憲法**から論を始めるが，難しい法律用語の羅列にならないような記述に努めたい。

2．心理臨床と憲法

　日本においてはすべての法律の上に**日本国憲法**（以下，**憲法**）があるということは常識であろう。しかし，それはどこに書かれているのであろうか。答えは，憲法第 98 条に書かれている。第 98 条「この憲法は，国の最高法規であって，その条規に反する法律，命令，詔勅及び国務に関するその他の行為の全部又は一部は，その効力を有しない。」（詔勅の意味は，下記―注 1）を参照のこと）

　さて，憲法のなかでどこに魅力を感じるかは人によって違うであろうが，公認心理師や臨床心理士という対人援助専門職として憲法のなかで親しく感じるのは，**基本的人権**（fundamental human rights）の保障なのではなかろうか。そもそも人権（human rights）は，「日本では，古くから仏教との関係で人権に類する思想はあったが，欧米起源の人権概念は，明治期になってから輸入されたと言える。英語の Right（s）という概念が，『権利』と翻訳された（『権理』という訳語もあった）ことからも，日本のオリジナルではないことが理解できる」（齋藤，2013）。このように，いまは当たり前に感じる人権や基本的人権という考え方は，厳密に考えれば日本の長い歴史のなかで最近のことである。基本的人権に関係する憲法の条文を以下に挙げる。

第 11 条　「国民は，すべての基本的人権の享有を妨げられない。この憲法が国民に保障する基本的人権は，侵すことのできない永久の

注 1）詔勅（しょうちょく）とは，「詔書と勅旨。詔・勅（みことのり）の総称。明治以降，天皇が発する公文書。詔書。勅語」のこと（「写楽」編集部，2013）。

　　　　　権利として，現在及び将来の国民に与へられる。」

第12条　「この憲法が国民に保障する自由及び権利は，国民の不断の努
　　　　　力によつて，これを保持しなければならない。又，国民は，こ
　　　　　れを濫用してはならないのであつて，常に公共の福祉のために
　　　　　これを利用する責任を負ふ。」

第13条　「すべて国民は，個人として尊重される。生命，自由及び幸福
　　　　　追求に対する国民の権利については，公共の福祉に反しない限
　　　　　り，立法その他の国政の上で，最大の尊重を必要とする。」

第14条　「すべて国民は，法の下に平等であつて，人種，信条，性別，
　　　　　社会的身分又は門地により，政治的，経済的又は社会的関係に
　　　　　おいて，差別されない。」

第97条　「この憲法が日本国民に保障する基本的人権は，人類の多年に
　　　　　わたる自由獲得の努力の成果であつて，これらの権利は，過去
　　　　　幾多の試錬に堪へ，現在及び将来の国民に対し，侵すことので
　　　　　きない永久の権利として信託されたものである。」

　前述にある第13条は，いわゆる幸福追求権と呼ばれるものであるが，ここから新しい人権がいくつか導き出されている。その代表がプライバシーに関する権利や環境に関する権利などであり，この第13条から自己決定権も導き出されている（山田，2013）—注2）。

　自己決定権（autonomy, right of self — determination）は，たとえば，インフォームド・コンセント（Informed consent/略して IC ということも多い）という概念につながる。病院臨床で「いま Ｉ Ｃ 中」と医師が言えば，それは患者や家族に対して医師が十分な説明を行うことで，手術や投薬などの治療に関する同意を得ようとしている行為の最中であることを意味している。十分な説明を受けて十分に理解したうえで

注2）本章ではこの立場で論を進めるが，第9章にあるように違った意見もある。

（informed），**要支援者**が合意する（consent）ことが IC の基本的な概念であるが，説明を受けたうえで治療を拒否することも IC に含まれる。全国どこの医療機関でも行われている「いま IC 中」という行為の中心になっているものが，自己決定権であり，「インフォームド・コンセントが必要とされる根本的な理由は，最終的には患者の自己決定権というところに行きつく」（小海，2004）のである。これはほんの一例であるが，憲法から日常臨床へとつながる感覚が伝わるであろうか。

　なお，医療領域における例を挙げたが，インフォームド・コンセント一つとっても，決して医療だけの課題ではなく，医師だけの課題でもない。本書の第 13 章で詳しく解説されるが，心理臨床実践における倫理において重要なキーワードの一つとなっている。

　さて，憲法第 13 条の幸福追求権に話を戻そう。この条文を細かく見ると，すべての国民は，① 個人として尊重される，② 生命，自由，幸福追求に関する権利をもつ，ただし，③ 公共の福祉による制限を受ける，に分解することができる。最後の「公共の福祉」とは何かといった法学における学説には立ち入らないが，第 12 条でも「公共の福祉」という言葉が出てくる。人権だからといって何もかも無制限に保障されているわけではなく，犯罪をする自由や他人に迷惑をかける自由までは認められていない（木山，2014）。逆にみれば，公共の福祉に反しないかぎり，幸福追求権は最大に尊重されることになる。

　つまり，誰かが何かの苦悩をもっているとして，それを誰に相談しても，しなくても，個人の自由である。誰か（クライエント／要支援者）が，公認心理師（Certified Public Psychologist）等の心理専門職に相談をしたい，公認心理師等の心理支援を受けたいと思うことは，憲法で保障された幸福追求権に基づいてクライエントが自分で決めること（自己決定権）であり，公共の福祉に反することでない限り，最大限に尊重さ

れなくてはならない。このことは当たり前のことのようで、極めて重要なことである。

3. 契約という概念

　前述のように、誰か（クライエント）が、公認心理師等に心理相談をしたいと考え、公認心理師等がそれに応じれば、心理支援が始まることになるが、ここで「**契約**」という概念を知っておくことが大切になってくる。契約とは、「二者以上の法的人格による二個以上の相対立する意思表示の合致（合意）であって、その効力として債権を発生させるものをいう」（我妻・有泉、1998）。

　「契約」を説明するために、ある判決を紹介する。タイトルが長いが「カウンセラーが面接により知り得た相談者の私的事柄等を無断で書籍に記述したことについて、守秘義務違反として債務不履行責任が認められた事例」［東京地裁判、1995（平成7）年6月22日、判例時報1550号、pp. 40-44］である。

　これは、カウンセラーがクライエントに無断で、ケースの内容をもとに原稿を書いて本を出版したために、クライエントがカウンセラーに対して精神的損害についての賠償を請求した事案であった。この判決において「医師と患者との間の治療契約に類似した、いわば心理治療契約ともいうべき契約が締結されたものと認められる」と「契約」にふれられ、そのうえで「そして、右契約の性質上、面接においては、相談者の他人に知られたくない私的事柄や心理的状況が話されることが通常であるから、カウンセラーは、契約上、当然に、相談者に対して守秘義務を負うと解すべきである」と述べられている。この判決で、「心理治療契約」という言葉が使われ、クライエントとカウンセラーの関係が依頼者と専門家という関係であると位置づけられ、「契約」が認められたこと

は大きな意味をもっている（金沢，2006；岡田，2009）。

4．準委任契約とは

　それでは，カウンセラーがクライエントと面接契約する場合の「契約」は民法上どういう法的性質に分類されるのかというと，民法第656条の「準委任契約」と考えられている（岡田，2009）。民法第656条を見てみよう。

（準委任）第656条
　この節の規定は，法律行為でない事務の委託について準用する。
・引用者―注）この節とは，「民法第3編第2章第10節　委任」のこと

　これだけではわかりにくいので，「委任」（民法第643条）とそれに関係する条文（民法第644条）を見てみよう。

（委任）第643条
　委任は，当事者の一方が法律行為をすることを相手方に委託し，相手方がこれを承諾することによって，その効力を生ずる。
（受任者の注意義務）第644条
　受任者は，委任の本旨に従い，善良な管理者の注意をもって，委任事務を処理する義務を負う。

　これでわかるように，民法上，「委任」と「準委任」という2つの概念がある。前者は「法律行為をすること」を委託することであるのに対し，後者は「法律行為でない事務」を委託することである。前者の規定はすべて後者に準用される（第656条／我妻・有泉，1998）。

「法律行為」とは，行為者が希望したとおりの法律上の権利関係の変動を発生させる行為であるので，法律行為の委任とは，たとえば「不動産の売却や，商品の買い付けの委任など」である（我妻・有泉，1998）。肝心の「法律行為でない事務」はというと，法律上の権利関係の変動を発生させないことを指す。法律の専門家でないと，公認心理師等の行う面接は“事務”ではないと思い，“事務”という言葉に違和感をもつであろう。しかし，法律上，「事務」とは「仕事とほぼ同義。その内容は，人間の生活上の利益に影響を及ぼす全ての行為を含む」（法令用語研究会，1993）となっている。したがって，準委任契約とは「依頼者が法律行為以外の業務の処理を依頼し，受任者がこれを引き受けることによって成立する契約」と定義されている（高野，2005）。たとえば，医師と患者の関係も「法律行為でない事務」＝準委任契約と考えられている（大谷，1997）のである。

　さて，なぜここで準委任契約という概念を知っておくことが大切かというと，前述の民法第644条の条文が面接契約に適応されるからである。この条文の中にある「善良な管理者の注意」は「善管注意義務」や「善管注意」とも記されるが，その意味は「民事上の過失責任の前提となる注意義務の程度を示す概念で，その人の職業や社会的地位等から考えて普通に要求される程度の注意（民法400・644等）」のことである（法令用語研究会，1993）。別の言い方をすれば，「面接者は，クライエントに損害を与えないように，専門家として期待される程度の注意を払い，期待される程度の専門技術をもって，面接を行う義務があると考えられる」（岡田，2009）。専門職であるということが，どういうことなのか，民法を通じても伝わってくると思う。

　さて，これまでの論は，クライエントと公認心理師等という関係性からだけ概説を進めてきた。しかし，クライエントと公認心理師等の関係

性という視点をいったん離れて，公認心理師等自身の"労働"を考える
と，その働き方はさまざまであるだろう。最も多い働き方はどこかの機
関や施設に雇用され，労働契約を結び，労働基準法上は「労働者」とし
て扱われている場合と思われる。次いで多いのは「業務委託契約」で働
いている場合ではなかろうか。それ以外にも請負契約であったり，公認
心理師等自身が経営者であったり，働くことに関する「契約」にはいく
つかの種類がある（高野，2005）。これらは第6章などでふれられるこ
とになるが，いずれにしても「契約」という概念は，専門職につきもの
であり，これから公認心理師等をめざす大学生にとって馴染みが少な
く，公認心理師等として働いていても，普段はあまり意識することがな
い概念かもしれないが，だからこそ，本書などを通じて知っておいてほ
しい。

5．心理臨床実践における法律と倫理

　ここまでを整理しておこう。誰か（クライエント／要支援者）が，公
認心理師等に相談をしたい，公認心理師等の心理支援を受けたいと思う
ことは，憲法で保障された幸福追求権に基づいてクライエントが自分で
決めること（自己決定権）であり，公共の福祉に反することでないかぎ
り，最大限に尊重されなくてはならない。そして，クライエントと公認
心理師等の間の関係は，友人関係とは違って，心理支援を求める依頼者
と心理臨床実践の専門家という関係であり，そこには基本的に契約が存
在するものと考えられる。カウンセラーによる面接契約は民法上，準委
任契約と理解され，面接者は善良な管理者の注意をもって面接を行わな
ければならない。

　もともと臨床心理面接は，「何らかの情緒的問題を持つことによって
基本的に自らの有り様に問いを投げかけ，そのための援助を求めている

クライエントと，一定の訓練を通してクライエントとの間に望ましい対人関係を確立することができるカウンセラーとの対人関係を通して，クライエントの持つ心理―身体―行動面における症状や障害を取り除くだけでなく，さらにクライエントの心理的成長を促すための営み」（篠竹，2007）のことである。この定義において「対人関係」という単語が出てくるが，「これはコミュニケーションのことである。コミュニケーションとは，相手の話すことをよく聴き，それを理解できれば理解したと返し，理解できなければ相手にわからないと伝え，さらに話を聴いていくというくりかえしである。こうしたコミュニケーションは簡単なようだが，日常場面では意外とみられない。互いに自分のいいたいことをいい合い，実は相手のいうことをあまり聴いていないというのが実情なのではないだろうか。これは雑談に近い」（篠竹，2007）。

　このように，コミュニケーションに関して基本的な訓練を受け，臨床心理学の知識・理論を熟知して，的確な心理アセスメントを導きだし，それに基づき，心理臨床のスキルを統合的に駆使して心理支援を行う対人援助専門職が公認心理師等である。物理的なものを扱う職業ではなく心理的なものを扱う職業であるからといって，現実から浮き世離れしてはいけない。たとえば，臨床心理面接で深層心理を扱っていたとしても，その要支援者（クライエント）と自分（公認心理師等）は依頼者と専門家という契約関係にあるのであり，2人がいる面接室は日本という法治国家のなかにあって，たくさんの法律が存在している。そして，本章7節で述べるように，法律の前に倫理がある。むしろ，心理的なものを扱う職業であるからこそ，現実をよく知っておかなければならない。心理的な内界と現実生活の間のバランスが極めて大切な職業なのである。

　もちろん，公認心理師等は法律の専門家ではないので，法律に関して

わからないことがあれば法律の専門家に尋ねる。法律の専門家は公認心理師等が関係する重要職種の一つである。一方で，公認心理師等が心理臨床実践を行うどの場面においても，倫理や法律は密接に関係しているため，心理臨床にまつわる倫理の基本および関連する最低限の法律知識を心得ておかないと質の担保された実践活動が行えない。そのために，本書を活用してほしい。次節は，本書の全体の流れを概観し，学習に際しての留意点にふれる。

6．本書全体の流れと学習に際しての留意点

　この第1章に続く，第2章は資格に関する歴史と**公認心理師法**に関する章である。公認心理師等になるために公認心理師法を十分に理解することは当然のことであるが，公認心理師法ができた経緯を知ることは，公認心理師等が何を求められているかを知ることにもつながり大切なことである。

　第3章は本書の根幹となるものである。生きるということ（＝生活するということ）について述べている。哲学など隣接する複数の学問領域の根幹にあるものであるが，臨床心理学においても中心となるものである。人が産まれる前，産まれて生をまっとうするまで，亡くなった後……公認心理師等は人のライフサイクルのどこにでもかかわる可能性のある職業である。

　第4章からは発達にそって，子ども（第4章），家族（第5章），勤労者（第6章），高齢者（第7章）という順で心理支援に関する法・倫理・制度に関して解説する。

　第8章からは要支援者と出会う場所を中心として，医療保健分野（8章），コミュニティ及び福祉分野（第10章），教育分野（第11章），司法・犯罪分野（12章）の順で心理支援に関係する法・倫理・制度に関

して概説する。その間に，8 章に関係するものとして精神障害（第 9章）が挿入されている。

　倫理に関しては，実践における倫理（第 13 章）と，研究における倫理（第 14 章）の 2 つに分けて解説する。

　最後の第 15 章は，これからの未来を論じたもので，第 3 章と並んで本書の根幹を成すものである。

　初学者は，できるだけ第 1 章と第 2 章を読んでから，基本的には章ごとに読み進めてほしい。もしも，自分には難しいと感じる単語などが出てきたら，一度それをカッコに入れて，文章全体や，節全体を読み直してみてほしい。臨床経験が豊富な読者には，自分が学びたい章を辞書代わりに読めるように，本書は全体として連動しながらも，各章が完結して読めるように制作した。

　また，本書を用いた学習の際には，細かなところを強迫的にチェックして丸暗記するのではなく，法律であっても倫理であっても，その立法精神や趣意といった本質を，心理臨床実践の文脈を踏まえたうえで理解しようとしてほしい。馴染みのある法律もあれば，耳にしたこともない法律もあるかもしれない。いまは，インターネットの時代である。詳しい法律の条文は，分厚い法律の専門書を紐解かなくとも，簡単にインターネットで検索できる。基本的には，公認心理師法を除いて，関係法律等の膨大な量の条文などを強迫的に丸暗記する必要はない。

　法律や倫理に関係する用語・概念・数量的な資料などに関しても，それらを解釈したり，意見を言ったりすることを含めて，いろいろな視点がある。本書においても，章によっては同じ概念に対して異なった視点から論じているところもあるが，それにとらわれすぎず，複眼視に努めてほしい。多角的な意見の存在は心理臨床実践を豊かにしていく。

　一方で，もともと専門用語は，どの学問においても，その学問なりの

視点や，その学問からみた人間理解があってのものである。公認心理師等の寄るところは，心理学であり，とくに臨床心理学である。臨床心理学の視点，その基本的精神や方向性といったものをまず根幹として学び，それに法律や倫理に関する知識や理解を足していってほしい。法学には法学の考え方があり，法学の専門用語に関して素人が好き勝手に憶測でものを言うことは，関係する学問への尊敬を欠く行為につながることを執筆者一同よくわきまえたうえで解説を行っていることを書き添えておきたい。

7．倫理と法律の関係

本章の最後として，これからたくさん出てくる倫理と法律の関係を整理しておく。

倫理（あるいは道徳 moral）と法律の違いは，さまざまな説明が専門家によってなされている。本書は，法律の専門家を養成するための教科書ではなく，公認心理師等をめざす者のためのテキストであるので，次に一つの考え方を紹介するが，それを読者に押しつけるつもりはない。前節でもふれたように，人によって考え方が違うのは自由である。

さて，「法は倫理の最低限」という言葉があるように，たくさんある倫理のなかで，その一部が法律となっていると考えると心理臨床の実務に溶け込むのではないだろうか。法律とは国家によって制定されるものであるが，弁護士であり医師である児玉の講演では次のように続けられている。「ただ，倫理的な基盤がなければならないとされています。倫理に反する行為を国家は強制できないという建前になっています。しかし，法は倫理と常に重なるわけではありませんし，また倫理の全てを法として国家が強制するわけではありません。倫理の中には少なくとも国家によって強制される倫理と，国家によって強制されない倫理というも

のがあります」(津川, 2006a)。別の言い方をすれば,「法律が先にあって倫理があるのではない。逆である。倫理が先にあって, そこから法律が生まれているのである」ということになる (津川, 2009)。実際, 明確な法律違反でないから何をしてもよい, と考える公認心理師等はいないであろう。法律に反しなくても, 実践の局面に応じて倫理的にどうだろうかと考え, 周囲に相談しつつ日々の臨床を行う。そうすることで, 心理臨床の力もついてくる。

　冒頭で述べたように, 倫理はただ怖いものではない。その本質を理解しようとし, 基本的には遵守することで, 要支援者・支援する自分自身・周囲の人々を守るものであり, 心理臨床の質を向上させるものでもある。第2章でふれるように, 少なくとも第二次世界大戦後からカウンセラーが存在していたことを起点としても, 半世紀強である。公認心理師等が, 専門職としての社会的信用 (professional integrity：専門職の廉潔性／津川, 2006b) をさらに向上するためにも, 公認心理師等をめざす学生は倫理という言葉を自分に関係ないものとせず, むしろ大切にしてほしい。

学習課題

1. これまで日本国憲法の条文の全文を一度も読んだことがない人は, チャレンジしてみよう。〔条文だらけで挫折しそうな場合は, 第2章の参考文献を参照されたい。〕
2. 公認心理師が心理支援を行う際に, 公認心理師法以外に関係のありそうな法律は何か, 思い浮かぶものに関して調べてみよう。

引用文献

・法令用語研究会〔代表：横畠貞治〕（1993）　『法律用語辞典〔第 4 版〕』　有斐閣，p. 527，p. 702

・金沢吉展（2006）　『臨床心理学の倫理をまなぶ』　東京大学出版会，pp. 206-208

・金子宏・新堂幸司・平井宣雄編（2011）　「無名契約」　『法律学小辞典〔第 4 版増補版〕』　有斐閣，p. 1190

・木山泰嗣（2014）　『マンガでわかる日本国憲法』　池田書店，pp. 96-97

・小海正勝（2004）　『看護と法律』　南山堂，p. 2

・岡田裕子（2009）　「心に関連する法律の全体像」　佐藤進監修，津川律子・元永拓郎編　『心の専門家が出会う法律―臨床実践のために〔第 3 版〕』　誠信書房，pp. 3-11

・大谷實（1997）　『医療行為と法〔新版補正第 2 版〕』　弘文堂，pp. 64-66

・齋藤康輝（2013）　「人権と統治の融合」　齋藤康輝・高畑英一郎編　『Next 教科書シリーズ　憲法』　弘文堂，pp. 159-172

・「写楽」編集部（2013）　「日本国憲法」　小学館アーカイブス　『日本国憲法』　小学館，p. 106

・篠竹利和（2007）　「カウンセリングの基本的技法」　外島裕・田中堅一郎編　『臨床組織心理学入門―組織と臨床への架け橋』　ナカニシヤ出版，pp. 227-259

・高野浩一（2005）　「臨床心理士として働くときの契約について」　日本臨床心理士会雑誌第 46 号（第 14 巻 2 号），pp. 54-55

・津川律子（2006a）　「対人援助の法的・倫理的問題～conflict of interest をめぐって」を聴いて―その 1．日本臨床心理士会雑誌第 47 号，pp. 45-50

・津川律子（2006b）　「対人援助の法的・倫理的問題～conflict of interest をめぐって」を聴いて―その 2．日本臨床心理士会雑誌第 48 号，pp. 69-74

・津川律子（2009）　「心の専門家における倫理」　佐藤進監修，津川律子・元永拓郎編　『心の専門家が出会う法律―臨床実践のために〔第 3 版〕』　誠信書房，pp. 191-197

・我妻榮・有泉亨（1998）　『〔新版〕コンメンタール民法Ｖ　契約法』　日本評論社，p. 21，pp. 327-387

・山田亮介（2013）　「包括的人権」　齋藤康輝・高畑英一郎編　『Next 教科書シ

リーズ憲法』　弘文堂，pp. 53-66

参考文献

① 金子和夫監修，津川律子・元永拓郎編（2016）『心の専門家が出会う法律［新版］―臨床実践のために』　誠信書房
――公認心理師だけでなく，広く心理面に関係する対人援助職に向けてまとめられた法律などに関する本である。一人では学びきれない量の法律が，臨床実践に沿ってわかりやすくまとめられており，独学にも役立つ。
② 鶴　光代・津川律子編（2018）『シナリオで学ぶ心理専門職の連携・協働―領域別にみる多職種との業務の実際』　誠信書房
――公認心理師等が働く各分野（医療，教育，福祉，矯正，産業，私設）における架空事例を通して，公認心理師等の実際の動きがわかるだけでなく，関係職種の仕事や制度・法律なども学べる。
③ 野島一彦監修，津川律子・江口昌克編（2019）『公認心理師分野別テキスト①保健医療分野―理論と支援の展開』　創元社
――保健医療分野に限定した本であるが，制度や法律などを臨床実践に沿って学ぶことができる。たくさんの機関が出てくるが，それぞれがどのような特徴をもっているのかもわかる。

2 | 日本における心理臨床に関する 資格の歴史と公認心理師法

津川　律子

《**学習の目標**》　日本における心理臨床に関する資格の歴史を整理することを
通じて，公認心理師法に求められていることを理解する。また，公認心理師
法の要点についても理解する。
《**キーワード**》　国家資格，公認心理師法，名称独占

....

1．心理臨床において資格が必要な理由

　人は何かに悩み困るとき，その話題を話してもよい身近な相手に相談
するだろう。友だち，親友，恋人，家族等々である。身近な相手に相談
しただけでは，その悩みが解決または軽減しない場合，専門家の力をか
りることを発想する。法律に関する悩みであれば法律家のもとを訪れる
といったように，その道の専門家に相談することになるだろう。

　このように，来談者（client ／クライエント）の側に立てば，心理的
な問題で悩み，誰か専門家に相談したいと考えたとき，信頼できる心理
支援者をどうやって探し出すのであろうか。周囲に心理カウンセリング
や心理療法を受けたことのある人がいるとは限らない。もし，いたとし
ても，悩みの内容や性質は十人十色で人によって違いが大きいので，そ
の人が相談した心理支援者が，自分の悩みを解消または軽減できるのか
どうか判断がつかない。これから相談しようとしている相手が，信頼で
きるだけの専門知識と技術を有している心理支援者かどうかに関して公
開された情報がなければ，来談者も家族も雲をつかむような状態に陥っ

てしまう。

　そこで，心理臨床においても "資格" という考え方が浮上してくる。資格は，ある一定の専門知識をもち（教育），ある一定の訓練を受け（実務研修），ある一定の試験に合格した者に与えられる（最低合格条件がある）。その心理支援者が資格を有しているかどうかは，来談者や家族にとってわかりやすい判断材料の一つになるだろう。つまり，資格は，生活者のために考えられるものである。そのため，世界各国において，その国や地域に合わせた心理臨床に関する資格が創られている。日本の資格がどのような経過を辿ってきたのかを整理することで，公認心理師法に求められていることが浮き彫りになることであろう。

　なお，資格にはさまざまな種類のものがあるが，民間資格と**国家資格**に大別すると，国家資格とは，その名のとおり，日本国の法律に基づいて国が実施する試験（国家試験）があって，それに合格すると，結果として行政の権限に基づいて一定の行為を行うことを許可される資格のことである。

2. 日本における心理臨床に関する資格の歴史

（1）　初めての活動

　日本で初めて心理臨床関連分野の資格に挑んだのは，日本応用心理学会（The Japan Association of Applied Psychology）と思われる。1946（昭和 21）年の戦後復興第 1 回大会の時点で，学会に 4 つの部会があり，その中の一つが臨床心理部会であった。日本応用心理学会は「かねて『指導教諭』（カウンセラー）設置に関する建議案を衆・参両院に1951（昭和 26）年から 1953（昭和 28）年にかけて提出したが，いずれも採択されている。これはわが国の資格問題の最初の公式活動である」（恩田，2006)。ここでいう「カウンセラー」は指導教諭という名のよう

に，いわゆる教師カウンセラーの資格法制化をめざすものであったが，当時すでに，医療領域で働く心理職，矯正領域で働く心理職，福祉領域で働く心理職なども存在していた。

（2）　幻に終わる

その後，1963（昭和38）年に第1回の心理技術者資格認定機関設立準備協議会（後の準備会）が，日本心理学会，日本教育心理学会，日本応用心理学会の3つの学会をはじめ17団体が参加して発足した。翌年，1964（昭和39）年には日本臨床心理学会ができ，準備会に参加した。1966（昭和41）年に出された「心理技術者資格認定機関設立準備会最終報告」では，臨床心理士について「臨床心理士とは，教育，医療，精神衛生，犯罪，矯正，社会（児童）福祉の領域において心理学的な学識，技術をもって臨床的活動に従事するものであって，心理技術者資格認定機関が認定する手続きにしたがって，その資格を認められたもの」と定義されている（恩田，2006）。この定義でわかるように，教育領域だけでない領域横断的な資格が想定されていた。なお，資格の名称は，臨床心理士で最終確定していたわけでなく，心理技術者（士，師）や臨床心理技師など，いろいろな候補があった。1969（昭和44）年12月から，臨床心理士資格認定の受付が開始される予定であったが，この認定業務は幻に終わってしまった。「臨床心理学会が資格制度を確立しようとした時期（1970年前後）は，戦後の社会体制への問題意識が高まった時期と同時期であった。そうした風潮のなか，精神医学の診断行為や臨床心理学的行為への疑問が高まり，資格制度は葬り去られてしまった」（サトウ，2010）。

（3）　冬の時代

　日本臨床心理学会は，「1971（昭和 46）年の大会で会員の要求を受け理事の全員が辞任，以後は改革を主導した若手を中心に運営されたが，これに異を唱える会員が大量に脱会した」（信田・藤岡，2015）。このような経過で，1970（昭和 45）年から 1980（昭和 55）年までの約 10 年は臨床心理学にとって「冬の時代となった」（野口，2009）。なお，この頃の様子は，成瀬（2016）に詳しい。

（4）日本心理臨床学会の設立と臨床心理士の誕生

　約 10 年の冬の時代を経て，第 1 回「心理臨床家の集い」が 1979（昭和 54）年に名古屋で開催され，第 2 回，第 3 回の後，1982（昭和 57）年に，日本心理臨床学会（The Association of Japanese Clinical Psychology）が設立された。第 1 回大会が九州大学で行われ，757 名が参加したと記録されている（一般社団法人日本心理臨床学会，2011）。この学会では「発足当時から，国家資格制度の実現は最重要テーマとしてあがっており，1985（昭和 60）年には，『資格問題等に関する特別委員会』が発足した」（鶴，2011）。そして，「昭和 61（1986）年第 2 回常任理事会で，『従来よりの国家認定による資格制度の確立に向けての作業』は諸般の状況から難しいことが確認され，翌年の第 6 回総会において，"『資格制度』を確立する布石としての"日本臨床心理士資格認定協会が，拠出金の予算化を伴って承認された」（鶴，2011）。1988（昭和 63）年に日本臨床心理士資格認定協会が発足して臨床心理士（certificated clinical psychologist）の第 1 号が誕生し，1989（平成元）年には職能団体としての日本臨床心理士会が設立された。以後，臨床心理士を養成する大学院数が増え，認定された臨床心理士数も増え，2019（令和元）年現在で，37,249 名の臨床心理士合格者が生まれている。このように，

臨床心理士は，日本を代表する臨床心理職の資格となったが，民間資格であることに変わりはないため，国家資格化のための活動がその後も長く続くことになった。

（5）　広い分野での活動

　ここで一つの課題が見えてくる。臨床心理職の働く現場は，医療・保健領域，福祉領域，教育領域，産業・労働領域，司法・矯正／保護・警察領域，私設心理相談領域，大学関係など幅広い（津川・山口，2019）。省庁だけで考えても，法務省，厚生労働省，文部科学省などと関係するため，国家資格を司る主務官庁が1つの省では納まりきらないという課題がまずあるという事実である。とくに，臨床心理職者が勤務する領域で人数的に多いのが医療領域と教育領域であり（一般社団法人日本臨床心理士会，2016），厚生労働省と文部科学省の関与なくして，領域横断的な国家資格ができ難い現実があった。

（6）　医療における関係職種の国家資格

　さて，医療領域に目を転じてみよう。日本において医療関係職種は，①医師，歯科医師，②保健師助産師看護師，それ以外の診療補助職（歯科衛生士，診療放射線技師，臨床検査技師，理学療法士等），③医療類似行為を業とする職種（柔道整復師等），④薬剤師，⑤①〜④に分類できない職種（言語聴覚士）の5つに分類される（玉井，2009）。〔図2-1〕（p33）を参照されたい。この図の背景には，「医行為」「診療の補助」など重要な概念が大きく影響しているが，本章3節で解説する。

　いずれにしても，「医療法制の上の臨床心理技術者の国家資格が，本格的に論じられるようになったのは，平成に入ってからであり，平成2年当時の厚生省が心理技術者資格制度検討会を設けて以後，平成13年

厚生科学研究事業『臨床心理技術者の資格のあり方に関する研究』に至るまで 6 つの厚生科学研究プロジェクトが組織され研究がされてきた。平成 14 年に終了したこれら事業では心理技術者の国家資格は必要であるという結論を出した」（日本学術会議　心理学・教育学委員会　健康・医療と心理学分科会，2008）。

（7）　国家資格へ再挑戦

　そして，国家資格に向けての動きは，2005（平成 17）年 7 月に，臨床心理士（日本臨床心理士資格認定協会が認定）と医療心理師（医療領域に従事する臨床心理技術者の国家資格法制の推進団体「医療心理師の国家資格化推進協議会」が掲げた心理技術者の名称）という 2 つの臨床心理技術者を国家資格化する法案の骨子案が策定され，「臨床心理士及び医療心理師法」（いわゆる 2 資格 1 法案）が，議員立法で提出される気運があった。臨床心理士も医療心理師も共に同じ臨床心理職であるにもかかわらず，前者は領域横断的な資格であり，後者は医療領域に限定した資格で，2 つの国家資格を 1 つの法案で創るという発想であった。しかし，この法案は，関係団体の調整不足により見送られた。

（8）　福祉職における国家資格の成立

　この間，臨床心理職と近しい関係にある福祉職には大きな動きがあった。「社会福祉士及び介護福祉士法」が 1987（昭和 62）年にでき，社会福祉士と介護福祉士が誕生し，「精神保健福祉士法」が 1997（平成 9）年にでき，精神保健福祉士が誕生したのである。言語聴覚士も 1997（平成 9）年に誕生したため，主として戦後，長きにわたってチーム医療の一員として医師・看護師・薬剤師等と一緒に医療で働いてきた，クリニカルサイコロジスト・ソーシャルワーカー・スピーチセラピストの

うち，臨床心理職だけが国家資格化されず，取り残されてしまった。

　そのような状況で，1999（平成 11）年，精神保健福祉法改正時に，「臨床心理技術者」に関する附帯決議が盛り込まれた。第 145 回国会国民福祉委員会　第 11 号の附帯決議の六に，「チーム医療及び精神保健福祉サービスの一層の推進を図るため，人材の育成・確保に努めること。また，現在検討中の臨床心理技術者の国家資格制度の創設については，速やかに結論を得ること」と明記されている。しかし，残念なことに"速やかに"臨床心理職が国家資格化されることはなかった。

（9）　三団体の活動から国家資格の誕生へ

　前述の 2 資格 1 法案が見送られた後，心理学に関連する学会の連合団体である「日本心理学諸学会連合」と，臨床心理学系の団体の集まりである「臨床心理職国家資格推進連絡協議会」と，医療系の団体の集まりである「医療心理師国家資格制度推進協議会」という 3 つの団体（いわゆる三団体）により，2009（平成 21）年から正式に会談が行われるようになった。そして，「2 資格 1 法案では，法案提出が困難である」との認識がなされ，「1 資格 1 法案に向けて検討する」方向性が生まれた。精神科関係団体も含まれる形で三団体の協議は進められ，心理学ワールドと近接領域の歩調が合いはじめ，これが「**公認心理師法**」に結実することになる。

3．心理職の国家資格と関係する医療における重要概念

（1）　医業とは

　公認心理師法についてふれる前に，国家資格に関して医療における重要概念について説明したい。

　手術を行うことが医師だけに許されていることに疑問をもつ生活者は

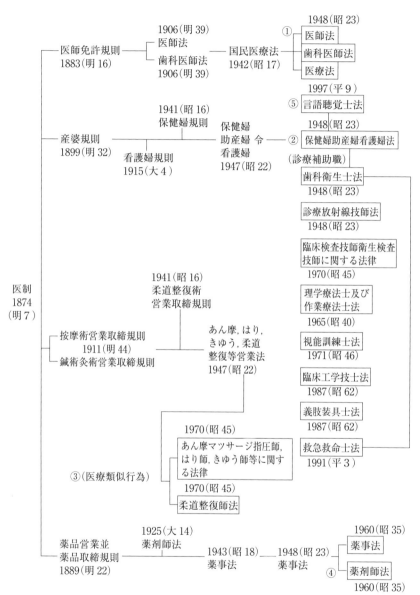

図 2-1　医療関係職種の制定の流れ
（出所）玉井尚子（2009）『心の専門家が出会う法律—臨床実践のために〔第 3 版〕』
誠信書房，第 5 章，p. 40

あまりいないであろう。むしろ，日本では手術は誰がやってもよいという法律になっていたら，良い施術者を探すために混乱する自分を想像してしまうだろう。1948（昭和23）年に制定された「医師法」の第17条で「医師でなければ，医業をなしてはならない」と明記されているが，これも当然のことと多くの生活者には映ると思われる。しかし，よく考えてみると，「医業」とはどこまでの範囲のことなのか，「業」とは何であろうか。

　医師法第17条に規定される「医業」とは，一般に，医行為を業とすることであると解されている（小海，2004）。この医行為とは，一般に「当該行為を行なうに当たり，医師の医学的判断及び技術をもってするのでなければ人体に危害を及ぼし，又は危害を及ぼすおそれのある行為」であるとされている（厚生省健康政策局総務課，1994）。この解釈のもととなっている逐条解説はきちんと引用されることが少ないので，以下，やや長くなるが引用したい（厚生省健康政策局総務課，1994）。

〔医師でない者の医業の禁止〕
　第17条　医師でなければ，医業をなしてはならない
　【解】一．本条は，医業を医師に独占させ，一般人に対してこれを禁止することを規定したものである。医業の定義については，「人の疾患を診察，治療又は予防の目的を以て施術をなし，若しくは治療薬を指示投与することを目的とする業務」，「公衆又は特定多数人に対して反復継続の意思をもって疾病の治療若しくは予防を目的とする行為を行うこと」等種々の説があるが，いずれも十分でなく，しかもその内容は医学の進歩につれて変化するものであるから，定義を明文化することは困難である。しいて大まかな定義を下すとすれば，「医業」とは「医行為を業とすること」であり，また，「医行

為」とは,「当該行為を行なうに当たり,医師の医学的判断及び技術をもってするのでなければ人体に危害を及ぼし,又は危害を及ぼすおそれのある行為」であり,「業とすること」とは,「反復継続する意思をもって行うこと」であると解される。したがって,必ずしも人の疾病の診療,治療又は予防の目的をもって行われる行為のみに限られないのであるが,具体的な事例については,個々につき,一般の社会通念に照らして判断されるべきものであろう。

（2）　業とは

　前述にあるように,医行為を「業」とするとは,一般に,「反復継続する意思を持って医行為を行うことであるとされている。反復継続する意思があれば業と認められるので,たまたま1回医行為を行った場合でも医業を行ったことになる可能性がある。何らかの反対給付—注1)　を受けるかどうかも関係がない」（小海,2004）。つまり,職業や事業として行わなくても,反復継続して行う意思—注2)　があれば,たとえ1回であったとしても,有償か無償かを問わず「医業」に当たることになる。このように,医業は医師のみに許される行為であり,医師の業務は独占業務となる。加えて,「ここでの独占とは,医師以外は,医師という名称が使えない名称独占と,医師が行う医業を医師以外が行ってはならないという業務独占の両方を意味する」（宇佐見,2009）。

（3）　保健師助産師看護師法

　しかし,現実の医療は医師だけで何もかも行うのは不可能で,看護師という医療の中心職種の一つが存在する。「保健師助産師看護師法」（以

注1) 反対給付とは,たとえば,売買では「品物」に対する「代金」のように,何かの代わりに給付するものを指す。
注2) ここでいう「意思」は法律用語である。法的にみた意志であり,法的効果を前提とした意欲を意思という（富田,2000）。

下，保助看法と略記）の第5条で「この法律において『看護師』とは，厚生労働大臣の免許を受けて，傷病者若しくはじょく婦に対する療養上の世話又は診療の補助を行うことを業とする者をいう」と明記され，看護師の業務は「療養上の世話」と「診療の補助」に大別されている。

　前者の「療養上の世話」は，「看護師の業務の本質をなすものであり，看護師は医師の指示なしに主体的に自らの判断で業務を行うことができる。診療が医師の主体性のもとに行われるのと同様に，療養上の世話業務は看護師の主体性のもとに行うことができる」（小海，2004）。

　一方，後者の「診療の補助」は，保助看法第37条で「保健師，助産師，看護師又は准看護師は，主治の医師又は歯科医師の指示があつた場合を除くほか，診療機械を使用し，医薬品を授与し，医薬品について指示をし，その他医師又は歯科医師が行うのでなければ衛生上危害を生ずるおそれのある行為をしてはならない。ただし，臨時応急の手当をし，又は助産師がへその緒を切り，浣腸を施しその他助産師の業務に当然に付随する行為をする場合は，この限りでない」と定められている。

　すでにふれたように，医業は医師のみに許される行為であり，医師の業務は独占業務である。これに対応して，保助看法第37条で，「医師又は歯科医師が行うのでなければ衛生上危害を生ずるおそれのある行為」（＝医行為）を看護師が独自の判断で行うことを禁止している。しかし，「これには重大な例外があり，『主治の医師又は歯科医師の指示があった場合』，看護師はその指示された医行為を行うことができるとされている。こうした行為は保助看法5条にいう『診療の補助』業務として位置づけられることになるが，その枠内にとどまるとはいえ，医師の業務独占する医行為が同法37条に基づき看護師にも許容されるのである」（野﨑，2011）。つまり，医師のみが独占している医行為であるが，「医師の指示」があれば看護師が行える。

（4）　診療の補助

　このように，「診療の補助」はもともと看護師等の独占業務である（保助看法第 31 条，第 32 条）。そのため，戦後，医療の進歩と拡大に伴って新たな職種の多くがその身分を国によって保証されてきたが，医療において新しい職種を創立する際は，「保助看法を『開いて』すべての職種を診療補助職（医師の指示下で医療行為を行う職種）と位置づけてきた経緯がある」（玉井，2009）。

　たとえば，理学療法士をみてみよう。理学療法士及び作業療法士法第15 条で「理学療法士又は作業療法士は，保健師助産師看護師法（昭和23 年法律第 203 号）第 31 条第 1 項及び第 32 条の規定にかかわらず，診療の補助として理学療法又は作業療法を行なうことを業とすることができる」と書かれている。これが保助看法を"開く"と言われるものであり，医師にしかできないことの一部を看護師等ができるようになっているものを，さらに新しい職種に"開く"ことになる。ただし，当然ながら，理学療法士は看護師等と異なり，診療の補助全般ができるわけではなく，その範囲は理学療法の領域に限定されている（野﨑，2011）。

　この"開く"ことにより，多くの職種が診療補助職として国家資格化されてきたが，1997（平成 9）年に成立した言語聴覚士法は従来とは異なった。言語聴覚士法第 2 条で「この法律で「言語聴覚士」とは，厚生労働大臣の免許を受けて，言語聴覚士の名称を用いて，音声機能，言語機能又は聴覚に障害のある者についてその機能の維持向上を図るため，言語訓練その他の訓練，これに必要な検査及び助言，指導その他の援助を行うことを業とする者をいう」と定義され，医師の指示や保助看法を"開く"ことが書かれていない。同法第 42 条で「言語聴覚士は，保健師助産師看護師法（昭和 23 年法律第 203 号）第 31 条第 1 項及び第 32 条の規定にかかわらず，診療の補助として，医師又は歯科医師の指示の下

に，嚥下訓練，人工内耳の調整その他厚生労働省令で定める行為を行うことを業とすることができる」と，業務の一部に関して“開く”ことが書かれている。そのため，2.（6）で「⑤①〜④に分類できない職種（言語聴覚士）」に分類されているのである。

4．公認心理師法

　さて，公認心理師法に話を戻す。2012（平成24）年，「心理職の国家資格化を推進する議員連盟」が立ち上げられた。2014（平成26）年，議員連盟，衆議院法制局，文部科学省，厚生労働省らにより，「公認心理師法案要綱骨子（案）」の三団体（2.（9）参照）に対する説明会が開催され，第186回通常国会において「公認心理師法案」が同年6月に提出されたが，11月に急な衆議院解散に伴って廃案となった。三団体を中心に，再提出の要望がなされ，第189回国会において，2015（平成27）年9月9日に成立し，同年9月16日に公布された。議員立法による成立である。

　先に2.（1）で述べたように，1950年代に日本応用心理学会がカウンセラー設置に関する建議案を衆・参両院に提出したときから数えて，60年強の時を経て成立したものであり，心理学ワールド全体の悲願の達成である。

　公認心理師法（以下，同法）の主たる特徴は，次のようである。
　1）　領域横断的資格である。同法第2条で「この法律において『公認心理師』とは，第二十八条の登録を受け，公認心理師の名称を用いて，保健医療，福祉，教育その他の分野において，心理学に関する専門的知識及び技術をもって，次に掲げる行為を行うことを業とする者をいう」とある。このように，医療領域だけであるとか，教育領域だけといった

ことではなく，領域を限定されないで活動を行うことができる。そのため，公認心理師法は，文部科学省と厚生労働省の共管になっている（同法第 29 条等）。

　2)　業務は，次のとおりである。① 心理に関する支援を要する者の心理状態を観察し，その結果を分析すること。② 心理に関する支援を要する者に対し，その心理に関する相談に応じ，助言，指導その他の援助を行うこと。③ 心理に関する支援を要する者の関係者に対し，その相談に応じ，助言，指導その他の援助を行うこと。④ 心の健康に関する知識の普及を図るための教育及び情報の提供を行うこと（同法第 2 条）。このように，業務は幅広く，とくに ④ は全国民を対象としている。

　3)　大学院修士修了が受験資格に入っている（同法第 7 条の 1）。これは臨床心理士として長く活動を続けている者からすると当たり前のことのように映るかもしれないが，日本における対人援助職の歴史において画期的な出来事である。

　4)　**名称独占**の資格である。同法第 44 条で名称の使用制限として「公認心理師でない者は，公認心理師という名称を使用してはならない」とあり，同法第 44 条 2 項で「前項に規定するもののほか，公認心理師でない者は，その名称中に心理師という文字を用いてはならない」とある。名称独占であるので，これまでどおり，関係職種も 2) の ①〜④ の業務を行うことができる。

　5)　保助看法を“開く”ことなく定義されている。同法第 2 条で「この法律において「公認心理師」とは，第二十八条の登録を受け，公認心理師の名称を用いて，保健医療，福祉，教育その他の分野において，心理学に関する専門的知識及び技術をもって，次に掲げる行為を行うことを業とする者をいう」とあり，どこにも保助看法を“開く”ことは書か

れていない。つまり，いわゆる医事法制上の資格ではない。これは，社会福祉士や精神保健福祉士が医事法制上の資格でないことと同じである。

　以上に加えて次の特徴がある。
　6）　医事法制上の資格ではないが，「医師の指示」が入っている。公認心理師法第42条1項で「公認心理師は，その業務を行うに当たっては，その担当する者に対し，保健医療，福祉，教育等が密接な連携の下で総合的かつ適切に提供されるよう，これらを提供する者その他の関係者等との連携を保たなければならない」とある。加えて，42条2項において「公認心理師は，その業務を行うに当たって心理に関する支援を要する者に当該支援に係る主治の医師があるときは，その指示を受けなければならない」とある。

　前者の「連携」に関しては，社会福祉士を例にとれば「社会福祉士は，その業務を行うに当たっては，その担当する者に，福祉サービス及びこれに関連する保健医療サービスその他のサービス（次項において「福祉サービス等」という。）が総合的かつ適切に提供されるよう，地域に即した創意と工夫を行いつつ，福祉サービス関係者等との連携を保たなければならない」（社会福祉士及び介護福祉士法第47条）とある。このように，専門職が関係者等との連携をとることに異論は出ないであろう。

　一方，精神保健福祉士は「連携」に加えて，「精神保健福祉士は，その業務を行うに当たって精神障害者に主治の医師があるときは，その指導を受けなければならない」（精神保健福祉士法第41条の2）とあるように「指導」という概念が使われている。管理栄養士も「管理栄養士は，傷病者に対する療養のため必要な栄養の指導を行うに当たっては，

主治の医師の指導を受けなければならない」（栄養士法第5条の5）とあり「指導」という概念が使われている。

　公認心理師法ではどうかというと，「当該支援に係る主治の医師があるときは，その指示を受けなければならない」と「指示」概念が使われている。公認心理師法以外に，診療補助職ではないにもかかわらず「指示」概念が使われている法律は見当たらず，この「指示」は法律上，新しい概念になるものと思われる。この新しい概念に関しては，運用基準が公表されている（厚生労働省社会・援護局障害保健福祉部長，2018）。

5. おわりに

　川人（2003）は法律家の立場から次のように述べている。「およそ資格というものは，直接的にはその資格保持者の権利を保障するものであるが，本質的にはそのような資格保持者を必要としている人々のために存在するのである。この本質を見失ったときに，既得権益を守ろうとしたり，あるいは，新規権益を得たいためだけの議論となってしまう。いま，社会は，ますます心の専門家を必要としている。心を病み苦しんでいる人々が，自らをサポートしてくれる専門家を求めている。だからこそ，新たな国家資格が必要なのである」。

　公認心理師は，新たな国家資格である。今後，資格の中身や養成・修了後教育を充実させ，日本全国どこで暮らしていても，老若男女を問わず，病気や障害の有無にかかわらず，希望すれば適切な心理支援がタイミングよく受けられる日本の未来を構築するために，**多職種協働**（multidisciplinary collaboration ／津川・岩満，2011）の一員として当事者・家族・関係者と共に誠心誠意，日々の実践に取り組んでいくことが使命であろう。

42

1. 公認心理師等が共に働いている職種には，どのような職種があるのかを調べ，それらの職種のうち1つを選んで，その職種を支えている法的根拠はどうなっているのかを調べてみよう。
2. 公認心理師等が働いている領域は広いが，どこか1つの領域を選んで，公認心理師等を含む多職種協働の実例として，どのようなものがあるのかを調べてみよう。また，その多職種協働の実践に関係している法律にはどのようなものがあるのかも調べてみよう。

引用文献

・一般社団法人日本心理臨床学会 30周年記念 「学会編年史」 編集ワーキンググループ（代表：津川律子）（2011）「日本心理臨床学会30周年記念誌—その歴史と活動記録」 一般社団法人日本心理臨床学会
・一般社団法人日本臨床心理士会（2016） 第7回「臨床心理士の動向調査」報告書 一般社団法人 日本臨床心理士会
・川人博（2003）「誰のために資格をつくるのか」 氏原寛・田嶌誠一編 『臨床心理行為—心理臨床家ではないとできないこと』 創元社，pp. 212-225
・小海正勝（2004）『看護と法律』 南山堂
・厚生省健康局総務課編（1994） 医療法・医師法（歯科医師法）解〔第16版〕，p. 428
・厚生労働省社会・援護局障害保健福祉部長（2018） 公認心理師法第42条第2項に係る主治の医師の指示に関する運用基準について https://www.mhlw.go.jp/file/06-Seisakujouhou-12200000-Shakaiengokyokushougaihokenfukushibu/0000192943.pdf（2020年1月15日取得）
・成瀬悟策（2016） 公認心理師法成立に当たって 日本臨床心理士会雑誌，24（2），13-15.
・日本学術会議 心理学・教育学委員会 健康・医療と心理学分科会（2008） 提

言医療領域に従事する『職能心理士（医療心理）』の国家資格法制の確立を．日本学術会議．
http://www.scj.go.jp/ja/info/kohyo/pdf/kohyo-20-t62-8.pdf
（2020 年 1 月 15 日取得）
・信田さよ子・藤岡淳子（2015）「対談　信田さよ子×藤岡淳子」　信田さよ子『アディクション臨床入門』　金剛出版，pp. 195-235
・野口節子（2009）「臨床心理学の歴史」　高塚雄介・石井雄吉・野口節子　『臨床心理学―やさしく学ぶ』　医学出版社，pp. 1-13
・野﨑和義（2011）『コ・メディカルのための医事法学概論』　ミネルヴァ書房
・恩田彰（2006）「日本応用心理学会における心理臨床に関する活動」　津川律子・辻悟・岡部祥平・秋谷たつ子・成瀬悟策・星野命・恩田彰　『日本における心理臨床の黎明期』　心理臨床学研究　第 24 巻特別号，pp. 79-81
・サトウタツヤ（2010）「臨床心理学史」　西川泰夫・高砂美樹　『改訂版心理学史』放送大学教育振興会，pp. 121-133
・玉井直子（2009）「心のサポート関連職種：医療関係」　佐藤進監修，津川律子・元永拓郎編　『心の専門家が出会う法律―臨床実践のために〔第 3 版〕』　誠信書房，pp. 38-46
・富田功一（1998）『コ・メディカルの医療行為と法律〔第 2 版〕』　南山堂
・津川律子・岩満優美（2011）「チーム医療／多職種協働／臨床心理士の役割と専門性」　臨床心理学　第 11 巻第 5 号，pp. 762-765
・津川律子・山口義枝（2019）「臨床心理」　和田万紀編　『Next 教科書シリーズ　心理学〔第 3 版〕』　弘文堂，pp. 219-244
・鶴光代（2011）「30 周年記念のごあいさつ」　一般社団法人日本心理臨床学会 30 周年記念　「学会編年史」　編集ワーキンググループ（代表：津川律子）（2011）日本心理臨床学会 30 周年記念誌―その歴史と活動記録．一般社団法人日本心理臨床学会，pp. 2-3
・宇佐見俊夫（2009）「医療現場における法律」　佐藤進監修，津川律子・元永拓郎編　『心の専門家が出会う法律―臨床実践のために〔第 3 版〕』　誠信書房，pp. 31-37

参考文献

①「写楽」編集部（2013）『日本国憲法〔第2版〕』小学館
——憲法の条文が書かれている本である。義務教育で日本国憲法を学んだ後は，個人的に関心を持ち続けないかぎり日常生活から憲法の条文は離れがちである。久しぶりに憲法を読み返すとして，インターネットで検索して条文を眺めていただけでは，最後の第103条まで根気が続かないであろう。そんなとき，この1冊は役立つ。すべての漢字に読み仮名がふってあり，難しい言葉の解説がすぐ下に付けられている。大きな写真が挿入されていて，気持ちを和ませてくれるので，憲法の前文から最後まで読み通せるのではないかと思う。

② 田村やよひ（2008）『私たちの拠りどころ　保健師助産師看護師法』日本看護協会出版部
——「私たち看護職者はこの保健師助産師看護師法によって生まれ，看護を職業とし，将来いつの日か看護の仕事から離れることがあっても国民・社会に対して義務を負う立場にある」と筆者は「はじめに」で書いている。この言葉どおり，見方によれば，法律が専門職を生み出しており，法律と日々の臨床がどれだけ密接なものかを感じ取れる専門書である。法改正をめぐるトピックスなど，関係職種が参考になる話もたくさん盛り込まれている。

3 | いのちを支える法・倫理・制度

元永　拓郎

《学習の目標》　いのちを支える法・倫理・制度にはさまざまなものがある。いのちの誕生，その育み，老い，そして死に至るまで，近年の科学技術の進歩や社会構造の変化に伴い，複雑な倫理的課題が生じている。そしてそのための法整備が追いついていない現状がある。判断の難しい状況における自己決定を支えるために，心理的支援は重要となる。
《キーワード》　安楽死，コミュニティチーム，災害，自己決定，自殺，生殖補助医療，脳死，貧困，ライフステージ

1. はじめに

　いのちとは不思議な存在である。いのちの重さや深さ，喜び，希望，かけがえのなさ，個別性，ときに激しさや悲しさを，とくに心理臨床は扱うことになる。心理専門職の活動の根本的な理念の一つに，いのちを守り，育み，寄りそうことがある。本章ではその理念が深く問われる分野に焦点を当て，法・倫理・制度の重要性を議論する。生殖補助医療の大きな進歩は，遺伝相談，不妊治療，出生前診断，周産期医療など，いのちをめぐってさまざまな課題に人類を直面させることとなった。難病への支援，移植医療，自殺対策，AIDS治療，緩和ケア，終末期ケア，脳死，災害支援，犯罪被害者支援，戦争被害への対応など，いのちや人生の危機にかかわる活動は多い。それらに関連した法律や立ち上がる倫理的課題について十分な知識を得ておくことは，公認心理師や臨床心理士といった心理専門職にとって重要である。

　本章ではまず人生のさまざまな段階でいのちや生きることの根本を問いかける法律を紹介しながら，そこに生じる倫理的課題を概観する。そしていくつかのテーマに絞って，法律が定められた背景や倫理的課題を考えるための素材を示し，ともに考えていきたい。

2．ライフステージといのちを支える法律

　いのちを支えることに大きく関係する法律について，**ライフステージ**ごとに〔表3-1〕に示した。表の左側がライフステージで，表の上部には，生活，福祉，医療・保健といった大まかな分類を示した。たとえば誕生前後であれば，母体保護法，母子及び父子並びに寡婦福祉法，母子保健法が関係してくる。児童や子育てのステージの法律は，第4章でふれることになろう。小学校から高等学校，大学などの教育の分野は，第11章で説明される。就職してからの働く者にかかわる法律は，第6章でふれる。高齢者については第7章となる。犯罪被害については第12章，医療・保健の一部は第8章，福祉分野の障害者に関する部分は第9章で扱う。

　死が大きくかかわる法律として，民法や刑法，臓器移植法がある。自殺対策基本法も死が関係する法律である。災害については，災害対策基本法が中心的な法律である。戦争については，国民の健康を守るという観点で国民保護法を挙げたい。

　このように，さまざまなライフステージにおいて，関連する法律が異なる。すでにお気づきのように，生活，福祉，保健医療という分類は，ざっくりとしたもので，実際には多分野にまたがる形で法律が作られていることが多い。そして倫理的な事柄はこれらの法律である程度定められている場合もあるが，法律での整理が追いついていない事項もある。そもそもいのちがかかわる分野では，倫理的に難しい判断を迫られるこ

表 3-1　いのちを支えることに大きく関係する法律

ステージ	生活	福祉	保健医療
誕生	母体保護法 民法，刑法	母子及び父子並びに 寡婦福祉法 児童福祉法	母子保健法 医療法 感染症法 難病法
就学前			
小学校 中学校 高等学校 （大学・ 　専門学校）	子ども・子育て支援法 児童虐待防止法 教育基本法 子どもの貧困対策法 いじめ防止対策推進法 子ども・若者 育成支援推進法	障害者基本法 障害者総合支援法 障害者差別解消法	
就職・労働	労働基準法 労働安全衛生法 過労死等防止対策推進法	国民年金法 障害者雇用促進法	健康保険法 がん対策基本法 アルコール健康
（結婚） （出産）	民法 育児・介護休業法 DV 防止法		障害対策基本法 精神保健福祉法
定年 高齢 死	高齢者虐待防止法 民法，刑法 自殺対策基本法	生活困窮者自立支援法 生活保護法 老人福祉法 介護保険法	臓器移植法
＜災害対策＞ ＜犯罪被害＞ ＜戦争＞	災害対策基本法 犯罪被害者等基本法 国民保護法		

とも多い。正解は簡単には出ないが，難しい倫理的判断を当事者が自己決定することを応援し，ときに相談にのりながら寄りそうことが，心理専門職には求められよう。

3. 出生にかかわる法律と倫理

　人がこの世に生をもつのはいつからなのだろうか。母親の出産によっ

て生をもつと一般的には考えるであろう。それでは出産中の赤ちゃんには生はないのか。胎児にももちろん命があろう。しかし受精卵から命があると考えるべきなのか，それとも子宮に着床してからなのか？いつが命の誕生の瞬間なのか，実はなかなか難しい。

　刑法212条〜216条において，胎児を人工妊娠中絶することは堕胎罪という犯罪と定めている。しかし，**母体保護法**14条によって，医師会の指定する医師が，本人及び配偶者の同意を得て，「妊娠の継続又は分娩が身体的又は経済的理由により母体の健康を著しく害するおそれ」がある場合等に人工妊娠中絶を行うことは認めている。

　誕生に関しては，生きて産まれた瞬間を民法または刑法上は出生として，人としての権利が発生するとしている。たとえば，交通事故で被害者の母親と身ごもっている子が死亡したからといって，2名が死亡したとして罪に問われることはない。もちろん被害者側に不利益を負わせたということにはなる。交通事故で妊婦に怪我を負わせ胎児を死亡させた（死産となった）事故について，致死罪を適用したケースも出てきているという（小林，2011）。

　民法上の遺産相続などの権利は，出産で母親から完全に離れた段階で生まれた子どもに発生するという考え方をとる（全部露出説）。しかし「胎児は，損害賠償の請求権については，すでに生まれたものとみなす」という民法721条の規定があり，実際に自動車事故の損害賠償請求を胎児に認めた最高裁判決も出ている（岡田，2011）。出産途中で身体の一部が母体外に出てきた子どもに危害を与えることは可能なことから，刑法上は胎児の一部が母親から出てきた段階で，殺人等の罪を問えるという考え方もある（一部露出説）。

　不妊で悩む夫婦にとって生殖補助医療の進歩は大いなる期待を持たせる。取り出した精液を子宮内に注入し妊娠を助ける技術を人工授精とい

うが，精子バンク等から夫以外のドナーからの精液で人工授精をめざすことを非配偶者間人工授精（Donor Insemination：DI）という。一方，体外受精とは，取り出した精子と卵子を子宮外で受精させて，受精卵を子宮内に戻し着床させようとする技術である。

　このような生殖補助医療の進歩により，さまざまな倫理的課題が生じるようになった。まず受精卵が子宮内で着床する前に**着床前遺伝子診断**（Preimplantation Genetic Diagnosis：PGD）を行えるようになった。これまでも胎児エコー，羊水チェックによって，胎児の状態を判断することは可能であったが，着床前遺伝子診断により，受精卵を遺伝子解析技術で"診断"することで，さまざまな遺伝性疾患をみつけることが可能となった。また遺伝性疾患の検索にとどまらず，親の性別の希望にそった"命の選別"も可能となり，倫理的問題が指摘されている（小林，2014）。なお着床前診断で男女産み分けを行うことは日本において法律では規制されておらず，日本産科婦人科学会の見解が事実上の規制となっている（日本産科婦人科学会，2010）。

　ところでこれらの**生殖補助医療**の進歩により，受精卵を遺伝的に関係のない女性の子宮に着床させ出産させるいわゆる「代理出産」も可能となった。代理出産については，不妊の妻の代わりに夫の精子を依頼した女性（代理母）の子宮に注入して，妊娠後出産した子どもを依頼した夫婦が受け取り育てるという形の「人工授精型代理出産」がすでにあった。技術の進歩により，依頼夫婦の精子と卵子を体外受精させ，それを代理母の子宮に着床させる「**体外受精型代理出産**」が可能となっている。これらの代理出産は，代理母の生命を危うくする危険性のあるもので倫理的問題を有しており，日本では原則禁止として法整備を求めている（日本学術会議，2008）が現在まで法律は作られていない。国内での規制がされても海外では代理出産可能な国があることから，海外渡航し

代理出産する事例も生じている。なお海外の代理出産で得た子を戸籍上の実子として届け出し受理するよう求めた訴えに対しては，最高裁が棄却する決定を下した（戸籍上養子としての届出は認められている）（清末，2012）。

　このような状況もあるなか，生まれてくる子どもに関する**遺伝カウンセリング**の充実がいわれている。遺伝カウンセリングとは，患者や家族，関係者に対して，必要な遺伝情報等を提供し，それらの価値や予測などを理解したうえで自己決定することを支援することとされている。認定遺伝カウンセラーは諸学会の議論や厚生労働科学研究での検討を経て民間の資格としてつくられ，いくつかの大学院が専門課程を立ち上げている（千代ら，2006）。

4. 深刻な健康危機への対応

　臓器移植法［1997（平成 9）年施行］において，**脳死**状態における臓器移植が可能となった。臓器移植については，世界で初めての心臓移植が行われた翌年の 1968（昭和 43）年に日本で実施された心臓移植手術（いわゆる和田移植）において，殺人罪で刑事告発という事態が生じたこと（証拠不十分で不起訴）から，死亡後の移植においてその実施がなかなか難しい状況が起きていた。

　一方，生きている臓器提供者（ドナー）から移植を受ける生体臓器移植が，腎臓の片方や，肝臓，肺，膵臓の一部で行われるが，ドナーへの身体的そして心理的負担の高さから，倫理的課題が指摘されている。また，国内での臓器売買や海外で臓器移植手術を受ける渡航移植といった事例も生まれ，国内での臓器移植の法整備が求められ，臓器移植法の成立となった。

　臓器移植法では，脳死として死と判定されてからの移植を，本人の書

面による意思表示と家族の承諾によって認めている。脳死判定では，「深い昏睡」「瞳孔の散大と固定」「脳幹反射の消失」「平坦な脳波」「自発呼吸の停止」5 項目の基準について，移植とは無関係な 2 名の医師が 6 時間の間をあけて，2 回確認するとしている。こうして脳死という新しい死の定義がなされたが，死をどう考えるかは心の問題でもあり，倫理的課題も残している。

　なお，2010（平成 22）年の臓器移植法改正によって，本人の意志が不明な場合，家族の承諾のみで，脳死による臓器移植が可能となった。またそれまでできなかった 15 歳未満の子どもからの臓器移植も脳死判定後に可能となった。

　臓器移植においては，医学的なさまざまな事項は法律で定められたが，ドナー家族への心理的支援や，移植を受けた人への心理的支援など，心理専門職が関与すべき分野も広がっている。このような高度な医療をめぐって，医師や看護師等の医療関係者とは異なる立場で，本人の心に寄りそう役割が，心理専門職には求められているであろう。

　がん対策基本法［2007（平成 19）年施行］では，がん対策の基本理念を定め，がん研究の推進，がん医療の均一化，医療等での本人の意思の尊重を謳い，がん対策推進基本計画を国が定め，都道府県においてがん対策推進計画を定めることとしている。

　がんの告知をどのように行うか，また終末期の医療についてインフォームド・コンセントを得ながらどのように行うか，重要なテーマである。がんになっても勤めている職場を退職せずに勤務を続けていけるような支援も始まっている。がんの痛みに対して医療用麻薬を投与するなどで痛みを緩和する緩和ケアが重視されるようになってきている。またがんのみならず AIDS や他の疾患のために終末期のケアを行うことをターミナルケアという。緩和ケアやターミナルケアの医療チームに心

理職が加わることも増えてきている。

アルコール健康障害対策基本法［2014（平成 26）年施行］では，アルコール依存症や，多量の飲酒，未成年，妊婦の飲酒などの不適切な飲酒によって生じる心身の健康障害に対する対策を行うため，国に「アルコール健康障害対策推進基本計画」の策定を義務づけ，都道府県にも同様な推進計画を策定するよう努力義務を課している。

心理専門職としては，医療機関においてアルコール依存の治療チームの一員として参加することが多いかもしれない。しかしこの法律に示されるように，アルコール健康障害は，その予防や医療機関へのアクセス，地域における複合的問題への支援，地域での生活支援など，さまざまな支援を包括的に行う必要がある。とくにアルコール健康障害は，自殺や暴力，虐待，交通事故，貧困との関連も高く，これらの問題のほうが先に事例化し，その対応や解決においてアルコールが問題となる場合もみられよう。心理専門職として国の政策の動きを十分に把握しながら，地域での支援チームのあり方も押さえつつ，支援の効果を最大にする工夫をしていきたい。

難病法［2015（平成 27）年施行］では，指定難病に対して，治療法の研究開発を促進するとともに，医療費の国による経済負担を行うことになる。難病によって，心理的な援助も必要とする患者もいる。医学的治療の推進のために医療チームの一員として心理専門職が関与する場合もあれば，医療機関外の生活の場で，生活支援という立場で地域での支援チームの一員として活動する場合もあろう。

難病の場合，生まれながらにして難病をもち，その影響が甚大である場合もあれば，人生の中途で突然，難病を発症し，その心理的ショックのケアも含めて，専門家が関与する必要がある場合もあろう。難病ごとの特徴的な心理的メカニズムも考慮すべきである。これらについて十分

な知見を蓄積することも，心理専門職には求められている。

　その他，肝炎対策基本法［2010（平成 22）年施行］という法律があり，肝炎への医療に限らない社会全体での対策について謳っている。

　新型コロナウイルス感染症が社会に大きな影響を与えているが，この感染症については「感染症の予防及び感染症の患者に対する医療に関する法律」（感染症法）［1998（平成 10）年成立］でいうところの指定伝染病となっている。そして，新型インフルエンザ特別措置法により「緊急事態宣言」が 2020 年 4 月 7 日に発令されることになった。

5．生活しづらさにかかわる法・倫理・制度

　貧困により不足した生活費を支給する制度として，生活保護法［1951（昭和 26）年施行］がある。また貧困によりホームレスとなった人を支援するために，ホームレス自立支援法［2002（平成 14）年施行］がある。しかし生活保護の利用やホームレスに陥る前に支援する社会の枠組みが必要とされ，2015（平成 27）年には，**生活困窮者自立支援法**が施行された。

　この法律では，生活困窮者への自立相談を実施するとともに，離職によって住まいを失った人を対象に住宅確保給付金を支給するとした。また就職に必要な訓練の実施や衣食の支給なども行うとしている。

　また子どもの貧困に対しては，**子どもの貧困対策法**［2014（平成 26）年施行］にて対策を行っている。この法律により国は，「子どもの貧困対策に関する大綱」を定め，「教育の支援，生活の支援，保護者の就労に対する支援」などを行う必要が生じている。

　このような貧困対策は，心理的支援を行う場合に必ず押さえておくべき事柄であろう。心理的問題の背景に，経済的な不安や貧困の問題があることも考えられる。また貧困は，児童虐待や高齢者虐待，自殺と関連

することもある。貧困対策は，単なる経済的な困窮にとどまらず，地域とのつながりの喪失，貧困の次世代への連鎖といった問題をはらんでいる。もちろん自尊心の低下も招きやすい。経済的支援にとどまらず，地域におけるつながりや居場所づくり，子どもの教育の充実など，まちづくりの観点も含めて包括的に展開していく必要がある。心理専門職はそのなかにあって，貧困がもたらす心理的影響のアセスメントや貧困から抜け出すことの障害になっている心理的障壁のアセスメント，貧困により社会への不信感や攻撃性を高めている事例へのアプローチ方法の検討など，地域における多職種チームの一員として動くことが，社会から要請されていると考える。

6．自殺にかかわる法・倫理・制度

　日本の年間の自殺者は，1997（平成9）年まで2万人台で推移していたが，1998（平成10）年に急増し3万人を超えた。［2019（令和元）年は約2万人（警察庁，2020）］。**自殺対策基本法**は，自殺対策を総合的に進めるための法律として，2006（平成18）年に成立した。この法律は，自殺を個人の問題としてのみ捉えるのではなく，さまざまな背景要因を考え，その対策を精神保健的観点のみにとどまらず，社会的な取り組みとして実施することを謳っている。

　この法律以前は，うつ病対策が自殺対策の中心であった。確かにうつ病発症後自殺する人がみられるが，そもそもうつ病になるまでの追い詰められる社会的要因に対して対策を立てなければ，効果的な解決策とならないであろう。自殺対策基本法によって，自殺に追い込まれていく要因として，貧困や失職，過労，家庭内不和，離婚など多様なものを同定し，それら生きづらさにかかわることがらへの対策を総合的に実施する視点が生まれた。

　そのような対策は，この法律に基づいて策定された**自殺総合対策大綱**
［2007（平成 19）年］に示されている。この大綱では，「国民一人ひと
りの気づきと見守りを促す」「早期対応の中心的役割を果たす人材を育
成する」「心の健康づくりを進める」「適切な精神科医療を受けられるよ
うにする」「社会的な取組で自殺を防ぐ」などの重点施策を挙げている。
適切な精神科医療の項目では，「精神科医をサポートできる心理職の養
成を図り」，診療報酬等での体制充実のための方策検討にふれている点
には注目したい。

　自殺総合対策大綱は，2012（平成 24）年に見直され，「社会・経済的
な視点を含む包括的な取組が重要」とし，「生活困窮，児童虐待，性被
害暴力，ひきこもり，性的マイノリティ等」の分野のネットワークとの
連携体制を確立して「包括的な生きる支援を展開」することとした。ま
た若年層への取り組みの重視や過労死・過労自殺を防ぐための対策，救
急医療施設における自殺未遂者へのケアなども重点施策としている。ま
たこの見直しでは，国，地方公共団体，関係団体，民間団体等の連携・
協働や施策の検証のための仕組みを設けるとした。

　自殺対策と関連する法律としては，生活困窮に対しては，生活困窮者
自立支援法（前述），児童虐待については児童虐待防止法［2000（平成
12）年施行］，性被害暴力に対しては犯罪被害者等基本法［2005（平成
17）年施行］，ひきこもりについては子ども・若者育成支援推進法
［2010（平成 22）年施行］，過労死や過労自殺に対しては過労死等防止
対策推進法［2014（平成 26）年施行］が関係する。このように各分野
で行われつつある諸活動と自殺対策が密接に関連することで，その成果
が出ることが期待されている。

　またこれらの包括的対策は，地方公共団体（すなわち市町村）で住民
生活に密着した形で実施されることで効果を発揮する。たとえば神奈川

県平塚市［2008（平成20）年施行］や東京都日野市［2011（平成23）年施行］では条例を定めて対策を推進している。

　なお自殺対策基本法は，2016（平成28）年に大幅な改正が行われた。基本理念として，「自殺対策は，生きることの包括的な支援として，全ての人がかけがえのない個人として尊重されるとともに，生きる力を基礎として生きがいや希望を持って暮らすことができるよう，その妨げとなる諸要因の解消に資するための支援とそれを支えかつ促進するための環境の整備充実が幅広くかつ適切に図られることを旨として，実施されなければならない」という内容が追加された。そして，社会環境の整備が強調されるとともに，「都道府県自殺対策計画」及び「市町村自殺対策計画」を策定することを義務づけ，その計画実施に国が交付金を出すことを定めている。また，職域，学校，地域等において，心の健康の保持に係る教育及び啓発の推進並びに相談体制の整備，そして研修を行うこととした。さらに学校における心の健康に関する教育や啓発もきめ細かく行うことを謳っている。

　医療供給体制の整備については，「精神科医とその地域において自殺対策に係る活動を行うその他の心理，保健福祉等に関する専門家，民間の団体等の関係者との円滑な連携の確保」とし，「心理の専門家」という表現が法律に明記されたことにも注目したい。

　包括的対策のなかで，自殺対策に関して知識を得て地域活動のなかで支援を行うボランティアの育成が，ゲートキーパー研修として位置づけられている。**ゲートキーパー**とは，「自殺の危険を示すサインに気づき，適切な対応（悩んでいる人に気づき，声をかけ，話を聞いて，必要な支援につなげ，見守る）を図ることができる人」のことである。心理専門職は，このようなボランティアを育成するために専門的な知識や技術を有しているであろう。住民への啓発活動における心理専門職の役割に期

待が持たれる。

　なおこれらの内容をふまえ，自殺総合対策大綱が 2017（平成 29）年に閣議決定された。

7．死にかかわる法・倫理・制度

　自らの死期を，不要な延命治療を受けず，なるべく苦痛が少ない形で，自分の納得のいくように迎えたいという人は多いであろう。人として尊厳を持って納得した形で安らかな死を迎えたいという尊厳死の考え方である。そして終末期医療に対する自らの意志を表明するための文書（**リビング・ウィル**）を残すことが重要との指摘もある。しかしこれらは法律的に位置づけられるに至っていない。

　自分のいのちの終わり方を自ら決める自己決定権があるという主張もあるが，それでは自殺も容認することになる。そこまでいかなくても，不治の病にかかっておりすでに余命があまり残されていない終末期において，医師に自殺を助けてもらう（**自殺ほう助**）という形で，自らの死を選んだケースが 1990（平成 2）年に米国であった。アルツハイマー病の疑われた患者を，ケボキアン医師が「自殺マシーン」を用いて自殺ほう助した事件である（熊倉，2004）。

　これは，日本においては，刑法 202 条によって，自殺関与または同意殺人として罪に問われることになるが，米国ではこの事件をきっかけに自殺ほう助罪を制定する動きも出た。なおオランダでは，一定の条件付きで医師が致死量の薬物を処方する形で自殺ほう助を合法化している（アグネス，2013）。

　このような医師による自殺ほう助は，医師が苦痛から免れさせるために意図的積極的に死を招く措置をとる「積極的安楽死」という。一方，苦痛を除去・緩和するための措置をとるが，それが同時に死を早める場

合「間接的安楽死」といい，苦しむのを長引かせないため，延命治療を中止して死期を早めることを「消極的安楽死」という。これらは，1991（平成3）年に発生した東海大学安楽死事件に対する1995（平成7）年の横浜地方裁判所判決で定義されている（恩田，2005）。

またこの判決は，積極的安楽死が許容される要件として，①「耐えがたい肉体的苦痛がある」，②「患者の死が避けられず死期が迫っている」，③「患者の肉体的苦痛を除去・緩和するために方法を尽くし他に代替手段がない」，④「患者本人が安楽死を望む意思を明らかにしている」を示した（恩田，2005）。しかしながら，このような基準で積極的安楽死が実際に許容されるかは確定的でないため，実際の医療現場では，積極的安楽死を行うことは困難な状況である。患者が不要な延命治療を拒否する意思を明確にしている状態で，結果として消極的安楽死となることは医療現場では許容されているようで，それを自発的消極的安楽死ともいう。いずれにしても，人が尊厳を持って納得できる形で死を迎える尊厳死のあり方について議論が続いている。

人は死が近づいている時期に，自分の人生をどう考えるか，残された時間をどう過ごすか，家族や友人にどのようなメッセージを伝えるか，どのように死を迎えるか，何をこの世に残すのかなど，多くのことを考え，実行したいと思うだろう。それらのことを，病気の苦痛，次々と求められる医療に関する判断，入院生活のストレス，家族や仕事上の心配などと同時に，考えていかなくてはならないことも多いであろう。心理専門職はそのような厳しい場面においても，本人に寄りそい，ときにユーモアも大切にしながら，医療チームまたは地域チームの一員としてかかわり続けることになる。

その活動において，確固たる死生観をもつことは難しいとしても，さまざまな生き方，そして亡くなり方があることを受容し，本人の語りや

語れない思いに耳を傾け，答えのない状態にとどまり続け，しかし孤立
することなくチームとして関与する，そのような姿勢が，心理専門職に
は求められよう。法律的な位置づけはここにもないが，心理専門職の有
するべき倫理としても重要であることを実践によって，その意義を心理
専門職の諸先輩たちは示してくれていることを強調しておきたい。

8. 災害と法律

　言うまでもなく地震や水害，噴火等の自然災害は，国民のいのちや生
活をおびやかす。**災害対策基本法**は，日本の災害対策の基本姿勢を定め
たものである［1962（昭和 37）年施行］。この法律は，「防災計画」「災
害予防」「災害応急対策」「災害復旧」「防災に関する財政金融措置」に
ついて定めている。災害発生時には，**災害対策本部**が設置され応急対策
や復旧が行われることになる。災害時の救助については災害救助法
［1947（昭和 22）年施行］に，国，地方公共団体，日本赤十字社，その
他の団体等の役割が定められている。この法律で，災害時の医療や保健
サービスについての規定はあるが，心理的支援についての規定はない。
実際には公認心理師や臨床心理士が災害時に心理的支援を行うこともあ
るので，法律等で位置づけが明確になることを待ちたい。

　災害支援は，災害発生直後のみならず，長引く避難生活，復興と長い
期間をかけた支援が求められる。これまでの心理的課題が避難生活で浮
き彫りになったり，避難生活で新しいストレスを抱えたり，復興をめ
ぐっての自己決定に迷ったりと，さまざまな段階での心理的支援が必要
となろう。目に見えやすい建築物や経済的な復興にどうしても目が行く
のだが，心の奥深くでの復興に私たち心理専門職は目を向け，支援を続
ける必要があろう。

　またこのような災害支援にあたっている行政職員，消防，警察，自衛

隊，教師，ボランティアなどの支援者への支援も重要となる。このような**支援者支援**を明確に位置づけた法律はなく，労働者に対する安全配慮義務とそこから導かれる職場でのメンタルヘルス活動（第6章）として行われる場合もあるだろうが，十分に対応できていないのが現状である。通常の職場のメンタルヘルス活動とは異なった視点での支援も求められることから，災害救助法に心理的支援も含めた支援者支援に関する内容にもふれてもらえることが好ましいと考える。

9．いのちを守るという仕事

憲法の前文，そして第11条「基本的人権の享受」，第13条「個人の尊重と幸福追求権」，第25条「健康で文化的な生活」などに示されるように，私たちは個人としての尊厳を保証され，そして幸せを追求する権利を有し，自らの自己決定が最大限に尊重される今を生きている。しかしながら，社会や人生のさまざまな局面で，そのような尊厳がおびやかされることにもなり得る。この章でいう「いのちを支える」とは，そのような尊厳がおびやかされる局面をなるべく防ぎ，またおびやかされても孤立することを防ぎ，安全で安心な心理状態を取り戻し，自己決定しながら自らの生を歩むことができるように支援することであろう。

しかしながら，この章でみてきたように，自己決定という営みが，ときにいのちの尊厳をゆり動かすようなことも生じている。生殖補助医療で述べたいくつかの事柄は，親の自己決定や幸福追求が，いのちのあり方を根本から問う行為にもなっている。死の自己決定は，それが本人にとって本当によいものなのか，難しい課題をわれわれに突きつける。

深刻な病や貧困，災害，戦争，その他さまざまないのちをおびやかす事柄に，人は向き合わざるを得ないときもあろう。そこには常に自己決定を迫られ，答えのないそして時に見通しのつかない現実に圧倒され

る。

　心理専門職はそのようないのちが危機を迎える局面において，それでも希望を失わず，いや希望を失わざるを得ない心に徹底的に寄りそい，何かを見出そうとする職業である。場合によっては見出すことは不可能かもしれない。それでも寄りそう覚悟を持ち，何かが生まれることを願い続けるその希望だけは失わない，そのような職業ではないだろうか。

　そのためには，カウンセリングや心理療法の技能を高めることはもちろん，いのちの危機に対する社会の取り組み，またその取り組みの骨格をなす法律，取り組みのなかで直面せざるを得ない倫理について，学びを深めておく必要がある。本章での学びがその入り口として役立つことを願う。

　この章において断片的にしか語れなかったが，いのちの危機に対応する人々は，心理専門職にとどまらず多くの職種の専門家がいる。それら多職種との協働（**コラボレーション**）が重要なのはいうまでもない。多職種チームで動くことが，倫理的にも実践的にも重要である。心理専門職はその専門性の特徴から，チームで動くことのトレーニングを十分に受けていない場合が多いので，その点には注意が必要である。

　そもそもいのちの危機に対するのに，個人の力はまったくの無力である。多職種チーム，そしてそのチームを支える組織や制度，またチームの共通理解としての倫理，それらの基盤となる法律について，十分に理解しておく必要がある。すなわち，法・倫理・制度は，多職種チームでの活動のベースとなるのである。

　また多職種チームにおいて，それぞれの職種のできることや役割について，共通の理解が常に求められる。心理専門職はそのチーム内で何ができるのか，取り組む課題や置かれている状況，チームメンバーのキャリアなどに応じて，適切な役割をつかみ取りそれをわかりやすくチーム

メンバーに伝えることが求められる。

　多職種チームは，専門家だけの参加では不十分な場合も多い。実際には，専門家ではない一般住民，家族，そして何よりも本人をチームメンバーの一員として取り込んでいくことが重要であろう。そして本人を中心としたチームが形成されることが好ましい。その意味では，コミュニティのすべての人がチームメンバーになり得るという意味も含めて，**コミュニティチーム**という表現のほうがよいかもしれない（元永，2015）。

　コミュニティチームでは，本人の自己決定を重視するのだが，その自己決定の倫理的検討点については，十分に吟味する必要がある。そのためにも，自己決定の尊重とその範囲をめぐってのチーム内での深い語り合いも，ときには求められることとなろう。それを行うための基本的知見を，本書の各章において見出すことが可能と考える。

学習課題

1. 「自殺するのも自己決定である」と主張するクライエントがいる。あなたはどのように対応するか。
2. 人工妊娠中絶を打ち明けた女子高生に対して，命の大切さを伝えたいと，スクールカウンセラーは考えている。どのようにアプローチするか，あなたのアイデアをまとめてみよう。
3. 緩和医療チームの一員である心理専門職に，「あなたの役割は何？」とチームリーダーである医師から問われた。心理専門職としてどう答えるか。

引用文献 |

- アグネス・ヴァン・デル・ハイデ（2013）「オランダとベルギーにおける安楽死と医師による自殺幇助」『比較法学』　47，pp. 173-190
- 岡田豊基（2011）「自動車保険における胎児の保険給付請求の可否」『神戸学院法学』　40，pp. 563-590
- 恩田裕之（2005）「安楽死と終末医療」『調査と情報』　472，pp. 1-10
- 清末定子（2012）「代理出産における母子関係―分娩主義の限界―」『北大法政ジャーナル』　18，pp. 1-24
- 熊倉伸宏（2004）『メンタルヘルス原論』　新興医学出版社
- 警察庁（2020）「令和元年中における自殺の状況」
  https://www.npa.go.jp/safetylife/seianki/jisatsu/R02/R01_jisatsuno_jyoukyou.pdf
- 小林亜津子（2011）『はじめて学ぶ生命倫理』　筑摩書房
- 小林亜津子（2014）『生殖医療はヒトを幸せにするのか―生命倫理から考える―』光文社
- 千代豪昭・滝沢公子監修（2006）「遺伝カウンセラー―その役割と資格取得に向けて―」　真興交易　医書出版部
- 日本学術会議（2008）「代理懐胎を中心とする生殖補助医療の課題―社会的合意に向けて―」
  http://www.scj.go.jp/ja/info/kohyo/pdf/kohyo-20-t56-1.pdf
- 日本産科婦人科学会（2010）「『着床前診断』に関する見解」
  http://www.jsog.or.jp/ethic/chakushouzen_20110226.html
- 元永拓郎（2015）「新しい資格『公認心理師』は心の健康に寄与するか？」『こころの健康』　30，pp. 20-27

64

参考文献

① 大野和基（2009）『代理出産—生殖ビジネスと命の尊厳』集英社
——代理出産の現状について，海外での事例も豊富に紹介している。代理出産で生
　まれた子どもたちの葛藤なども紹介している。代理出産がビジネスとして行わ
　れ，命の尊厳が確実にすり減っていく状況に，警鐘を鳴らしている。
② 児玉聡，なつたか（2013）『マンガで学ぶ生命倫理』化学同人
——マンガであるが，生命倫理に関して幅広い分野をカバーし，平易な解説もなさ
　れている。生殖補助医療，がん告知，終末期医療，脳死など，生命倫理につい
　て全体像を把握するために有用である。

4 | 子どもの心理支援に関係する法・倫理・制度

窪田　由紀

《**学習の目標**》　本章では，子どもの健やかな育ちを保障するために制定されている法律についての理解を深める。直接子どもの臨床に携わる場合はもちろんのこと，さまざまな年齢段階の対象者の背景を理解し，適切な支援を行ううえでも重要な知識となる。
《**キーワード**》　子どもの権利条約，児童福祉法，児童虐待防止法，発達障害支援法，子どもの貧困対策推進法，児童相談所

1. 子どもの健全な育ちと法律

　子どもの健全な育ちを保障する法体系及び児童福祉関連法について紹介する。

（1）　子どもの健全な育ちを保障する法体系の基礎

　日本国憲法は国の存立にかかわる基本的要件を定めたものであり，すべての法律の根拠となるものである。第25条で「すべて国民は，健康で文化的な最低限度の生活を営む権利を有する」「国は，すべての生活部面について，社会福祉，社会保障及び公衆衛生の向上及び増進に努めなければならない」としており，すべての国民の生存権が保障されている。

　児童憲章は，1951（昭和26）年に日本国憲法の精神にしたがって，児童に対する正しい観念を確立し，すべての児童の幸福を図るために定められた。そこには「児童は人として尊ばれる」「児童は社会の一員と

して重んぜられる」「児童はよい環境の中で育てられる」という理念のもとに 12 の具体的な事項が定められている。

1989（平成元）年には，**子どもの権利条約**が国連総会で採択された。前文と本文 54 条からなり，生存，保護，発達，参加という包括的権利を子どもに保障しており，日本は 1994（平成 6）年に批准した。

これらは子どもの権利保障の根幹をなすもので，この後ふれる法律はここで謳われている子どもの権利保障のために定められている。

（2） 児童福祉六法

児童福祉法をはじめとする児童福祉六法は，わが国の子どもの健全な育ちを保障する中心的な法律である。

なかでも，最も重要で基本となるものが**児童福祉法**［1947（昭和 22）年制定］である。1945（昭和 20）年の終戦後，浮浪児，戦災孤児等が町に溢れるなかで，そのような困窮する子どもの保護にとどまらず，次世代を担う子どもの健全な育成を図るために，児童の福祉の増進をめざすものとして制定された。子どもの健全な育ちの保障にかかわる最も基本的で総合的な法律である。

総則において，「すべて国民は，児童が心身ともに健やかに生まれ，且つ，育成されるよう努めなければならない」「すべて児童は，ひとしくその生活を保障され，愛護されなければならない」「国及び地方公共団体は，児童の保護者とともに，児童を心身ともに健やかに育成する責任を負う」「この原理は，すべて児童に関する法令の施行にあたって，常に尊重されなければならない」（抜粋）と規定されている。この部分を基本としながら，子どもの健全な育ちを保障する事業や機関，従事者，検討機関などを具体的に定めている。これら，具体的な施策にかかわる部分については，社会のニーズに合わせて毎年のように改正がなさ

れている。

　児童扶養手当法［1961（昭和 36）年制定］では，「父又は母と生計を同じくしていない児童が育成される家庭の生活の安定と自立の促進に寄与する」ために手当を支給することを定めており，具体的な支給要件，手続き等が規定されている。

　特別児童扶養手当等の支給に関する法律（特別児童扶養手当法）［1964（昭和 39）年制定］は，精神又は身体に障害を有する児童に対し，障害の重篤度に応じて，特別児童扶養手当，障害児福祉手当，特別障害者手当を支給して福祉の増進を図るために，その支給要件，額，認定方法などが定められている。

　母子及び父子並びに寡婦福祉法［1964（昭和 39）年制定］では，「母子及び父子並びに寡婦の生活の安定と向上のために必要な措置を講じ，もつて母子家庭等及び寡婦の福祉を図ること」を目的に，経済的な面のみならず，母や父の病気の際の子どもの世話など生活面への支援についても規定している。時代の変遷に伴い，対象が母子家庭のみから父子家庭も含むひとり親家庭全体に広がり，2014（平成 26）年の改正で名称にも父子が含まれるようになった。

　母子保健法［1965（昭和 40）年制定］は，「母性並びに乳児及び幼児の健康の保持及び増進を図ること」を目的としており，妊娠から出産，その後の生育にかかわる制度や事業などが規定されている。

　児童手当法［1971（昭和 46）年制定］は，次代の社会を担う児童の健やかな成長に資することを目的に掲げ，支給についての要件，手当の額，支給手続き等について規定している。所得制限を超えた場合も一定額の特例給付が規定されており，すべての児童を対象とする法律となっている。

　児童福祉六法のうち，**児童福祉法**，**母子保健法**，**児童手当法**はすべて

の児童の福祉の向上をめざすものであり，**児童扶養手当法，特別児童扶養手当等の支給に関する法律，母子及び父子並びに寡婦福祉法**の3つは，何らかの事情で特別に配慮と保護を要する家庭や児童に対する施策にかかわるものとなっている。

2．戦後日本社会の状況と法整備・改正の推移

〔表 4-1〕（p71）に戦後日本の社会状況の変化と子どもの健全な育ちを保障する法律の制定・主な改正の推移を，**児童福祉全般**，及び虐待防止，障害児支援，少子化対策，貧困対策に分けて示した。

（1） 戦後日本社会の状況と法整備・主な改正の推移

終戦後2年の 1947（昭和 22）年に子どもの健全な育ちの保障にかかわる最も基本的で総合的な法律である児童福祉法が，次世代を担うすべての児童を対象とするものとして制定された。

昭和 30 年代は，高度経済成長へ向けて都市化，共働き世帯の増加などが進み，一般児童や家庭への支援の重要性がそれまで以上に浮上した。この時期には，**児童扶養手当法**や**特別児童扶養手当法，母子及び父子並びに寡婦福祉法**などの**児童福祉六法**といわれる法律の整備や，**障害者基本法，知的障害者基本法**などの整備が進んだ。

昭和 40 年代初頭は高度経済成長が続いたが，1973（昭和 48）年には第一次オイルショックが発生し，福祉の重要性が社会的に注目されることになった。**児童手当法，心身障害者対策基本法，母子保健法**の制定が続き，一般家庭・児童への経済面，健康面の支援や心身に障害がある人々への支援の体制が整っていった。

昭和 50 年代になると，就労状況の多様化に公立・認可保育所が十分対応できないなかで，いわゆるベビーホテルという無認可・悪条件の施

設での乳幼児の死亡事故が続いた。1981（昭和 56）年の児童福祉法の改正でようやく公立・認可保育施設での延長保育や夜間保育サービスの提供が始まった。

　1990（平成 2）年には前年の合計特殊出生率が 1.57 であったことが判明し，大きく注目された。国はこのことを問題として，仕事と子育ての両立を支援し子どもを産み育てやすい環境づくりに向けて，1994（平成 6）年にその後 10 年間の方向性と重点施策を定めた**エンゼルプラン**と保育所の量的・質的拡大をはかるための**緊急保育対策等 5 か年事業**を策定し，その後，**少子化対策基本方針**，**新エンゼルプラン**を経て，2003（平成 15）年に**少子化対策基本法**と**次世代育成支援対策推進法**の制定に至っている。その後も，社会全体で子どもを育てる体制強化に向けて2012（平成 24）年には**子ども・子育て支援法**の制定，2015（平成 27）年の**少子化対策大綱**の策定と続いた。

　一方，1994（平成 6）年には**子どもの権利条約**が批准され，子どもを権利主体として捉える視点が広がっていった。このことは深刻化・増加が著しかった児童虐待への幅広い層の関心と活動にもつながり，2000（平成 12）年に**児童虐待防止法**が制定され，その後も改正を重ねている。

　また，2004（平成 16）年に**発達障害者支援法**，2005（平成 17）年に**障害者自立支援法**，2012（平成 24）年には**障害者総合支援法**が制定されるなど，障害者の自立支援と社会参加を支援する枠組みが大きく変化し，障害をもつ子どもへの支援メニューの広がりにつながった。特殊教育から特別支援教育への転換については第 11 章を参照されたい。

　ところで，困窮する子どもの保護は，児童福祉法制定時からの重要事項であった。その後の高度経済成長，バブル経済とその崩壊，経済のグローバル化などの社会変化のなかで経済格差が拡大し，子どもの貧困率が 16.3％に及び，OECD 加盟 34 国中 25 位［2010（平成 22）年］と

いった深刻な状況に陥った。2012（平成24）年に**子どもの貧困対策推進法**が制定され，2014（平成26）年に法に基づく施策推進を謳った**子どもの貧困対策大綱**が策定された。

　戦後間もない時期に制定された**児童福祉法**は，家庭での養育が困難な子どものための施設整備やサービス，障害がある子どもへの施設や在宅での支援，困窮する子どもの保護・救済，児童虐待の防止などを網羅する基幹となる法律であった。〔表4-1〕からも，その後社会状況の変化に伴って重要課題と認識されるようになった問題に関して，その部分に特化した新たな法律が整備され，それに伴って児童福祉法本体も改正される流れが繰り返されてきていることがわかる。なかでも，**児童虐待防止法**は児童虐待の深刻化に伴って2000（平成12）年に成立・施行され，その後改正を重ねている。この法律では，児童虐待の定義（第2条），虐待の禁止（第3条），国及び地方公共団体の責務（第4条），早期発見，通告義務なども規定されている。また児童相談所に立入調査，臨検，捜索といった大きな権限を与えている。

（2）　法整備・改正にみる子どもの権利保障にかかわる理念の変化

　このような流れから，日本の戦後の子どもの権利保障に関する理念が変化してきた過程が読み取れる。

　すでに児童福祉法制定に向けての議論のなかで，戦災孤児や浮浪児などの特別な配慮を要する児童の保護にとどまらず，次世代を担うすべての子どもの福祉の向上をめざす方向性が明らかにされていた。

　1951（昭和26）年に定められた**児童憲章**，さらに1994（平成6）年に日本が批准した**子どもの権利条約**は，子どもを保護の対象から権利主体として明確に位置づけるものである。

表4-1　戦後日本社会の状況と子どもの健全な育ちを保障する法律制定・主な改正の流れ

（昭和）	社会の状況	年	子どもの権利保障	児童福祉全般	虐待防止	障害児支援	少子化対策	貧困対策
20年代	戦災孤児、浮浪児対策 →一般児童の福祉増進	1945	日本国憲法					
		1947		児童福祉法				
		1951	児童憲章					
		1960				身体障害者福祉法		
30年代	高度成長に伴う諸問題 →一般児童・家庭を視野 母子家庭施策	1961		児童扶養手当法		障害者基本法		
		1964		特別児童扶養手当等の支給に関する法律		知的障害者基本法		
		1964		母子及び寡婦福祉法				
40年代	第一次オイルショック 母子保健	1965		母子保健法				
		1970				心身障害者対策基本法		
		1971			児童手当法			
50年代	保育需要の多様化 →延長保育、夜間保育	1981		児童福祉法改正				
60年代 ～平成	1.57ショック バブル崩壊	1990						
		1994	子どもの権利条約批准				エンゼルプラン 緊急保育対策等5か年事業	
	児童虐待の深刻化・増加	2000			児童虐待防止法		新エンゼルプラン	
		2001		児童福祉法改正				
		2001						
		2003					少子化社会対策基本法 次世代育成支援対策推進法	
		2004		児童福祉法改正	児童虐待防止法改正	発達障害者支援法		
		2005		児童福祉法改正		障害者自立支援法		
		2007		児童福祉法改正	児童虐待防止法改正			
		2008		児童福祉法改正				
		2011		児童福祉法改正				
	子どもの貧困の深刻化	2012				障害者総合支援法	子ども・子育て支援法	
		2014						子ども貧困対策推進法 子ども貧困対策に関する大綱
		2015					少子化社会対策大綱	
		2016		児童福祉法改正	児童虐待防止法改正			
		2017		児童福祉法改正	児童虐待防止法改正			

※児童福祉全般欄の「児童福祉法」～「母子保健法」は（児童福祉六法）

（出所）窪田由紀（2017）「子どもの心理支援に関係する法と倫理」津川律子・元永拓郎編著（2017）『心理臨床における法と倫理』一般社団法人　放送大学教育振興会　p43に一部加筆

　また，保護者に対しても，保育所や施設の措置制から選択制への移行も含めて，各種サービスの利用について当事者の主体的な選択を重視する方向にシフトしている。

　また，**児童福祉法**の制定当初は，名称にもあるように児童が支援の対象であったところから，徐々に子どもが育つ最重要の環境である家庭も含めて支援の対象とする考えが主流化していった。児童家庭福祉という概念は，1990（平成 2）年の全国社会福祉協議会の児童家庭福祉懇談会の提言が公式には最初であり，その後児童より権利行使の主体というニュアンスをもつ子どもへと表現を変え，「子ども家庭福祉」と表現されるようになったとされている（柏女，2007）。

　このような流れのなか，児童福祉法改正［1997（平成 9）年］において，より地域に密着し住民の相談に応じる児童家庭支援センターが設置され，2004（平成 16）年の児童福祉法改正において，子育て支援における市町村の役割が明確にされ，市町村が子育て支援業務を推進する現在の体制が整備された。

（3）　児童福祉領域における心理支援の整備

　児童相談所は，1948（昭和 23）年に児童福祉法の施行と同時に発足した児童福祉の第一線の機関である。「子どもが有する問題又は子どもの真のニーズ，子どもの置かれた環境の状況等を的確に捉え，個々の子どもや家庭に最も効果的な援助を行い，もって子どもの福祉を図るとともに，その権利を擁護することを主たる目的とした行政機関」（**児童相談所運営指針**，以下運営指針）で，都道府県，指定都市及び児童相談所設置市（児童福祉法第 59 条の 4 第 1 項）に設置されるものである。

　児童相談所には，児童福祉法に基づく運営指針によって，当初から心理判定員という名称の心理専門職が配置され，援助方針の策定のための

心理診断とともに，子ども，保護者，関係者等に心理療法，カウンセリング等の心理支援を行ってきた。児童虐待相談ケースの急増等を受けた2004（平成 16）年の児童福祉法，及びそれに基づく運営指針の改正によって，児童心理司と名称が変更され，判定にとどまらない心理支援の位置づけがより明確となったとともに，新たに心理療法担当職員として子ども，保護者に対し，心理療法，カウンセリング等の指導を行う職員を置くことになり，児童相談所における心理支援体制が強化された。

　児童心理司については「学校教育法に基づく大学又は旧大学令に基づく大学において，心理学を専修する学科又はこれに相当する課程を修めて卒業した者」，心理療法担当職員については，児童心理司の要件に加えて「個人及び集団心理療法の技術を有するもの又はこれと同等以上の能力を有すると認められる者」でなければならないとされている。

　一方，**児童福祉施設の設置及び運営に関する基準**には，児童福祉法に基づいて，児童福祉にかかわる諸施設の最低基準が定められている。そのなかに心理職の配置についても記載されている。

　児童養護施設には，1990（平成 2）年以降被虐待児の入所が増加したことに伴って，1999 年から「虐待等による心理的外傷のために心理療法を必要とする児童に，遊戯療法やカウンセリング等の心理療法を実施し，児童の安心感・安全感の再形成及び人間関係の修復を図り心的外傷を治癒すること」を目的として，心理職が配置されるようになった。2001（平成 13）年には，**乳児院**，**母子生活支援施設**，さらに 2006（平成 18）年には**児童自立支援施設**も心理職の配置対象となった。2006 年からは常勤化も可能となっている。

　2012（平成 24）年には，これらの児童養護施設，乳児院，母子生活支援施設，児童自立支援施設については，「心理療法を行う必要があると認められる」者 10 人以上，福祉型障害児入所施設については 5 人以

上に心理療法を行う場合には，「心理療法担当職員を置く」ことが義務づけられた。

2014（平成26）年には，**情緒障害児短期治療施設**については，「心理療法担当職員を置かねばならない」と明記され，**児童自立支援施設**と**情緒障害児短期治療施設**に関して「大学の学部で，心理学を専修する学科若しくはこれに相当する課程を修めて卒業した者又は大学の学部で，心理学に関する科目の単位を優秀な成績で修得したことにより，大学院への入学を認められた者であって，個人及び集団心理療法の技術を有し，かつ，心理療法に関する一年以上の経験を有するもの」と，より専門性の高い資格要件が記されている。尚，情緒障害児短期治療施設は2017年に**児童心理治療施設**と名称変更された。

このように児童福祉領域では，社会のニーズに応じて児童福祉法とそれに基づく児童相談所運営指針や児童福祉施設の設置及び運営に関する基準などのなかに，各施設における心理支援を保障する心理専門職の配置について明確に定められてきている。

3．子どもの心理支援と法と倫理

ここでは，心理専門職として心理支援にあたるうえでの法と倫理の理解のあり方について述べる。

（1）　心理専門職と法と倫理

ところで，倫理は人としてのあるべき姿，生き方にかかわるのに対して，法律はその一部として社会秩序の維持という点に照らしてのみ問題とされる。両者は包含関係にあり，法律に反することは倫理違反であるが，法律に反していないからといって倫理的に問題がないとは言えない（窪田，2014）。たとえば子どもの虐待は，明らかに非倫理的な行為であ

るが，児童虐待防止法の整備以前には法律に違反していないという理由で不問に付される状況もあった。

　法制化が実現した背景には，法律がなかったための権利侵害に苦しんできた多くの子どもたちの叫びとその救済・支援に心を砕いてきたさまざまな立場の支援者の地道な活動があったこと，また，法律は現実社会で生じている問題の後追いであり，今なお，法整備が十分でないために権利保障がなされない多くの実態があることを忘れてはならない。

　子どもの支援にかかわる関係者の一人として，心理専門職も子どもがどのような法律によって健やかに育つ権利を保障されているかを知っておく必要がある。

　一方，独自の倫理綱領を持つことは，専門職の要件の一つである。「**一般社団法人日本臨床心理士会倫理綱領**」においては，前文に対象者の基本的人権と自己決定権の尊重，対象者の福祉の増進及び臨床心理士自身の社会人としての良識の維持，社会的責任・道義的責任の自覚を掲げ，第2条以降に秘密保持，インフォームド・コンセント，職能的資質の自覚と向上など，そのために必要な規定がなされている。

　心理的支援を行うに際しては，これらを遵守・追及することが求められるが，倫理は法律よりも幅広い概念であるため，当然ながら法律に規定された範囲にとどまらないことも認識しておく必要がある。

（2）　子どもの権利保障と心理支援

　公認心理師や臨床心理士は，さまざまな場面で子どもの心理支援に携わる。子どもの心理支援について，改めて子どもの権利条約で謳われている生存，発達，保護，参加に関わる権利の枠組み（山縣，2015）に沿って，とくに，近年その必要性が浮上してきた問題や子ども自身や関係者の利害が対立しやすい側面に焦点を当てて，検討を加える。

　生存の権利には，出生に関する権利，生活水準への権利，医療的ケアに関する権利などが含まれる。子どもたちが健康に生まれ，健やかに成長するための権利は子どもの権利保障の根幹である。そのための支援は，子どもを産み育てる環境を整えるという意味で，受精前の不妊治療の段階から始まるということもできる。生殖医療が発展するなか，長期化する不妊治療は家族にとって経済的にも心理的にも大きな負担となる。また，1,000ｇ未満の超低出生体重児の出産と生育を保障する体制が整いつつあるとはいえ，種々の障害や疾病のリスクが高い現実の前に図らずもそのような小さな子どもを持つことになった家族の不安と苦悩は決して小さくない。

　心理の専門職が生殖医療や周産期医療の現場での心理支援に携わる体制は徐々に整いつつある（伊藤，2009；永田，2010）が，この時期の母親をはじめとする家族への心理的支援の重要性は子どもの生存の権利保障という点からも強調される必要がある。

　健康で文化的な生活の保障に関しては児童福祉六法，さらに生活保護法等で定められている。経済的な困難を抱える家庭が，必要な公的扶助等も活用しながら，子どもの健全な成長を支援する環境として機能するための心理支援も重要である。近年，福祉事務所に心理の専門職を配置し，生活保護行政の最前線でケースワーカーと共に保護家庭への支援にあたる自治体も出てきている。

　また，生まれながらの重篤な障害や疾病への罹患で医療機関での長期的・集中的な治療を必要とする子どもは，適切な医療的なケアに加えて，年齢相応の遊びや学習の機会を保障される必要がある。心理専門職にはそのような場では子どもへの直接的な支援に加え，家族や医療スタッフへの子どもの発達やかかわりについての専門的知識やスキルの提供，長期化する治療に疲弊する家族やスタッフへの心理支援などが求め

られる。

　医療機関において心理専門職が医療チームの一員として役割を果たせる体制は，公認心理師法の成立を受けて従来比較的多くの心理士が勤務していた精神科，心療内科，小児科，緩和ケア以外の領域にも広く整うことが期待される。

　発達の権利には，親の第一義的養育責任，親からの分離禁止とともに代替的養護，養子縁組などの社会的養護や，親と共に暮らせない子どもの親を知る権利などが含まれる。

　何らかの事情で保護者がいない児童や保護者に監護させることが適当でない児童を保護し，自立を支援することを目的とする施設が児童養護施設であるが，このような社会的養護の方針は，親からの分離の禁止の原則と競合し，また子ども自身の希望に反する場合もある。「子どもの最善の利益のために」という観点から，子ども自身の意見を尊重したうえで，子どもや親，彼らを取り巻く環境の十分なアセスメントを経て決定される必要がある。心理の専門職は援助チームのなかで子ども自身が発達段階に応じて自分の置かれた現実を理解・受容していけるための心理的支援やアセスメントに力を発揮することが求められる。

　また，子どもの権利条約批准後の**児童養護施設運営指針**（厚生労働省，2012）を受けて，児童養護施設において子どもの『生い立ちを知る権利』を支援するプログラムへの取り組みが始まっている。子どもが自らを肯定的に捉え，アイデンティティを確立するうえで非常に重要な過程であるものの，いまだ試行錯誤の段階で，かかわる職員の戸惑いも大きい（田中，2015）。心理専門職は，被虐待児の心理療法，生活場面での日常的な支援に加え，職員と共にプログラムの開発や実施，それに伴う子ども自身や関与した職員への心理支援などの役割を果たすことも期待される。

　保護に関する権利としては，親による虐待・放任・搾取からの保護，経済的搾取，性的搾取などあらゆる搾取からの保護，薬物からの保護，誘拐・売春・取引の防止，生命権・生存，発達の確保，名前・国籍の取得権などが幅広く挙げられている。

　世界的に見ると，多くの子どもが人身売買の犠牲となって，強制労働や買春，強制的な結婚，家事労働，物乞い，武装集団による徴用などに従事させられている（ユニセフ，2009）。

　このような人身売買は，現代の日本とは無関係と捉えられがちであるが，日本は主として途上国からの人身売買の受入国として十年来国際的にも問題視され続けている。さらに，日本の子どもたちも，「援助交際」や「女子高生お散歩ビジネス」などという名目で気づかないうちに買春の犠牲になっているという事態がある。このような子どもたちに心理専門職が直接かかわることは必ずしも多いとは言えないが，起こっていることを正しく認識し，必要に応じて子どもの身近な支援者と共有していくことは重要である。

　保護に関する権利保障で最も心理の専門職に身近な問題は，虐待を受けた子どもへの心理支援である。前述したように 1999（平成 11）年から児童養護施設への心理職の配置が進み，被虐待児の心理的ケアに携わるようになってきた。虐待を受けた子どもは，非行的行動や攻撃的行動の得点が高く（坪井，2005），子どもどうしの人間関係や大人との関係構築が難しい。そのため，このような子どもたちの集団生活を支える職員の負担は非常に大きく，子どもの特徴についての十分な理解がなければ，職員が「力による支配」に頼ってしまい，結果として新たな権利侵害が生じる可能性がある。そのような事態を招くことなく，子どもが安心・安全を実感し，建設的な人とのかかわりを学んでいくためには，心理専門職はプレイセラピーや心理面接，種々の心理教育などによって子

ども自身の心の安定や対人スキルの獲得をめざすとともに，子どもとの
かかわりに困難を抱える職員へのコンサルテーションで職員自身を支え
ることも重要である。

　子どもの権利の 4 本目の柱が，**参加に関する権利**であり，自己決定・
自立に関する権利としての意見表明権，市民的参加の権利として表現・
情報の自由，思想・良心・宗教の自由などが挙げられている。

　しかしながら，子どもが自身の生活にかかわる重要な事項に意見を表
明し，決定に主体的に参加することを保障するのは必ずしも容易ではな
い。子どもの権利と競合する可能性がある種々の状況が存在する。

　その一つとなり得るのが**親権**の不適切な行使である。親権は民法に
「成年に達しない子は，父母の親権に服する」と規定されており，**監護
教育の権利義務**，**居所指定権**，**懲戒権**，**職業許可権**などが定められてい
る。これらが適正に行使されなかった場合については，**親権喪失や親権
停止**などの措置が規定されており，民法の一部改正で子ども自身が請求
できるようになるなど，子どもの権利をより重視する方向へ進んできて
いるが，表面化していない権利侵害は多く存在する。

　一方，子どもの権利主体としての側面が重視されるようになってきた
とはいえ，「子どもは身体的及び精神的に未熟であるため，特別にこれ
を守り，かつ，世話することが必要である」（**児童権利宣言**，1959）と
いう考え方は，依然として強く社会に存在する。このような考え方が行
き過ぎると，子どもの意見の表明，決定への参加を妨げることになる。
「父権主義」的に，親や教師，指導員など身近な大人が「当人の利益の
ために」当人に代わって決定したり，その方向づけをしたりするといっ
たことが生じる。

　医療，福祉，教育等の現場で子どもにかかわる心理専門職には，子ど
もに寄り添い，子どもが安心して自分の気持ちに気づき表現するための

支援が求められる。自身の希望が周囲の大人と異なる場合，子どもが周囲の意向をくみ取ってあたかもそれが自分の希望であるかのように同意することは稀ではない。また，発達段階によっては，子ども自身が自分の気持ちを言葉で表現することは難しい。したがって，子どもの希望を知るには，言葉による型どおりの意向確認では十分でない。子どもが表現し難い思いを，子どもの日々の言動から理解し，周囲の支援者と共有すること，周囲の大人の「子どもの最善の利益のために」という思いを大切にしながらも，子どもが安心して自分の意見を表明できる環境を整えていくことなどが心理専門職に期待される。虐待疑いで一時保護となった子どもに，児童心理司として三つの家というツールを用いて本人の希望を引き出し，児相での処遇検討の場でそのような本人の意向が尊重されるよう調整した千賀（2013）の実践は，その一例である。

（3）　種々の専門家・非専門家の協働のなかでの心理支援

　子どもは，家族・親族をはじめとして地域，保健・医療，教育，福祉領域にかかわるさまざまな専門家・非専門家の見守り・かかわりのなかで成長・発達を保障されている。

　心理専門職は，何らかの問題を抱える子どもやその保護者への直接的な支援だけではなく，保育士，教師，福祉施設の指導員など子どもの身近な支援者に対して，子どもの心理状態の見立てやそれに基づくかかわり方についての手がかりを提示することで，子どもを間接的に支援することが重要であることは，これまで繰り返し触れてきた。

　家族をはじめとして子どもにかかわるすべての人々は，基本的には，子どもの健全な育ちを願っている。しかし，家族においては親自身の貧困，病気，家族成員の不和，社会的孤立などによる余裕のなさ，子どもの病気や障害による育てにくさなどが加わると，容易に虐待的な関係が

生じる。また，保育所，学校，福祉施設などにおいても，制度の不十分さによる職員への過度の負担や支援の乏しさ，職員組織の機能不全，子ども自身のかかわりにくさなどの要因が蓄積すると，子ども支援を志して職についた専門職といえども，バーンアウトや子どもとの不適切な関係に陥る可能性がある。結果として，子どもの健全な育ちを阻害することになり，法的にも倫理的にも問題となるような事態を招くことすら起こり得る。

　心理専門職は，子どもへの生活場面での直接的支援に日常的にかかわることが比較的少ない分，子どもや支援者など構成員個々の特性・状況のみならず，相互の関係性も含めたコミュニティ全体を多層的・多面的に見立てることが可能なポジションにいる。したがって，心理専門職が身近な支援者へ子どもの特性や背景，支援者との関係のなかで生じている問題の見立てやそれに基づくかかわり方についての情報を提供することで，支援者の疲弊や支援者と子どもの間の悪循環による機能不全を防ぐことができる。多職種協働のなかで，心理専門職がこのような役割を果たすことは，子どもの健全な育ちを保障するうえで重要な意味をもつ。

4．むすび

　本章では，子どもの健全な育ちを保障する法律を概観したうえで，子どもの権利保障の視点からそれぞれの現場で心理の専門職が期待される役割を検討してきた。心理臨床の現場において，倫理はともかく法律や権利保障という視点は必ずしも馴染みがあるものではない。しかしながら，子どもの心理支援は一人ひとりの子どもに寄り添ってそれぞれがその特性に応じて力を発揮していけるよう支える営みであり，権利保障そのものとも言える。

82

　法律はそのための最低限の定めであり，現実社会で起こっていることに応じて常に見直され続けなければならない。心理専門職もそのような動きにこれまで以上に敏感である必要がある。

学習課題

1. 参考文献に挙げた「子どもによる子どものための子どもの権利条約」を読んで，子どもの権利が現在どのように守られているかについて考えてみよう。
2. 自分が生まれた年に近い時期に制定された子どもの健やかな育ちの保障にかかわる法律を一つ選択し，現在の自分たちの生活にどのように反映されているかについて考えてみよう。

引用文献

・伊藤弥生（2009）「不妊カウンセリング」臨床心理学，9，822-827
・一般社団法人日本臨床心理士会倫理綱領
　http://www.jsccp.jp/about/pdf/sta_5_rinrikoryo0904.pdf
　（2016年1月4日取得）
・児童憲章（1951）
　http://www.mext.go.jp/b_menu/shingi/chukyo/chukyo3/004/siryo/attach/1298450.htm（2016年1月4日取得）
・児童相談所運営指針
　http://www.mhlw.go.jp/bunya/kodomo/dv11/01.html（2016年3月2日取得）
・児童の権利に関する条約（1989年第44回国連総会採択・1990年発効。日本は1994年に批准）。
　http://www.mofa.go.jp/mofaj/gaiko/jido/zenbun.html（2016年1月4日取得）

・柏女霊峰（2007）「戦後子ども家庭福祉制度の変遷」　高橋重宏監修・児童福祉
　法制定 60 周年記念全国子ども家庭福祉会議実行委員会編　『日本の子ども家庭福
　祉　児童福祉法制定 60 年の歩み』　明石書店，pp. 29-40
・厚生労働省（2012）児童養護施設運営指針
　http://www.shakyo-hyouka.net/yogo/21sisin.pdf（2016 年 1 月 4 日取得）
・窪田由紀（2014）「心理臨床の倫理」　森田美弥子・金子一史編『臨床心理学実
　践の基礎その 1　基本的姿勢からインテーク面接まで』ナカニシヤ出版，pp.
　21-38
・永田雅子（2010）『周産期のこころのケア―親と子の出会いとメンタルヘルス』
　遠見書房
・内閣府（2014）子どもの貧困対策大綱
　http://www8.cao.go.jp/kodomonohinkon/pdf/taikou.pdf（2016 年 1 月 4 日取得）
・千賀則史（2013）「一時保護所での実践」　井上直美・井上薫・永井健編　『心の
　地図を広げる安全パートナリングと「三つの家」　施設における子どもと家族の
　支援』　パートナリング岐阜，pp. 49-55
・田中弘美（2015）「児童養護施設の子どもにみる自己肯定感をはぐくむ支援―
　『生い立ちの整理』を手がかりに―」　埋橋孝文・矢野裕俊編著　『子どもの貧困
　／不利／困難を考える 1. 理論的アプローチと各国の取組み』　ミネルヴァ書房，
　第 5 章
・坪井裕子（2005）「Child Behavior Checklist/4-18（CBCL）による被虐待児の行
　動と情緒の特徴―児童養護施設における調査の検討」　教育心理学研究，53，
　110-121
・山縣文治（2015）「児童家庭福祉の考え方」　福田公教・山縣文治編著　『児童家
　庭福祉第 4 版』　ミネルヴァ書房，pp. 1-14
・ユニセフ（2009）　『子どもの人身売買』
　http://www.unicef.or.jp/about_unicef/about_act04_06.html（2016 年 1 月 4 日取得）
・吉田幸恵（2015）「児童家庭福祉行政の仕組み」　福田公教・山縣文治編著　『児
　童家庭福祉第 4 版』ミネルヴァ書房，pp. 41-54

参考文献

① 小口尚子・福岡鮎美（1995）『子どもによる子どものための「子どもの権利条約」』小学館

——「むずかしい条約文を，子どもにもわかるように」と中学生が自分たちのことばで「子どもの権利条約」を訳したもので，「子どもの権利条約翻訳・創作コンテスト」最優秀賞作品に選ばれた。

② 福田公教・山縣文治編著（2015）『児童家庭福祉第4版』ミネルヴァ書房

——子ども・家庭を取り巻く状況から，個々のサービス内容，児童家庭福祉のシステムに至るまで，基本的知識を網羅している。

5 | 家族の心理支援に関係する 法・倫理・制度

窪田　由紀

《**学習の目標**》　家族は最も重要なサポート源であると同時に，さまざまな悩みや困りごとの背景でもある。直接的なかかわりの有無にかかわらず，心理支援の際に家族との関係を考慮するのは必須である。本章では，家族の心理支援に必要な法と倫理の理解を深める。

《**キーワード**》　民法，DV 防止法，特別養子制度，離婚，ハーグ条約，介護保険制度，成年後見制度，相続

1. 家族ライフサイクルに伴う諸問題と法律

　ここでは，家族ライフサイクルに伴って人々が遭遇しうる諸問題と法律について述べる。

（1）　結婚に伴って

　結婚のことを法律では婚姻といい，**婚姻**は民法第 731 条から 737 条までにある種々の要件を満たしたうえで，市区町村に提出された婚姻届が受理されることで成立するものである（本澤，2014a）。

　婚姻可能年齢は，2018（平成 30）年の民法改正で，長い間女性のみ16 歳だったものが引き上げられて，男女ともに 18 歳となった。

　婚姻届が受理され，国家によって法的に認められた結婚が**法律婚**であるのに対して，愛情に基づいて生活を共にし，協力し合って生計の維持・家事・育児・介護等を行っていても，婚姻届を提出せずにいる場合を**事実婚**という。事実婚の場合，生まれた子が非嫡出子とされることや

一方が亡くなった際に配偶者相続権が認められない，税制上の配偶者控除が認められないなどといったことがある（二宮，2007）。

民法750条に「夫婦は，婚姻の際には定めるところに従い，夫又は妻の氏を称する」という夫婦同氏の規定がある。夫又は妻の氏となっているが，夫の姓を名乗る割合は約96％［2015（平成27）年］と圧倒的多数である。女性の社会進出等に伴って，女性が結婚によって姓を変えることの不便・不利益が指摘されるようになり，1996（平成8）年に法制審議会が「夫婦は，婚姻の際に定めるところに従い，夫若しくは妻の氏を称し，又は各自の婚姻前の氏を称するもの」とする選択的夫婦別氏制度の導入を提言し，改正法案が準備されたが，国民の理解が得られないなどの理由から，いまだに国会提出には至っていない。

そのようななかで，現時点では別姓を実現するためには，事実婚を選ぶ，もしくは，職業上の不利益を避けるために職場で認められる範囲で旧姓を通称として使用するといった選択が迫られることになる。

ところで，性の自己認識（心の性）と生物学的性別（身体の性）が一致しない性同一性障害に対する国民の理解が広がるなかで，2003（平成15）年に**性同一性障害者の性別の取扱いの特例に関する法律**が制定され，一定の要件を満たす人は，家庭裁判所に性別の取り扱い変更の審判を請求することができるようになった。要件は厳しいものの，性別の変更が認められた場合は，変更後の性での婚姻届の提出が可能になった。

一方，日本の現行制度では同性同士の婚姻は認められていない。自治体レベルでは，東京都渋谷区と世田谷区で2015（平成27）年11月に同性カップルを結婚に相当する関係と認める動きが始まり，2020年8月現在では，全国で50以上の自治体に広がっている。ただ，これらには法的拘束力はなく結婚と同様の法的地位を認めるものではない。

配偶者からの暴力の防止及び被害者の保護等に関する法律（DV防止

法）は 2001（平成 13）年に制定された。前文には「被害者の大半が女性であり，経済的自立が困難である女性に対して配偶者が暴力を加えることは，個人の尊厳を害し男女平等の実現の妨げとなっていること」を挙げ，「配偶者からの暴力に係る通報，相談，保護，自立支援等の体制を整備することにより，配偶者からの暴力の防止及び被害者の保護を図るため」この法律を制定すると記されている。

　配偶者暴力相談支援センターにおける相談件数は 2002（平成 14）年度に 35,943 件だったものが，2018（平成 30）年度には 114,481 件へと年々増加し続けている（内閣府，2019）。警察における配偶者からの暴力事案等の相談等件数も 2001（平成 13）年の 3,608 件から 2018（平成 30）年の 77,482 件へと増加の一途である。このように DV 防止法の制定後も被害が増え続けているように見えるが，法制化によって被害が表に出てきたとも考えられる。

（2）　出産に伴って

　民法においては，子どもは出生時に両親が法律婚の状態にあれば**嫡出子**，そうでない場合には**非嫡出子**となる。嫡出子であるか否かの判断は，「嫡出推定」として民法 772 条に婚姻成立から 200 日後，もしくは婚姻の解消もしくは取り消しの日から 300 日以内に生まれた子どもを婚姻中の懐胎と推定するとなっている。この規定により，新しいパートナーとの間の子であっても前夫の子とされることになるが，2007 年 5 月からは，懐胎時期に関する証明書が添付された場合に限っては，前夫以外を親とすることが可能になった。

　非嫡出子は住民票では子，戸籍では女，男と記載されていた（二宮，2007）が，事実婚カップルからの提訴を経て，住民票は 1995（平成 7）年 3 月から子に統一され，戸籍については 2004（平成 16）年 11 月から

母を基準に長女，長男といった形で記載されるようになった（二宮，2007）。

　未成年であっても婚姻適齢に達していれば，父母の同意を得て婚姻できる。結婚した未成年は成年に達したものと見なされ，出産した場合，親として親権を行使することができる（高橋，2014a）。一方，結婚していない未成年の娘は親の親権下にあるため，娘が出産をした場合に生まれた子の親権は，出産した娘に代わってその親が行使する。

　日本では，出生の時に父または母が日本国民であるときに日本国民とするとなっているため，国際結婚で生まれた子どもは両親のいずれかが日本人であれば日本国籍を取得する。ただ，母が外国籍で非嫡出子の場合には，日本人父との父子関係を証明する認知が必要である。日本で生まれた子であってもこのような事情で日本国籍がない場合は，生後30日以内に在留資格の取得を申請しないと不法滞在となる（付，2014）。

　生殖補助医療の目覚ましい発展で，それまで望んでも子どもが持てなかった人たちがさまざまな形で子どもを持てるようになった。しかしながら現在日本には生殖補助医療に関する法律は存在せず，既存の枠組みでの判断がなされる。夫の精子を用いた配偶者間人工授精では，生まれた子は民法722条の嫡出推定を受けて嫡出子となる。一方，夫以外の男性の精子を用いての人工授精の場合，夫の同意を得ている場合には嫡出推定がなされる（高橋，2014a）。

　離婚後，子どもを連れて再婚した場合，新しい配偶者と連れ子を法律上の親子とするには，養子縁組を行う必要がある。養子縁組が成立すると，養子は養親の嫡出子としても身分を獲得する。

　養子制度は家の跡継ぎ確保を目的に導入されたのに対して，**特別養子制度**は，子どもの保護を目的として1987（昭和62）年に導入された。養親と養子との離縁を原則として認めないで，安定的な親子関係となる

ことをめざしている（高橋，2014a）。特別養子制度の利用を促進するために，2019（令和元）年度の改正で，養子となる者の年齢の上限が原則6歳未満から原則15歳未満に引き上げられた。

（3）　親子関係／子育てに伴って

　子どもが成人するまでの間，監督・保護・教育し，その財産を管理する父母の権利義務が**親権**である。親権といっても親の権利ではなく子どもの保護が目的であることは，2012（平成24）年の民法改正で「親権を行うものは，子の利益のために子の監護及び教育をする権利を有し，義務を負う」となったことでより明確になった（高橋，2014b）。

　しかし，子といっても乳幼児と高校生では，自身で判断し行動できる範囲は異なり，親の監護の必要性に違いがある。また，**子どもの権利条約**においては，自身の生活にかかわる重要な事項に意見を表明し，決定に主体的に参加する権利が謳われているが，「子の利益のために」という親権の精神が遵守されないとこれらと競合する可能性がある。

　児童虐待相談対応件数は年々増加し続け，2018（平成30）年度に全国の児童相談所が対応した件数は159,850件で，**児童虐待防止法**施行前の1999（平成11）年度の13.7倍となっている（厚生労働省，2019）。これまでも多く存在していたものが，法制化やその後の数回の改正で社会の認識が高まったことで表に出やすくなってきたものと考えられるが，関係者の懸命な取り組みにもかかわらず，痛ましい事例の報道はあとを絶たず，深刻な状態が続いている。

　2000（平成12）年度に制定・施行された児童虐待防止法では，児童虐待の定義として，身体的虐待，性的虐待，ネグレクト（養育放棄），心理的虐待が挙げられ，住民の通報義務等が定められた。その後児童虐待防止法及び児童福祉法の関連部分の改正が重ねられてきた。

　毎年のように行われる改正を通して，早期に発見・介入し，児童の安全確保のために指導に従わない保護者への措置を強化し，関係機関が連携して児童の保護・支援に努める体制が強化されてきている。しかしながら，増加し続ける虐待相談は児童相談所をはじめとする関係機関の処理能力をはるかに上回ってきており，マンパワー不足や児童相談所の一時保護所や，保護者のもとに帰せない児童が措置される児童養護施設等の不足が慢性化している。また，今なお，関係機関の連携不足による不適切な対応事例が生じている。これらの問題を防ぐための制度化やその根拠となる法改正は引き続き求められる。

　親権は先に述べたように子どもの利益のために行使される権利義務であるが，虐待する親など親権者として適切でない親も存在する。民法では，親権喪失の審判，親権停止の審判について定められている。親権の喪失は「父又は母による虐待又は悪意の遺棄があるとき」や「父又は母による親権の行使が著しく困難又は不適当であることにより子の利益を著しく害するとき」に「子，その親族，未成年後見人，未成年後見監督人又は検察官」が家庭裁判所に請求することができる。2011（平成23）年の民法改正によって子ども自身が，また同年の児童福祉法改正によって児童相談所長が親権喪失を請求できるようになった（高橋，2014b）。

　ただ，親権喪失制度は要件が厳しく，活用され難い面があったため，2011（平成23）年の民法改正で親権停止制度が導入された。親権の停止は，「父又は母による親権の行使が困難又は不適当であることにより子の利益を害するとき」に請求することができるものであり，家庭裁判所は親権停止の原因となっている状況が解消するに必要な期間，子どもの心身の状態等を勘案して2年以内の期間を定めることとなる。親権停止は原則として親子の再統合をめざすことを前提としており，停止期間中の交流機会の保障も重要とされている（高橋，2014b）。

（4）　離婚に伴って

　2018（平成 30）年の人口千人あたりの離婚率は 1.66 人だが，離婚件数は，同年の婚姻件数の 35％であり，決して珍しい事象ではない。日本では，当事者が市町村に届け出て受理されることにより成立する協議離婚が総数の 90％近くを占めている。所定の書式に署名捺印して提出することで，離婚意思と届出意思があるものとみなされて離婚が成立する。一方，離婚件数の約 10％程度が調停離婚であり，家庭裁判所の調停委員会における調停を経ることになる。調停では事実の調査や必要な証拠調べが行われ，離婚の合意だけではなく，離婚条件についての合意も成立するよう調整される（本澤，2014b）。

　一方，夫婦の一方に不貞な行為，悪意の遺棄，生死の 3 年以上の不明など，婚姻継続困難な重大な理由がある場合に離婚訴訟が提起され，認められると裁判離婚となる。裁判所は婚姻の継続が必要と判断すれば請求を棄却することもあるため，裁判官の結婚観や倫理観に左右されるおそれがあることを問題視する議論がある（本澤，2014b）。

　2014（平成 26）年の離婚件数のうち，親権行使が必要な子どもが 1 人以上いるケースは半数以上であり，子どもは否応なく離婚に巻き込まれる。2011（平成 23）年の民法改正で，子どもの監護について協議で定めるべき事項として「面会交流」と「養育費の分担」が明記され，離婚届用紙の末尾にチェック欄が設けられた。

　父母の協議離婚の際には，協議でその一方を親権者とすること，裁判離婚の場合は裁判所が一方を親権者と定めるとされている。親権者を定める際には，監護能力の外に監護の実績・継続性，子の意思の尊重が挙げられるが，最近は面接交渉への寛容性（他の親との交流を認めるか），奪取の違法性などが考慮される（二宮，2007）。

　子の扶養義務は親権の有無とは無関係であり，親権を持たない親にも

扶養義務がある。ただ，先の記入欄の養育費分担について「まだ決めていない」にチェックしても離婚は成立する。多くの離婚母子家庭においては養育費を受け取っていない現状のなか，厚生労働省は 2007（平成 19）年度に各地方自治体の母子家庭等就業・自立支援センターに養育費専門相談員の配置を決めた（高橋，2014c）。

　2014（平成 26）年の国際離婚は 14,135 組であり単純に国際結婚の数 21,130 組で割ると 66.9%となり，日本人との場合の倍近い。国際離婚については，どの国の法を適用するのかという準拠法の決定やどの国の裁判所にその事案を取り扱う管轄権があるかといった国際裁判管轄の検討がなされなければならず，子の親権，監護権，面接交流などについても同様の問題が生じる（付月，2014）。

　このようななかで，国境を越えた子どもの不法な連れ去りや留置（約束期限を過ぎても子どもを戻さないこと）をめぐる紛争に対応するための国際的な枠組みとして，**ハーグ条約**が制定された（外務省，2016）。子どもを元の居住国に返還するための手続や，国境を越えた親子の面会交流の実現のための締約国間の協力等について定められている。日本が 2013（平成 25）年にこの条約を締結したことで，相手国から子を取り戻す手続きや面会交流の機会確保のための手続きなどがスムーズに行えるようになった。逆に日本人が不法に連れ去った子は返還しなければならなくなった。

（5）　老親の扶養・介護に伴って

　民法では，直系血族及び兄弟姉妹は互いに扶養義務があると定められ，扶養すべき者の順序，扶養を受けるべき者の順序について当事者間で調整が困難な場合には家庭裁判所が定めるとされている。

　高齢化が進むなか，成人した子が老親の扶養義務を負うことが増えて

くる（本澤，2014c）。実際に扶養義務が求められるのは，自身や配偶者，未成年の子の生活を維持したうえで余力がある場合に，扶養を必要とする人からの請求を受けてからのことであり（二宮，2007），扶養を行う場合も金銭扶養が原則であり，引き取り扶養ないし同居扶養は例外的なものとされているため，子の 1 人が引き取り扶養を行った場合には，他のきょうだいは金銭扶養をする義務がある（本澤，2014c）。

　高齢化の進行に伴う要介護者増，介護期間の長期化などの介護ニーズの増大と，核家族化の進行，介護者の高齢化などによる家族による介護困難といった状況を受けて，高齢者介護を社会全体で担う仕組みとして 2000（平成 12）年に**介護保険制度**が導入された。今日，老親の介護にあたっている子世代の介護者は介護者全体の約 20%，また介護者の 70% 近くが 60 歳以上であった（内閣府，2018）。

　老親介護の法的根拠は，扶養義務ではなく介護契約によるものとされる（本澤，2014c）。実際に介護契約が結ばれて対価が支払われることは少ないが，負担の大きい介護労働を無償で利用すべきではなく，周囲の家族が契約締結を進めるべきだという指摘もある（二宮，2007）。

　しかし，現実には毎日続く介護の負担から追い詰められた家族や，マンパワー不足のなかで疲弊した施設職員からの身体的・心理的虐待，介護や世話の放棄・放任等が社会問題化し，2005（平成 17）年に**高齢者に対する虐待の防止，高齢者の養護者に対する支援等に関する法律（高齢者虐待防止法）**が成立した。詳しくは第 7 章を参照されたい。

　成年後見制度は，認知症，知的障害，精神障害などの理由で判断能力が日常的に不十分な人を保護・支援するための制度である。家庭裁判所が選任した成年後見人は，財産管理に関することに加え，日常生活の維持や介護，病気の治療や入院，老人ホームや介護保険施設への入退所など身辺監護に関する多様な事務を処理し，適切な配慮をすることとなっ

94

ている（二宮，2007）。

　現制度は，介護保険制度導入に伴って，本人に残された能力をできるだけ活用すること，本人の自己決定を可能な限り尊重することを重視して見直されたものであり，保護・支援の程度も本人の残された能力に応じて，補助（判断能力が不十分），保佐（著しく不十分），後見（判断能力を欠く）と三段階の柔軟な運用がめざされている（本澤，2014c）。

　成年後見人などとしては，子，配偶者，兄弟姉妹，その他親族が多かったが，近年，弁護士，司法書士などの専門家の選任が増えている。親族など利害関係者である後見人等の不適切な行為を防ぐため，必要な場合には後見監督人を選任できることが規定されている。

　相続は，一般的には，① 被相続人の死亡，② 死亡届の提出，③ 葬送の準備，④ 遺言書の確認，⑤ 相続人の確定，⑥ 相続財産の確定，⑦ 遺産分割協議，⑧ 相続税の申告，⑨ 名義変更手続き，といった流れで行われる（大杉，2014）。その一つひとつは，民法に詳細に規定されている。非常に複雑な過程であり，簡単に紹介できるものではない。家族の死に遭遇した構成員は，喪失に伴う悲しみや辛さといった感情体験に加えて，同時に押し寄せる複雑な手続きに直面することになるが，その過程で生じ得る家族成員間のトラブルを最小化するためのルールである。

2．家族の心理支援と法・倫理・制度

　ここでは，家族の心理支援に関連した法律や制度，家族の心理支援を行ううえでの倫理的配慮について述べる。

（1）　家族の心理支援と法

　人々はライフサイクルの各段階で家族にかかわるさまざまな問題に直面する。それによって心身の不調をきたした人の一部が，クライエント

として心理専門職の前に現れる。一方で，一見家族とは無関係に見える問題を主訴に心理支援の場に現れた人の話を聴くなかで，問題の背景に家族の問題が大きくかかわっていることに気づく場合も少なくない。

　人々は，最も身近な環境である家族とのかかわりのなかで成長・発達して人格を形成し，その後もさまざまな問題に遭遇・対処する過程で，家族との関係によってサポートを得たり新たなストレスを抱えたりする。このように，家族は不在を含めて誕生から死に至る人々の最重要の環境であり，その過程で問題の発生・解消／回復に深くかかわる存在である。

　家族療法では，問題行動や症状を個人の問題ではなく，家族全体の問題として捉えるが，家族療法を標榜しなくても個人が呈する問題の背景には家族が存在し，その回復にも家族が重要な役割を果たすことの理解は欠かせない。家族と個人が互いに影響を与え合っていることは否めず，個人の回復の支援は同時に家族への支援にもつながる。このように考えると，さまざまな現場での心理支援は個人が対象であったとしても家族の心理支援であるとも言えよう。

　前節では，家族ライフサイクルの各段階で遭遇する出来事とそれにかかわる法律や制度を紹介した。法律や制度は，社会で問題が顕在化するなかで後追いの形で制定・整備され，その後も社会のニーズを反映して改正が繰り返されている。

　DV防止法制定後，保護命令の申請によって，被害者は加害者の接近から身を守ることが可能になった。当初子どもや親族は接近禁止の対象外だったために加害者による子どもの連れ去りや親族への攻撃が続発した。後の法改正で，接近禁止の対象が子どもや親族に拡大され，また電話やメールによる接近も含まれるようになった。DVに限らず被害者支援に携わる心理専門職は，被害者の安全確保を最優先すべきことは言う

までもないが，このような制度が活用できる状況にあるか否かで，支援の実際は大きく異なってくる。

　家族が抱える問題に関して現在どのような法や制度が活用可能なのかといった情報は，実際に活用するか否かを問わず，家族が置かれている状況やそれに伴う心的状態を理解するうえでも重要な手がかりとなる。

　ところで，改めて家族とはどのような集団か？かつて標準世帯とされた夫婦と未成年の子ども2人という家族形態は現在では少数派となり，世帯規模が小さくなっているにとどまらず，事実婚，同性婚，婚外子，生殖補助医療で生まれた子どもなど，少し挙げただけでもその形は多様化している。

　ただ，多くの場合，家族は性別や年齢，立場の異なる人々が愛情や血縁によって結びついている集団である。愛情や血縁に基づく家族の中で，暴力や搾取などによって成員の安全や人権が守られない事態は想定されておらず，仮に何らかの訴えがあったにしても「法は家庭に入らず」という，家庭内の問題については法が関与せず家族の解決にゆだねるべきだという考え方によって，長い間対応されずにきた。その後，問題の深刻化・顕在化に伴って**児童虐待防止法**，**DV防止法**，**高齢者虐待防止法**などの暴力防止の法律の制定と改正，**成年後見制度**の改正などが行われ，家族の中で弱い立場にある構成員の保護体制が徐々に整ってきた。

　しかしながら，家族内での人権侵害は法制化によってもその解決は難しい。よく知られていることだが，繰り返される暴力によって被害者は無力化され，暴力は被害者に非があるためであるとの加害者の巧みな正当化に曝され続けていることもあって，被害を被害として認識することすら困難になる。また，生活のすべてを親に依存せざるを得ない子どもや経済力を奪われ社会的な孤立を余儀なくされているDV被害者は，

加害者の支配下から脱する可能性に思い至ることすらできなくなっている。

　さらに，対等でない関係のなかでは，弱い立場の子どもや妻，高齢の親は強者からの「お尋ねやお願い」には，快く従うとの意思表示をせざるを得ず，表向き合意に基づく種々の決定が実際には当事者の意に反し，不利益をもたらすものとなることもある。これは，決して法律違反とはならないが，倫理的には大きな問題である。

　また逆に，弱い立場と考えられていた妻が，カウンセリングを通して夫への怒りを意識化し，夫に対して離婚手続きを開始するといったことが生じた場合，これはカウンセリングによって妻がエンパワメントされ自己決定が行われたと考えるべきだろうが，夫側からみると，妻がカウンセラーと結託して離婚の話を進めようとしているとみなされ得る。中立性をめぐっての慎重な検討が求められる。

　このように，対等でない構成員からなる家族や，力関係がダイナミックに転換することが生じやすい家族での問題については，法律にかぎらず倫理的な視点による問題理解と支援が必要となろう。

（２）　家族の心理支援を保障する法や制度
　DV防止法の第3条には配偶者暴力相談支援センターに関する記載があり，そこでは被害者の心身の健康を回復させるため医学的又は心理学的な指導その他の必要な指導を行うこととされている。それを受けて制定された**配偶者暴力防止法に基づく基本方針**においては，より詳細に被害者が繰り返される暴力のなかでPTSD等の障害にかかる可能性や，加害者からの追及の恐怖，経済的な問題，将来への不安等から精神的に不安定になる可能性が記載され，被害者への心理的な援助を適切に行うため，心理療法担当職員の積極的な配置・活用が望ましいとされてい

る。

　また，同伴する子どもについても，配偶者からの暴力による心理的虐待に加え，転居や転校をはじめとする生活の変化等により，種々の大きな影響を受けやすいことや，さらに，子ども自身が親からの暴力の対象になっている場合もあることが触れられ，児童相談所において精神科医や児童心理司等が連携を図りながら，個々の子どもの状況に応じてカウンセリング等を実施することが必要であるとされるほか，日常生活のなかで子どもが適切な配慮が得られるようにするために，「学校及び教育委員会並びに支援センターは，事案に応じ学校において，スクールカウンセラー等が相談に応じていることや，必要に応じ，教育センターや教育相談所に配置されている臨床心理の専門家による援助も受けられることについて，被害者やその子どもに適切に情報提供を行うことが必要である」と記載されている。

　一方，内閣府男女共同参画局は加害者の更生のための加害者更生プログラムを作成し，試行実施した経緯があるが（内閣府，2004），その後プログラムの開発・実施は国としては進んでおらず，基本方針においても「加害者の更生のための指導の方法」については「調査研究の推進」が掲げられているのみである。一方で，内閣府の事業にかかわった臨床家を中心にしたグループが，その後 NPO としてプログラムの継続・発展と関連領域の研究に携わっている（NPO 法人リスペクトフル・リレーションシップ・プログラム研究会，2020）のをはじめとして，民間団体による取り組みが散見される。

　2012（平成 24）年全国母子生活支援施設実態調査によれば，入所理由で最も多いのが夫などの暴力で全体の 50.1％，また，子どもの総数 5,739 人のうち，児童虐待を受けているのは 68.4％に上ることから，**児童福祉施設の設備及び運営に関する基準**の第 27 条には，母子生活支援

施設において心理療法を行う必要があると認められる母子十人以上に心理療法を行う場合には，心理療法担当職員を置かなければならないとされている。

ハーグ条約に関連して定められた**国際的な子の奪取の民事上の側面に関する条約の実施に関する法律**においては，返還を求められている子の手続きへの参加，子の意思の把握と，最終決定の際に子の年齢及び発達の程度に応じて子の意思の考慮が定められている。この過程では，法律の専門家に加えて，心理専門職の関与の必要性が指摘されている（二宮・渡辺，2014）。また，外務省が，国境を越えた子の連れ去り案件に対応する専門家（ハーグ条約専門員（児童心理分野））の応募要件に，一定の経験を持つ臨床心理士を記載していることからも，この問題への心理専門職の関与の重要性が窺える。

（3）家族の心理支援と法と倫理

独自の倫理綱領を持つことは，専門職の要件の一つである。**一般社団法人日本臨床心理士会倫理綱領**においては，前文に対象者の基本的人権と自己決定権の尊重，対象者の福祉の増進及び心理臨床家自身の社会人としての良識の維持，社会的責任・道義的責任の自覚を掲げ，第2条以降に秘密保持，インフォームド・コンセント，職能的資質の自覚と向上など，そのために必要な規定がなされている。

心理的支援を行うに際しては，これらを遵守・追及することが求められる。倫理は命令倫理（「すべき」「すべきでない」ことに言及）と理想追求倫理（「あるべき姿」の追求）に区別され（Corey, G., et al, 2003），倫理綱領には，秘密保持の厳守や対象者との専門的契約による心理援助関係以外の関係を持つことの禁止などの命令倫理と，対象者の基本的人権の尊重や自身の社会人としての良識の維持や道義的責任の自覚などと

いった理想追求倫理が含まれており，常に厳しく自らを問い直す姿勢が求められている。

　先に述べたように，家族は年齢や性別，立場の異なる成員からなる集団であるため，その心理支援に際しては，倫理面でも特別の配慮が必要となる。**日本家族心理学会倫理綱領**では，以下のように既定されている。

1)　相手の属性や社会文化の多様性の尊重と関係の枠組みがはらむ力関係への感受性を持つこと

2)　インフォームド・コンセントの際に，自由意思・自己決定が力関係などによって妨げられることのないように留意すること

3)　低年齢，障がいの種類や基盤となる文化などによる相手の特徴のために，説明を理解したうえでの意思決定が難しい場合には，適切な配慮と手続きを手配し，本人に十分な説明を行うこと，必要に応じて保護者や後見人などの適切な代諾者を設定して代諾者からインフォームド・コンセントを得ること

　このように，家族の心理支援にあたっては種々の文脈で家族の力関係の理解が欠かせない。

　力関係を幅広く理解するうえで，社会的勢力の概念（French, J.R.P., Jr. & Raven, B. H.）が有用である。力関係の背景には，一方が他方に報酬（扶養，賞賛）や罰（虐待，ネグレクト）を与える力をもっていること——言うことをきけば養ってもらえる，褒められる，言うことをきかなければ無視される——，一方が他方に社会通念上認められる立場をもっている（親，夫，介護者に従うのは当然だ）ことによるものがある。加えて，人は相手から尊敬や信頼・愛着を得ることで相手をコントロールすることができる。専門勢力，準拠勢力と言われるこれらの力は，支配されている側がそれに気づかないぶん，より深刻な虐待や搾取

につながりかねない。

　「あなたのために」と言いながら親の期待を押しつけることについて，斎藤はやさしい暴力（斎藤，2010）と評した。また，近年，教育虐待という親の学習への過度の期待が子どもを追い詰めることが問題視されはじめた（古庄・磯崎，2015）が，いずれも子どもにとっては「大切な親からの愛情に基づく期待」であって力による支配としては見えづらく，応えきれなかった場合の傷は大きい。心理専門職は，家族の心理支援を行う際に力関係について幅広く捉える視点を持つことが求められる。

学習課題

1. DV 被害を受けてシェルターに避難した母子に対して，心理的支援を行うに際して，どのような法律の知識を身につけておく必要があるだろうか。法律名と法律で謳われている内容で必要と感じる部分を整理してみよう。
2. 認知症と診断されている夫が妻に対して離婚を申し立てている。妻のカウンセラーとなったあなたは，どのように対応するだろうか？この章で学習したことも踏まえて整理してみよう。

引用文献

・Corey, G., Corey, M.S., & Callanan, P.（2993）Issues and ethics in the helping professions（6th ed）Pacific Grove. CA：Brooks/Cole.（コウリー，G，・コウリー，M.S.・キャラナン，P. 著　村本詔司・殿村直子・浦谷計子訳（2004）『援助専門職のための倫理問題ワークブック』　創元社
・付月（2014）「国際結婚と子ども」　本澤巳代子・大杉麻美・高橋大輔・付月

（2014）『よくわかる家族法』 ミネルヴァ書房，pp. 112-127
・French, J.R.P., Jr. & Raven, B.H.（1959）：Studies in social power：in D.Cart-
wright（Ed.）studies in social power, Ann Arbor, Michigan. 佐藤静一訳（1934）
「第32章社会的勢力の基礎」 三隅二不二（監訳）『グループ・ダイナミックス
Ⅱ』 誠信書房
・本澤巳代子（2014a）「婚姻」 本澤巳代子・大杉麻美・高橋大輔・付月（2014）
『よくわかる家族法』 ミネルヴァ書房，pp. 10-27
・本澤巳代子（2014b）「離婚」 本澤巳代子・大杉麻美・高橋大輔・付月（2014）
『よくわかる家族法』 ミネルヴァ書房，pp. 72-91
・本澤巳代子（2014c）「扶養と後見」 本澤巳代子・大杉麻美・高橋大輔・付月
（2014）『よくわかる家族法』 ミネルヴァ書房，pp. 128-141
・古荘純一・磯崎祐介（2015）『教育虐待・教育ネグレクト』 光文社
・内閣府（2018）平成23年度高齢社会白書
https://www8.cao.go.jp/kourei/whitepaper/w2018/zenbun/pdf/1s2s_02_01.pdf
（2020年2月9日取得）
・二宮周平（2007）『家族と法』 岩波新書
・信田さよ子（2002）『DVと虐待「家族の暴力」に援助者ができること』 医学書
院
・NPO法人リスペクトフル・リレーションシップ・プログラム研究会（RRP）編
著（2020）「DV加害者プログラム・マニュアル」金剛出版
・大杉麻美（2014）「相続の開始と相続人」 本澤巳代子・大杉麻美・高橋大輔・
付月（2014）『よくわかる家族法』 ミネルヴァ書房，pp. 142-165
・斎藤学（2010）『「自分のために生きていける」ということ』 大和書店
・高橋大輔（2014a）「親子」 本澤巳代子・大杉麻美・高橋大輔・付月（2014）
『よくわかる家族法』 ミネルヴァ書房，pp. 28-49
・高橋大輔（2014b）「親子間の権利義務」 本澤巳代子・大杉麻美・高橋大輔・付
月（2014）『よくわかる家族法』 ミネルヴァ書房，pp. 50-71
・高橋大輔（2014c）「離婚と子ども」 本澤巳代子・大杉麻美・高橋大輔・付月
（2014）『よくわかる家族法』 ミネルヴァ書 房，pp. 92-111

参考文献

① 本澤巳代子・大杉麻美・高橋大輔・付月（2014）『よくわかる家族法』　ミネルヴァ書房
② 平木典子・中釜洋子・藤田博康・野末武義（2019）　家族の心理—家族への理解を深めるために（ライブラリ実践のための心理学）　サイエンス社

6 | 勤労者の心理支援に関係する法・倫理・制度

池田　政俊

《**学習の目標**》　仕事を持ち，働くなかで生じるさまざまな課題に対して心理支援する際に，心理臨床家として知っておく必要のある法律・倫理・制度について学ぶ。
《**キーワード**》　労働安全衛生法，労働基準法，働き方改革関連法，メンタルヘルス指針，ストレスチェック，THP 指針
‥‥‥‥‥‥‥‥‥‥‥‥‥‥‥‥‥‥‥‥‥‥‥‥‥‥‥‥‥‥‥‥‥‥‥‥‥

1．はじめに

　職場におけるメンタルヘルス対策は，資本主義社会のなかで企業が効率的な金儲けに走るだけでなく，一人ひとりの従業員を尊重することで，社会の安寧を保つためにも重要である。これは，労働安全衛生管理のなかで健康管理の一環として実施されるものであり，人事労務管理と密接な関連がある。しかしこの際，個人のメンタルヘルスの状態についての情報が，リストラなどに使われないよう守秘の観点をしっかりと保つことが極めて重要となる。安全衛生管理の基本的事項は，**労働安全衛生法**に規定されており，人事労務管理の基本である労働条件は**労働基準法**に規定されている。

　国民の勤労の義務と権利については，憲法第 27 条に定められている。
憲法第 27 条 1 項：「すべて国民は，勤労の権利を有し，義務を負う」
　　　　　　 2 項：「賃金，就業時間，休息その他の勤労条件に関する基準は，法律でこれを定める」
　1 項の条文は国民の権利義務のみを定めたように見えるが，実際には

国家にも国民が勤労の権利を行使できるよう義務を課したと言われている。しかし基本的には，これは勤労能力ある者は自らの勤労によって生活を維持すべきであるという建前を宣言したものである。したがって，勤労能力があるにもかかわらず，勤労の意思なきものには社会保障は与えられないことになる。2 項は，勤労条件を法律で定めることを国に命じ，労働者を保護する規定である。**労働基準法**や最低賃金法など各種労働法によって具体化されている。

労働基準法は，1947（昭和 22）年に制定された。安全衛生管理についても当初は労働基準法に含まれていたが，労働安全衛生をより充実させる必要性から，1972（昭和 47）年に**労働安全衛生法**が制定された。

企業の就業規則は，**労働基準法**第 89 条の規定に従って作成され，労働時間，賃金，退職等に関する事項のほか，通常は安全衛生に関する基本的事項も定められるが，その内容は，当然ながら，労働基準法などの各種法令に矛盾するものであってはならない。

2．労働衛生管理体制

労働衛生管理体制は**労働安全衛生法**で定められており，事業場の規模に応じて，総括安全衛生管理者，衛生管理者，安全衛生推進者または衛生推進者，産業医などを選任しなければならず，衛生に関する調査審議機関として衛生委員会または安全衛生委員会を設置しなければならないと規定されている。

3．メンタルヘルス対策

旧労働省は，労働者のメンタルヘルス対策を推進するため，1988（昭和 63）年に「事業場における労働者の健康保持増進のための指針」（トータルヘルスプロモーションプラン，以下**「THP」指針**とする）を

大臣公示し，メンタルヘルスケアと心理相談担当者を規定した。そして調査研究ののち，職業性ストレス簡易調査票を開発した。さらに2000（平成12）年8月，「事業場における労働者の心の健康づくりのための指針」を策定（局長通達）し，厚生労働省になったあとの2002（平成14）年の「**過重労働による健康障害防止のための総合対策**」，2004（平成16）年の労働政策審議会建議を経て，2006（平成18）年3月31日，**労働安全衛生法**第70条の2第1項に基づく指針として，新たに「労働者の心の健康の保持増進のための指針」（以下「**メンタルヘルス指針**」）を策定し，大臣公示した。ここでは，長時間労働者に対する面接指導制度（法律改正），衛生委員会における審議事項に「労働者の精神的健康の保持増進を図るための対策の樹立」（省令改正）が定められた。

　国が行っている労働者のメンタルヘルス関連の施策は，この「**メンタルヘルス指針**」による「職場におけるメンタルヘルス対策」，2015（平成27）年12月から開始された「**ストレスチェック制度**」，「**過重労働による健康障害防止対策**」，THPによる「心身両面にわたる健康づくり」の4つを軸に行われている。以下に概説する。

（1）　職場におけるメンタルヘルス対策

　2006（平成18）年3月の「**メンタルヘルス指針**」では，事業場において，心の健康づくりに関する問題点を解決する具体的な方法等を定めた「心の健康づくり計画」を策定することが重要であるとしたうえで，心の健康づくり対策として，①セルフケア，②ラインによるケア，③事業場内産業保健スタッフ等によるケア，④事業場外資源によるケア，の4つを挙げている。また，これら4つのケアを推進するにあたっては，事業場内の関係者が相互に連携し，①教育研修・情報提供，②職場環境等の把握と改善，③メンタルヘルス不調への気づきと対応，④

休業者の職場復帰における支援，に取り組むことが効果的であるとされている。この際「心の健康づくり専門スタッフ」（精神科・心療内科等の医師，心理職など）は，「事業場内産業保健スタッフと協力しながら，教育研修の企画・実施，職場環境等の評価と改善，労働者及び管理監督者からの専門的な相談対応等にあたるとともに，当該スタッフの専門によっては，事業者への専門的立場からの助言等を行うことも有効である」とされている。

　ここでも労働者の個人情報の保護への配慮の重要性が強調されている。「メンタルヘルスケアを進めるに当たっては，健康情報を含む労働者の個人情報の保護及び労働者の意思の尊重に留意することが重要である。心の健康に関する情報の収集及び利用に当たっての，労働者の個人情報の保護への配慮は，労働者が安心してメンタルヘルスケアに参加できること，ひいてはメンタルヘルスケアがより効果的に推進されるための条件である」からである。

（2）　ストレスチェック制度

　「仕事による強いストレスが原因で精神障害を発病し，**労災認定**される労働者が，平成 18 年度以降も増加傾向にある」といった「背景を踏まえ，2014（平成 26）年 6 月 25 日に公布された『労働安全衛生法の一部を改正する法律』においては，心理的な負担の程度を把握するための検査（以下「**ストレスチェック**」）及びその結果に基づく面接指導の実施を事業者に義務づけること等を内容とした**ストレスチェック制度**が新たに創設された」。

　「また，この新たな制度の実施に当たっては，個人情報の保護に関する法律［2003（平成 15）年］の趣旨を踏まえ，特に労働者の健康に関する個人情報（以下「健康情報」）の適正な取扱いの確保を図る必要が

ある」とされている。

　また，その目的は「とくにメンタルヘルス不調の未然防止の段階である一次予防を強化するため，定期的に労働者のストレスの状況について検査を行い，本人にその結果を通知して自らのストレスの状況について気付きを促し，個々の労働者のストレスを低減させるとともに，検査結果を集団ごとに集計・分析し，職場におけるストレス要因を評価し，職場環境の改善につなげることで，ストレスの要因そのものを低減するよう努めることを事業者に求めるものである。さらにその中で，ストレスの高い者を早期に発見し，医師による面接指導につなげることで，労働者のメンタルヘルス不調を未然に防止すること」とされている。

　そして「事業者は，**メンタルヘルス指針**に基づき各事業場の実態に即して実施される二次予防及び三次予防も含めた労働者のメンタルヘルスケアの総合的な取組の中に本制度を位置付け，メンタルヘルスケアに関する取組方針の決定，計画の作成，計画に基づく取組の実施，取組結果の評価及び評価結果に基づく改善の一連の取組を継続的かつ計画的に進めることが望ましい」としている。

　実際に**ストレスチェック**を行うものは，「医師，保健師又は厚生労働大臣が定める研修を修了した看護師若しくは精神保健福祉士」と定められているが，その背景には守秘義務がある。2018（平成 30）年 8 月からここに歯科医師と**公認心理師**が含まれることとなった。

　また，高ストレス者に対する相談対応としては，「事業者は，**ストレスチェック**結果の通知を受けた労働者に対して，相談の窓口を広げ，相談しやすい環境を作ることで，高ストレスの状態で放置されないようにする等適切な対応を行う観点から，日常的な活動の中で当該事業場の産業医等が相談対応を行うほか，産業医等と連携しつつ，保健師，歯科医師，看護師若しくは精神保健福祉士又は**公認心理師，産業カウンセラー**

若しくは**臨床心理士**等の心理職が相談対応を行う体制を整備することが
望ましい」とされている。

（3）　過重労働による健康障害防止対策

　労働時間については，労働基準法第 32 条に，「使用者は，労働者に，
休憩時間を除き 1 週間について 40 時間を超えて労働させてはならない」
とあり，また 2 項には，「使用者は，1 週間の各日については，労働者
に，休憩時間を除き 1 日について 8 時間を超えて，労働させてはならな
い」と規定されている。

　ただし 36 条 1 項で，「使用者は，当該事業場に，労働者の過半数で組
織する労働組合がある場合においてはその労働組合，労働者の過半数で
組織する労働組合がない場合においては労働者の過半数を代表する者と
の書面による協定をし，これを行政官庁に届け出た場合においては，第
32 条から第 32 条の 5 まで若しくは第 40 条の労働時間又は前条の休日
に関する規定にかかわらず，その協定で定めるところによって労働時間
を延長し，又は休日に労働させることができる」と規定されており，時
間外労働（残業や休日出勤）が可能なのはこの規定による。この規定に
基づく労使間の協定を「**36（サブロク）協定**」という。

　ただしこれには第 36 条 7 項で，「厚生労働大臣は，労働時間の延長を
適正なものとするため，前項の協定で定める労働時間の延長の限度，当
該労働時間の延長に係る割増賃金の率その他の必要な事項について，労
働者の福祉，時間外労働の動向その他の事情を考慮して指針を定めるこ
とができる」と限度を定められることが規定されている。

　しかし，資本主義社会の必然として，実際には過重労働による健康障
害が続いているとの判断から，厚生労働省は次々と過重労働に対する健
康障害防止のための対策を打ち出している。

　たとえば，**労働安全衛生法**第66条の8及び第66条の9に基づく，長時間労働者に対する面接指導等の措置がある。詳細は，労働安全衛生規則第14条第1項第1号及び第52条の2ないし第52条の8に定められており，その行政解釈は「**労働安全衛生法**等の一部を改正する法律（労働安全衛生法関係）等の施行について」[2006（平成18）年2月24日]に示されている。また，「過重労働による健康障害防止のための総合対策について」[2006（平成18）年3月17日]も参考となる。これらで定められている主なポイントは以下のとおりである。

　時間外・休日労働時間が1か月当たり100時間を超える長時間労働者であって，申出を行ったものについては，概ね1か月以内に医師による面接指導が義務付けられている。事業者は，医師の意見を勘案して，必要に応じて，労働時間の短縮等の措置を講じる。

　また，時間外・休日労働時間が1か月当たり80時間を超えて疲労の蓄積が認められたり，健康上の不安を有している労働者，事業場で定めた基準に該当する労働者にも，面接指導等の必要な措置を実施することが求められている。さらに，1か月当たり45時間を超える労働者がいる場合には，従業員の健康確保の観点から必要な措置を行うことが望まれる，とされている。

　また過重労働対策の実施方法については，厚生労働省から「**過重労働による健康障害防止対策**の手引き」が発行され，過重労働対策の実施方法や取組時期がまとめられている。

（4）　心身両面にわたる健康づくり

　国は，健康保持増進のための適切かつ有効な実施を図るため，**労働安全衛生法**第70条の2第1項の「厚生労働大臣は，同法69条1項の事業者が講ずべき健康の保持増進のための措置に関して，その適切かつ有効

な実施を図るため必要指針を公表するものとする」という規定に基づき，「**THP**」を策定した。この指針は最初は旧労働省によって 1988（昭和 63）年 9 月 1 日に第 1 号として公表され，次に 1997（平成 9）年 2 月 3 日に第 2 号として一部が改正され，さらに 2007（平成 19）年 11 月 30 日第 4 号として改正され公表されたものである。＜注：第 3 号は，2006（平成 18）年 3 月 31 日に「心の健康」の保持増進を目的として，以上の指針とは独立に完結した指針「労働者の心の健康の保持増進のための指針（**メンタルヘルス指針**）」として公表されている＞。厚生労働省は，この指針をもとに心とからだの健康づくりを推進している。その概要は以下のとおりである。

　労働者の健康保持増進は，中長期的視点に立って，継続的かつ計画的に行われるようにする必要があるため，事業者は，「健康保持増進計画」を策定するよう努める必要がある。事業者自ら健康保持増進を支援することを表明するとともに，衛生委員会等の活用等も含め，実施体制を確立する必要がある。健康保持増進計画の実施においては，実施状況等を適切に評価し，評価結果に基づき必要な改善を行うことが必要である。この計画で定める事項は，次のとおりである。

① 事業者が健康保持増進を積極的に推進する旨の表明に関すること
② **健康保持増進計画**の目標の設定に関すること
③ 事業場内健康保持増進体制の整備に関すること
④ 労働者に対する健康測定，運動指導，メンタルヘルスケア，栄養指導，保健指導等健康保持増進措置の実施に関すること
⑤ 健康保持増進措置を講ずるために必要な人材の確保並びに施設及び設備の整備に関すること
⑥ 健康保持増進計画の実施状況の評価及び計画の見直しに関すること

⑦ その他労働者の健康の保持増進に必要な措置に関すること

ここでは，「健康測定の結果，メンタルヘルスケアが必要と判断された場合，または問診の際，労働者自身が希望する場合には，**心理相談担当者が産業医の指示のもとメンタルヘルスケアを行う**」となっている。「本指針の『**メンタルヘルスケア**』とは，積極的な健康づくりを目指す人を対象にしたもので，その内容は，ストレスに対する気づきへの援助，リラクゼーションの指導等」であり，精神疾患患者を対象にしたものではない，という。（ここが「**メンタルヘルス指針**」と異なるところなのであろう。）

なお，この指針でいう**心理相談員**は，中央労働災害防止協会が主催する 18 時間の研修を受講することになっている。この中には**臨床心理士**に加えて**公認心理師**も含まれるようになった。

4．労災，自殺，安全配慮義務，過労死等防止対策推進法，過労死等の防止のための対策に関する大綱

労働災害（労災）とは，労働者が労務に従事したことによって被った負傷，疾病，死亡などであり，**労働者災害補償保険法**に規定されている。いわゆる「**過労死**」など職場における過重負荷による脳・心臓疾患の場合や，いわゆる「**過労自殺**」や**セクハラ・パワハラ**など心理的負荷による精神障害の場合が，労働災害と判断される場合もある。

労災と認められれば，以下のような補償を受けることができる。

療養補償給付：診察，薬剤・治療材料の支給，処置・手術その他の治療，居宅における看護，病院等への入院・看護などの療養の給付が受けられる。

休業補償給付：療養中の休業 4 日目から給付基礎日額の 80％が支給される。

障害補償給付：後遺障害が残った場合，一定額の年金または一時金が支給される。

遺族補償給付：労災により労働者が死亡した場合，遺族には原則として遺族補償年金が支給される。

　ほかにも，葬祭料，傷病補償年金，介護補償給付などが支払われる。

　労働災害に関して会社・役員・社員が負う可能性がある責任は，一般的には，刑法（業務上過失致死傷）・労働関係法違反（**労働安全衛生法**，**労働基準法**）などによる刑事上の責任（刑罰の対象となりうる）がある。

　また，被災した労働者や遺族に対する**安全配慮義務**違反による民事上の損害賠償責任（民法第 415 条，第 709 条，第 715 条など），行政上の責任（使用停止・作業停止等），社会的責任（社会的信用の失墜等）などがありうる。

　安全配慮義務は，法律に定める基準が守られていた場合や雇用主と労働契約を締結していない場合でも，違反が問題となる場合がある。

　安全配慮義務とは，2008（平成 20）年後述する**労働契約法**第 5 条によって「労務の提供にあたって，労働者の生命・健康等を危険から保護するよう配慮すべき使用者の義務」と規定された。この義務を怠ったために労働者が損害を被ったときは，事業主は損害を賠償する義務を負うことになる。**労災**認定とは関係なく，あるいは並行して事業主に対して安全配慮義務違反による損害賠償請求がなされてくることも珍しくない。

　「事業者が講ずべき快適な職場環境の形成のための措置に関する指針」＜ 1992（平成 4）年 7 月 1 日労働省告示＞では，「疲労やストレスを感じることが少ない快適な職場環境を形成していくことが極めて重要」であり，「快適な職場環境の形成を図ることは，労働者の有する能力の有

効な発揮や，職場の活性化にも資する」とまとめている。

　最近は「過労による自殺」を**労災**認定するかどうかをめぐって争われる事案が目立つようになってきている。過労による自殺について事業者の責任を問う事件としては，「電通事件」〔最高裁 2000（平成 12）年 3 月 24 日判決〕が社会の注目を大きく集めた。

　電通事件は，会社が労働時間を軽減させる具体的措置をとらなかったことを理由に，自殺による死亡逸失利益等の請求を認めた事件である。機械や設備といった物質面での安全環境から出発した**安全配慮義務**が，精神的疲労による自殺についても妥当することを最高裁が認めたものとされている。

　電通事件とは，長時間にわたる残業を恒常的に伴う業務に従事していた労働者がうつ病に罹患し自殺した事件である。問題点は以下のようなところにあった。つまり，上司は，従業員が徹夜までする勤務状態で，健康状態が悪化していることに気づいていた。にもかかわらず，業務遂行につき期限を遵守するべきことを強調し，帰宅してきちんと睡眠をとり，それで業務が終わらないのであれば翌朝早く出勤して行うようになどと指導したのみで，業務の量等を適切に調整するための措置をとらなかった，といったところである。

　この事件では使用者の**安全配慮義務**違反（過失）として，**労働安全衛生法**上の作業管理・健康状態の管理（第 65 条の 3）にとどまらず業務の量などについても適切に調整するための適切な措置を講じなかったという事実関係を問題としている。割り当てた業務の量を減らす，期限を延長させる，補完要員を割り当てるなどの措置を講ずるべきであったと考えられる。尚，2015（平成 27）年に電通で同様の過労死自殺事件が起きたことは記憶に新しい。

　この判決の影響を受けて，厚生労働省は過労による自殺の**労災認定基準**，次いで過労死の労災認定基準を緩和し，過労死の**労災**認定も 2002 （平成 14）年度では 160 名（前年比 58 名増）にまで増加している。また過労死・過労による自殺に関する訴訟が急増するに至っている。企業においても過労死防止のために労務管理の徹底と健康管理への施策を拡充するようになってきている。

　一方，2008（平成 20）年頃から「過労死防止基本法」の制定を求める声が高まり，2011（平成 23）年 11 月に正式に「過労死防止基本法制定実行委員会」が結成された。そして紆余曲折を経て，2014（平成 26）年 6 月 20 日，「**過労死等防止対策推進法**」が成立した（11 月 1 日施行）。

　この法律は，過労死のない社会を実現するという目的のもと，過労死などについての調査研究を行い，実態を明らかにし，効果的な防止策を行うことや，国民の理解，関心，自覚を高めることを基本理念としており，そのための「国」「地方公共団体」「事業主」そして「国民」の責務を定めている。ここでの「過労死等」には，業務による過剰な負荷による脳血管疾患，心疾患による死亡に加えて，強い心理的負荷による精神障害およびそれによる自殺も含まれていることが特徴である。

　そして，これに従って 2015（平成 27）年 7 月 24 日，「**過労死等の防止のための対策**に関する大綱」が閣議決定された。ここでは，現状と課題として，労働時間，職場におけるメンタルヘルス対策の状況，脳血管疾患，心疾患，自殺，それらの労災状況が挙げられ，調査結果が出る前に，労働者の仕事と生活の調和（ワーク・ライフ・バランス）の確保を図ること，啓発活動を行うこと，相談体制を整備することを国や地方公共団体に求めるとともに，2020（令和 2）年までに「週 60 時間以上の労働者の割合を 5％以下」「年休取得率 70％以上」「メンタルヘルス対策

に取り組んでいる事業所を80％以上」などといった具体的な早期目標
を掲げている。

5．休業者への支援

　労災以外での休業者は，一定期間勤務したあとであれば，「**健康保険
法**」に基づき，健康保険組合から**傷病手当金**が受けられる。これは，病
気休業中に被保険者とその家族の生活を保障するために設けられた制度
で，被保険者が病気やケガのために会社を休み，事業主から十分な報酬
が受けられない場合に支給される。

　傷病手当金が支給される期間は，支給開始した日から最長1年6か月
である。支給開始後1年6か月を超えた場合は，仕事に就くことができ
ない場合であっても，傷病手当金は支給されない。

　傷病手当金は，1日につき被保険者の標準報酬日額（標準報酬月額の
30分の1）の3分の2に相当する額が支給される。給与の支払があっ
て，その給与が傷病手当金の額より少ない場合は，**傷病手当金**と給与の
差額が支給される。

　厚生労働省は2009（平成21）年3月，「心の健康問題により休業した
労働者の職場復帰支援の手引き」を改定し，「試し出勤」を推奨した。
ここでこれまで「リハビリ出勤は，休職中の自主的な活動であり，無給
で，労災の適応にもならない」とされていた慣例が緩み，この傷病手当
金と給与の差額支給の規定とも相まって，労使間の検討のもとで，積極
的にリハビリ出勤が行われるようになってきている。

6．労働契約法，育児休業，介護休業

　非正規雇用の問題は，広く複雑な問題である。就業形態が多様化し，
労働者の労働条件が個別に決定・変更されるようになり，個別労働紛争

が増えている。この紛争の解決の手段としては，裁判制度のほかに，2001（平成 13）年から個別労働紛争解決制度が，2006（平成 18）年から労働審判制度が施行されるなど，手続面での整備はすすんできた。しかし，このような紛争を解決するための労働契約についての民事的なルールをまとめた法律はなかった。こうしたなか，2008（平成 20）年 3 月から「**労働契約法**」が施行され，労働契約についての基本的なルールがわかりやすい形で明らかにされた。2012（平成 24）年 8 月，この**労働契約法**が改正され，有期労働契約の反復更新のもとで生じる雇い止めに対する労働者の不安を解消し，安心して働き続けることができるようにするため，有期労働契約の適正な利用のためのルールが整備された。この改正**労働契約法**のポイントは 3 つである。1 つは，「無期労働契約への転換」であり，有期労働契約が繰り返し更新されて通算 5 年を超えたときは，労働者の申し込みにより期間の定めのない労働契約に転換できるルールである（ただし，大学教員，研究者などは 10 年である）。2 つ目は，「雇い止め法理」の法定化であり，一定の場合は使用者による雇い止めが認められないルール，3 つ目は，有期契約労働者と無期契約労働者との間で，期間の定めがあることによる不合理な労働条件の相違を設けることを禁じるルールである。さまざまな問題を内包してはいるものの，非正規労働者の不安が少しでも改善することが期待される。

　育児・介護休業法は 2009（平成 21）年 6 月に改正された。これは「持続可能で豊かな社会を作るためには，『就労』と『結婚・出産・子育て』の『二者択一構造』を解消し，『仕事と生活の調和（ワーク・ライフ・バランス）』を実現することが必要不可欠」であり，そのためには「全ての労働者を対象に長時間労働の抑制等仕事と生活の調和策を進めていくとともに，特に，子育てや介護など家庭の状況から時間的制約を抱えている時期の労働者について仕事と家庭の両立支援を進めていくこ

とが重要」という趣旨のもとになされた改正である。

　改正のあらましは以下のとおりである。

① 子育て期間中の働き方の見直し：短時間勤務制度（1日6時間）の導入など，② 父親も子育てができる働き方の実現：パパ・ママ育休プラスなど，③ 仕事と介護の両立支援，④ 実効性の確保

7．男女雇用機会均等法，ハラスメント

　男女雇用機会均等法（雇用の分野における男女の均等な機会及び待遇の確保等に関する法律）は，職場における男女の差別を禁止し，募集・採用・昇給・昇進・教育訓練・定年・退職・解雇などの面で男女とも平等に扱うことを定めた法律である。1985（昭和60）年に制定され，翌1986（昭和61）年より施行された。その後，1997（平成9）年に一部改正され，女性保護のために設けられていた時間外や休日労働，深夜業務などの規制を撤廃した。さらに**セクシュアルハラスメント**防止のため，事業主に対して雇用上の管理を義務づけた。2007（平成19）年の大幅改正では，**セクハラ**被害者が女性に限定されなくなり（男性に対して「ぼうや」「じじい」「ハゲ」などと呼ぶことも，言われた側が不快に感じたら**セクハラ**になり得る），事業主の**セクハラ**防止のための義務が，「雇用管理上の配慮」から「措置」へと強化された。

　2013（平成25）年12月，男女雇用機会均等法施行規則を一部改正する省令等では，間接差別となり得る措置の範囲を見直し（総合職の募集・採用のみでなく，すべての労働者の募集・採用，昇進，職種の変更にあたって，合理的な理由なく，転勤要件を設けることは，間接差別として禁止した），性別による差別事例を追加（男性労働者のみ又は女性労働者のみ結婚していることを理由として職種の変更や定年の定めについて男女で異なる取り扱いをすることを差別に該当する事例として規

定）し，**セクシュアルハラスメント**の予防・事後対応の徹底のための**セクハラ指針を見直し**（**セクシュアルハラスメント**の予防・事後対応の徹底の観点から，職場におけるセクシュアルハラスメントには，同性に対するものも含まれるものであることを明示），コース等別雇用管理についての指針の制定等が行われている。また，性別を理由とした差別的取り扱い，妊娠や出産などを理由とする解雇その他不利益取り扱い，**セクシュアルハラスメント**，母性健康管理措置に関する「労働者と事業主との間の紛争」については，都道府県労働局長による紛争解決の援助や機会均等調停会議による調停により，円滑かつ迅速にその解決を図ろうとしている。

　パワーハラスメント（以下パワハラ）は，権力や地位などを利用していじめや嫌がらせを行うことである。パワハラに関しては，2018 年成立 2019 年 5 月施行の，**雇用対策法**（労働者と経営者の需給バランスを保つための法律）の「労働政策の総合的な推進並びに労働者の雇用の安定及び職業生活の充実等に関する法律」（**労働施策総合推進法**）への改正，さらにその後の 2019 年 5 月の法改正に伴って，同法の中で規定された。この改正は，「**働き方改革を推進するための関係法律の整備に関する法律**」によってなされたものである。**労働施策総合推進法**は，長時間労働，非正規雇用労働者の待遇の改善，女性や労働者の就業形態，育児や介護などと仕事の両立，中小企業における人手不足などの解決を目指す法律である。ここに盛り込まれたパワハラ防止の規定には，罰則規定はないものの，企業に対してハラスメント相談体制の設置義務や，パワハラに関する労使紛争を速やかに解決できる体制を整えることなどが盛り込まれている。厚生労働省は，職場のパワハラ 6 類型として，以下を挙げている。

　1. 暴行・傷害（身体的な攻撃）

2. 脅迫，名誉棄損，侮辱，ひどい暴言（精神的な攻撃）

3. 隔離・仲間外し・無視（人間関係からの切り離し）

4. 業務上明らかに不要なことや遂行不可能なことの強制，仕事の妨害（過大な要求）

5. 業務上の合理性なく，能力や経験とかけ離れた程度の低い仕事を命じることや仕事を与えないこと（過小な要求）

6. 私的なことに過度に立ち入ること（個の侵害）

パワハラは 2000 年代初頭につくられた和製英語であり，大学の教員などによるいわゆるアカデミックハラスメント（アカハラ）や心理的 DV などを含め，モラルハラスメントと呼ばれることもある。

ハラスメントの問題は，背景にもその結果にもさまざまな複雑な問題が絡んでいることが多く，対応には十分な配慮が必要である。

8．働き方改革を推進するための関係法律の整備に関する法律（働き方改革関連法）

少子高齢化を迎えたなかで，そうした社会の変化に対応することを目的に，2018（平成 30）年 6 月に成立し，2019（平成 31）年 4 月から順次施行されている前述の**労働契約法**を含めた以下の 8 つの労働法の改正を行うための法律である。

1. **労働基準法**

2. **労働安全衛生法**

3. 労働時間等の設定の改善に関する特別措置法

4. じん肺法

5. 雇用対策法

6. **労働契約法**

7. 短時間労働者の雇用管理の改善等に関する法律
8. 労働者派遣事業の適正な運営の確保及び派遣労働者の保護等に関する法律

「**雇用対策法**」の改正は，「働き方改革の総合的かつ継続的な推進」とされ，この関連法の第1の柱とされている。

　第2の柱は，長時間労働の是正と多様で柔軟な働き方の実現等である。**労働基準法**などの改正により，時間外労働の上限規制，長時間労働抑制や年次有給休暇取得の一部義務化，フレックスタイム制の見直し，企画型裁量労働制の対象業務の追加，高度プロフェッショナル制度の創設，勤務間インターバル制度の普及促進（「労働時間等の設定の改善に関する特別措置法」改正），産業医・産業保健機能の強化（「労働安全衛生法」「じん肺法」改正）などを規定している。

　第3の柱は，雇用形態にかかわらない公正な待遇の確保であり，正規・非正規労働者間の不合理な待遇差が禁止されるようになった。

9. 心理支援を行う際の倫理

　こうした法律を踏まえつつ，実際の心理支援にあたっては，さまざまな周辺の問題も考慮した倫理的な配慮が求められる。さまざまな問題への対応には単一の正解はなく，ケースバイケースで模索していくしかないことが多い。

学習課題

1. 職場で働くなかで生じるさまざまな課題に対して心理支援する際に必要となる法律と倫理を整理してみよう。
2. ストレスチェック制度についてまとめてみよう。

引用文献

・佐藤進監修，津川律子・元永拓郎編（2009）『心の専門家が出会う法律［第3版］―臨床実践のために』 誠信書房
・厚生労働省ホームページ
　http://www.mhlw.go.jp/

7 | 高齢者の心理支援に関係する 法・倫理・制度

元永 拓郎

《**学習の目標**》 高齢者支援においては，高齢者に生じるさまざまな課題を心理的に支え，本人の自己決定を尊重しながら，健康な生活を送ることをサポートする。心理的支援と密接にかかわる医療，介護，住宅，地域づくりといった分野の法・倫理・制度について述べる。とくに高齢者の自己決定に関する課題を論じる。
《**キーワード**》 介護保険法，高齢者医療確保法，高齢者虐待防止法，認知症施策推進大綱，老人福祉法

1. はじめに

　人口問題研究所の推計によると，2010（平成22）年で約1億2,800万人（うち65歳以上が約23％）であった日本の人口は，2025年に約1億2,000万人（同30％）になり，2050年には約9,700万人（同39％）とされている。このような世界中のどの国も経験したことのない「**超高齢社会**」に備え，どのような社会をつくっていくべきか，一人ひとりにとって大きな課題である。国民の心の健康に資する役割をもつ公認心理師・臨床心理士にとって，高齢者を支えることが重要な使命となる。そのためにも高齢者のためにこれまでどのような政策が立てられどう実行されてきているのか，法律の観点からその流れを知ることが大切である。

　また高齢者特有のさまざまな倫理的課題が存在することも知っておくことが求められる。一般に年齢を理由にした差別を**エイジズム**（age-

124

ism）と呼ぶが，とくに高齢であることで差別することが問題となっている。認知症だから自分で判断する力がないとみなすこともエイジズムの一つと考えることもできよう。本人の意思を尊重しないかかわりは虐待につながる可能性もあり，**高齢者虐待防止法**が関係することになる。

　本章では，まず高齢者福祉及び医療の変遷を概観し，そのなかでもとくに認知症の人をめぐる支援について検討する。また高齢者の**自己決定権**について**成年後見制度**も含め論じ，高齢者虐待の問題にもふれる。最後に公認心理師や臨床心理士といった心理専門職のかかわりについて若干の考察を行う。

2．高齢者支援の歴史

　高齢者の福祉を規定する**老人福祉法**は1963（昭和38）年に施行され，**特別養護老人ホーム**などを制度化した。1973（昭和48）年の老人福祉法改正により，老人医療費の無料化が実現されたが，財政悪化等により1983（昭和58）年の老人保健法施行により，一部有料化された。また老人保健法では，病院と家庭の中間的機能をもつ**老人保健施設**も規定した。その後，高齢者を入院や入所ではなくなるべく在宅で支援するという方向が模索され始めた。そして高齢社会対策基本法［1995（平成7）年施行］が，高齢社会対策として，「国民が生涯にわたって就業その他の多様な社会的活動に参加する機会が確保される公正で活力ある社会」「国民が生涯にわたって社会を構成する重要な一員として尊重され，地域社会が自立と連帯の精神に立脚して形成される社会」「国民が生涯にわたって健やかで充実した生活を営むことができる豊かな社会」の三つを基本理念とした。これらはそのまま，高齢者に対する心理支援を行う際に重視すべき理念と考えることもできる。

　このような状況において，1997（平成9）年に**介護保険法**が成立した

［施行は 2000（平成 12）年］。この法律は，加齢による心身の変化のために介護が必要になった人に対して，その「尊厳を保持し，その有する能力に応じ自立した日常生活を営むことができるよう，必要な保健医療サービス及び福祉サービスに係る給付を行うため，国民の共同連帯の理念に基づき介護保険制度を設け，その行う保険給付等に関して必要な事項を定め，もって国民の保健医療の向上及び福祉の増進を図ることを目的」（第 1 条）としている。この法律では，保険料を支払う被保険者（40 歳以上）と，介護が必要という認定（要介護認定）を受け，サービス（介護給付）を受ける**要介護者**を規定している。

　介護認定は市町村が主治医の意見書も含めて調査を行い，介護認定審査会で決定する。介護認定には「要支援 1，2」「要介護 1〜5」がある。「要支援」とは，一部の介助があれば自立した生活が可能な状態であり，「要介護」とは，日常的に介助の必要な状態である。「要介護」に対しては，介護サービスの利用計画（ケアプラン）が介護支援専門員（ケアマネジャー）によって策定され，介護サービスを受けることができる。「要支援」に対しては，「介護予防ケアプラン」が策定され，それ以上の状態の悪化を防ぐための支援を受けられる。

　介護サービスには，〔図 7-1〕に示すように，施設サービス，居宅サービス，**地域密着型サービス**がある（厚生労働省，2015）。施設サービスには，特別養護老人ホーム，介護老人保健施設，介護療養型医療施設などがある。このなかで，特別養護老人ホームは，介護が常に必要で在宅介護が困難な比較的重度な人が入所し，費用は比較的安い。なお，よく目にする有料老人ホームやサービス付き高齢者向け住宅は，公的な福祉施設ではなく，民間企業が運営可能なサービスであり，老人福祉法等で「居住サービス」の取り扱いとなっている。ただし，介護に関しては，どちらも介護保険のサービスを受けることができる。

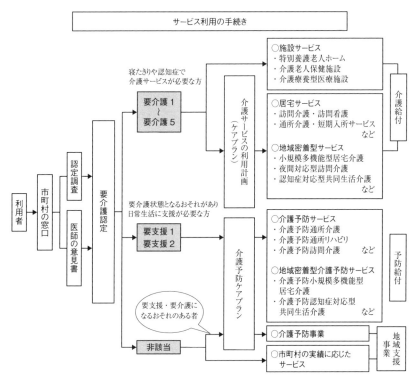

図 7-1　介護サービスの利用手続き ［厚生労働省（2016）から作成］
（出所）厚生労働省作成

　介護老人保健施設は，リハビリテーションを行うことで，在宅生活を
めざす施設であり，介護療養型医療施設は，介護と入院医療を必要とす
る人のための施設である。

　居宅サービスは，ホームヘルパーによる訪問介護，看護師による訪問
看護，通所による介護（デイサービス），短期入所サービス（ショート
ステイ）などがある。2006（平成 18）年の介護保険法改正では，在宅
での生活をより進めようということで，**地域密着型サービス**が始まっ

た。このサービスには，小規模多機能型居宅介護，夜間対応型訪問介護，認知症対応型共同生活介護（グループホーム）などがある。ちなみに，**地域包括支援センター**が設置されたのもこの改正によってである。

　介護保険法は 2011（平成 23）年にも改正されている。この改正によって「高齢者が住み慣れた地域で自立した生活を営めるよう，医療，介護，予防，住まい，生活支援サービスが切れ目なく提供される"**地域包括ケアシステム**"の構築」をめざすこととなった。この詳細については，次節で述べたい。

　介護保険法に基づき介護サービスの利用計画（**ケアプラン**）を作成する**介護支援専門員（ケアマネジャー）**は，介護福祉士，社会福祉士，精神保健福祉士，医師，看護師など，主に対人支援の国家資格を持った者が，5 年以上の実務を行うと，試験を受けることができる。介護支援専門員は，高齢者介護のキーパーソンであり，介護が必要な高齢者を支えるコミュニティチームの重要な一員となる。

　日本における住まいに関する基本政策は，**住生活基本法**［2006（平成 18）年施行］に謳われており，優良な住宅の供給をめざしているが，高齢者については，高齢者住まい法の改正［2011（平成 23）年］により，高齢者の住居を安定して確保するための方針が示された。とくに，医療・介護サービスもついている住居「サービス付き高齢者向け住宅」の整備が中心となっている。これは高齢単身，夫婦世帯を対象とした賃貸住宅で，各種相談や安否確認を担当する専門スタッフが，少なくとも日中は常駐し，常駐しない時間帯は通信等で状況確認をできるようにして，安心して生活できるようにした住まいである。

　働くことに関しては，改正高年齢者雇用安定法［2013（平成 25）年施行］により，高年齢者が少なくとも年金支給開始（65 歳）までは，意欲と能力に応じて働き続けられる環境を整備することとなった。企業

は，定年後の継続雇用制度を確実に実施し，グループ会社への導入も義務化した。また厚生労働省は，「『70歳まで働ける企業』推進プロジェクト」を推進している（厚生労働省，2010）。

　医療に関しては，老人保健法が改正され高齢者医療確保法［2008（平成20）年施行］となり，**後期高齢者医療制度**が新設された。この法律によって，75歳以上の人の医療費を確保する道筋が示された。また都道府県ごとに後期高齢者医療広域連合を作ることも定められた。

3. 地域包括ケアシステムの展開

　社会保障国民会議報告［2013（平成25）年］により，医療の機能分化，病院完結型から地域完結型，地域包括ケアの展開，介護保険の予防給付部分の変更などの方針が示された。それらの改革を推進するために**医療介護総合確保推進法**［2014（平成26）年］が施行された。この法律は，医療と介護を一体として整備する法律であり，そのキーワードは前述した"地域包括ケアシステム"である。

　この法律によって，医療と介護の一体的展開を行うための医療介護総合確保計画が都道府県ごとに策定されることとなった。医療に関しては病床を，高度急性期，急性期，回復期，慢性期と機能分化させることとし，都道府県において地域医療構想（ビジョン）を策定するよう求めている。一方，在宅生活を支える「**かかりつけ医**」の存在も強調している。

　また介護に関しては，介護保険財源で市町村が取り組む事業（地域支援事業）の充実を図り，要支援者に対して行っていた予防給付も地域支援事業に移ることになった。

　これらの医療と介護の一体的改革により，地域包括ケアシステムの構築がめざされている。地域包括ケアシステムとは，「おおむね30分以内

に駆け付けられる圏域で，個々人のニーズに応じた医療・介護等の様々なサービスが適切に提供できるような地域での体制」と定義されている（地域包括ケア研究会報告書，2008）。

4．認知症の人を支える

認知症の人の数は，2012（平成24）年に462万人であったのが，2025年には約700万人になると推計されている（厚生労働省，2015）。

認知症の人をめぐる対策として，まず「認知症の医療と生活の質を高める緊急プロジェクト」の提言［2008（平成20）年］によって，全国に認知症疾患医療センターが設置されることとなった。このセンターに心理専門職を配置することも記されている。

これらの流れを受けて，「今後の認知症施策の方向性について」が2012（平成24）年にまとめられた。この中でめざすべき基本目標は，「認知症になっても本人の意志が尊重され，できる限り住み慣れた地域のよい環境で暮らし続けることができる社会」とした。また自宅から施設（または病院）というケアの流れではなく，状況に応じた適切なサービス提供の流れを標準的な「**認知症ケアパス**」として構築することも基本目標とした。早期発見・早期対応，地域での生活を支える医療や介護サービスの構築，地域での日常生活・家族支援の強化，医療・介護サービスを担う人材の育成等を取り組みの分野とした。

これらを踏まえ，「認知症施策推進総合戦略（新オレンジプラン）」が2015（平成27）年に決定された。この戦略は厚生労働省のみならず文部科学省（学校教育，研究），国土交通省（住まい，まちづくり，交通安全），法務省（成年後見，医療同意），総務省（消防，救急搬送）など，全省庁をあげて施策を推進することとなった。この戦略では，①普及・啓発，②医療・介護，③若年性認知症，④介護者支援，⑤地域

づくり，⑥ 研究開発，⑦ 認知症の人や家族の視点，が柱となっているが，とくに認知症の人の声を施策策定に取り入れようとしている点が大きな特徴となっている。

① 普及・啓発に関しては，すでに認知症の人に正しい知識を持ってかかわるボランティア育成のための認知症サポーター養成講座は，2005（平成17）年に始まっており，心理学的視点から心理専門職が講師を務めることもあり得る。

② 医療・介護については，早期発見・早期対応を医療と介護一体で行う「**認知症初期集中支援チーム**」を市町村に設置することや認知症の人や家族が情報共有し交流を進める「認知症カフェ」の設置も進めている。このような施策に対して，心理専門職は本人の心に寄りそうという立場で，積極的に関与できるであろう。

このような国家戦略に基づいて，各市町村が中心となって，認知症施策を推進することになっているが，実際にはなかなか進んでいないのが現状である。これらの施策は法律が主導する形で進められていないので，「認知症の人基本法」といった法律の整備が必要との議論もある。

心理専門職の認知症分野での活動は，神経心理検査の実施や回想法といった個別またはグループ支援に重点を置いている。しかしながら，前記のような認知症の人が住み慣れた地域で安心して生活できるための包括的活動が今展開されようとしている。そのような国レベルでの動きを把握し，心理専門職としてどうコミュニティに貢献するかが求められている。

このような状況のなか，2007（平成19）年に90歳を超える認知症の男性がJR駅構内の線路に迷い込みはねられて死亡するという事件に関して，JR側が遺族側に遅延等の損害賠償を求めた裁判で，2014（平成26）年に名古屋高裁は，JR側の過失を認めながらも，遺族（介護者）

の監督義務者としての責任（民法 714 条）としての損害賠償を認める判決を下した（一審よりも減額）。この判決は，認知症の人の介護に対して，家族介護者にあまりにも責任を押しつけているということで，大きな問題となった（樋口，2015）。2016（平成 28）年 3 月に最高裁判所において，配偶者や家族であるだけで監督責任者とはならず，今回は監督責任を問わないとし，損害賠償請求を棄却した。

　家族（保護者）の監督義務としては，精神保健福祉法にある精神障害者に治療を受けさせるなどの保護者制度が，保護者の高齢化などで負担が高いということで 2013（平成 25）年の改正で廃止されたことを連想する。時代の流れは，本人の自己決定を大切にしながら地域で生活すること，そして自己決定できない部分は社会が支援していくことである。今回の判決はその流れにそった判断であるが，家族の監督責任の範囲など，今後も議論が続くものと思われる。

　認知症の人の社会参加を考えるうえで，運転免許の更新についても考える必要がある。道路交通法の改正［2007（平成 19）年］により，2009（平成 21）年より，75 歳以上の人の免許更新時に，認知機能検査が実施されるようになった。その検査結果が認知症の恐れありとなり，その後一定の期間内に信号無視などの交通違反があるときは，専門医の受診が必要となり，結果が認知症ありとなった場合，免許の停止または取り消しもあるとした。

　しかし高速道路の逆走や歩道への乗り上げなど認知症が疑われる人の交通事故が減らないため，2015（平成 27）年の道路交通法改正（施行は 2 年以内）では，更新時の認知機能検査で認知症の恐れありとなった人は全員が，専門医の診断を受ける必要があること（その結果，免許停止等もあり得る），一定の交通違反をした者には随時認知機能検査を実施することを決めた。

　認知症の人の社会参加を考えるうえで，万引きなどの軽犯罪の問題がある。前頭側頭型認知症では，脱抑制の症状として，目の前の物を盗ったり食べたりという行動が出ることがある。その症状の結果として，万引きや盗み食いといった行動を呈する場合があり，本人の責任能力やその後の対応（治療）について，十分な検討が必要となる（平井，2015）。

　新オレンジプラン（認知症施策推進大綱）では，認知症の人本人が施策の企画・立案に関与することを述べているが，2016（平成28）年3月に，認知症当事者のグループである日本認知症ワーキンググループから「認知症の本人からの提案」が出された。その中では，「本人同士が集まり，支え合いながら前向きに生きていくための拠点となる場を，すべての市町村で一緒に作っていきましょう。何かを提供される受け身ではなく，わたしたちが主体的に活動できる場であることが大切です」「私たちが外出することを過剰に危険視して監視や制止をしないでください」「安心して外出を楽しみ，無事に帰ってこられること」「地域の中で自分のやりたいことを続けること」を，「すべての人があたりまえの行為として考え，ごく自然な見守りや支えができる地域社会を，一緒に作っていきましょう」などが語られている。認知症の人を心理専門職が支援するために何を大切にすればよいかが，これらの文章の中に含まれている。

　これらの流れのなかで政府は，2019年に**認知症施策推進大綱**を取りまとめた（厚生労働省，2019）。この大綱では，"認知症の発症を遅らせ，認知症になっても希望を持って日常生活を過ごせる社会を目指し，認知症の人や家族の視点を重視しながら，**「共生」**と**「予防」**を車の両輪として施策を推進していく"ことを基本的な考え方としている（厚生労働省，2019）。そして，「1. 普及啓発・本人発信支援」「2. 予防」「3. 医療・ケア・介護サービス・介護者への支援」「4. 認知症バリアフリー

の推進・若年性認知症の人への支援」「5. 研究開発・産業促進・国際展開」を施策推進の5つの柱としている。

　なお今回の大綱では，「予防」が強調されている。ここでいう予防とは，「認知症にならない」という意味のみではなく，「認知症になるのを遅らせる」「認知症になっても進行を緩やかにする」という意味としている。認知症になることへの不安をあおりエビデンスのない予防法に安易に飛びつくことが懸念されている。認知症になることのマイナスイメージを強調し，予防行動を起こさせようとする介入は，倫理的な問題もはらむことにもなる。このあたりを職業倫理との兼ね合いで，私たちはよく検討する必要があろう。

5．高齢者の自己決定権

　高齢者がその命を全うするために**自己決定権**をどのように保証するべきであろうか。「自分で自分を保護しにくくなっている高齢者にとって，一方で自己決定の尊重と，他方で保護を必要とする状況との間で，いかに適切な調和策を考えるか」ということが根底にある大きな課題である（樋口，2015）。これまでみてきたように，高齢者の重要な自己決定を行う，または自己決定がおびやかされる事柄として，医療，介護，住まい，雇用，財産がある。

　医療においては，とくに終末期医療の選択や認知症になって自己決定が難しくなった場合の問題がある。介護においては，介護保険制度によって，ケアマネジャーと話し合いながら，自己決定を契約という形で明文化しながら，介護保険サービスを受けるという体制は整った。しかし介護保険の契約がどこまでが家族の意思でどこからが本人の自己決定なのか微妙なところもある。住まいについては，本来であればより柔軟な住宅政策と住宅選択の自己決定の保証が重要であるが，現状では在宅

か施設・病院かという二者選択が求められ，介護の選択で住まいが自動的に決まってしまうという問題がある。雇用についても，本人が望む場合，継続雇用制度が利用できるなど環境は整備されてきているが，実際に本人がやりがいをもって行っているかなどの課題は大きい。また若年性認知症の人にとって，働き続けるための支援は重要である。

　認知症により判断能力に支障が出た場合に，**成年後見制度**が利用可能である（第5章）。成年後見人は，認知症や知的障害，精神障害等で，判断能力に支障が出た場合に，後見人が本人に代わって金銭管理や契約等を行う。しかし，日本においてその利用が約21万人程度にとどまっている（2017年12月）。後見人を決めるために裁判所に行く必要があったり，多額の費用がかかるなどが指摘されている。

　このような状況において，成年後見制度の利用を国や市町村が促進することを謳った**成年後見制度利用促進法**が，2016（平成28）年4月に成立した。この法律によって，国は成年後見制度利用促進基本計画を定めることとなった。また市町村はこの計画を踏まえ利用促進の市町村計画を策定することに努めることとし，広域での支援を行う都道府県とともに，成年後見人となる人材の育成や助言等を行うこととしている。

　また成年後見人の業務内容について，民法等を改正する法律も2016（平成28）年4月に成立した。これは「成年後見の事務の円滑化を図るための民法及び家事事件手続法の一部を改正する法律」というもので，成年後見人が被後見人の郵便物を管理する範囲を拡大することや被後見人が死亡した際の財産の保全や葬儀費用などの支払いに関する規定を定めており，成年後見人の行える業務の範囲を広げるものである。

　判断能力を失った高齢者について，医療行為の同意を成年後見人が行うことはできない。成年後見人は経済行為に関しての委任を受けているからである。しかし実際には，胃ろうの設置手術，経管栄養，その他の

延命処置など，本人の同意がないなかどう選択するか難しい判断を迫られる。ドイツにおいては，後見人には一般的な医療への同意権が認められ，健康上の重大な影響が予想される場合は，裁判所の許可が必要としている（北野，2015）。

　成年後見人を設定するより，認知症になる前に，持続的代理権を信頼できる人に与える委任状を作成し，財産については生前信託を行い，終末期医療については，信頼できる人に医療代理権を委ねておくという試案も提案されている（樋口，2015）。これらの準備は新しい試みであり実際には多くの困難も予想されるが，十分に検討に値すると考える。いずれにしても法律家と十分な話し合いのもとに，自らの意思決定ができなくなったあとの対応について考えていくような時代に，今後なっていくのではないだろうか。心理専門職としては，そのような重いけれども大切な自己決定のプロセスに寄りそう存在でありたい。

　なお，日常の買い物の金銭管理や福祉サービスの利用援助などは，市町村の社会福祉協議会が行っている**地域福祉権利擁護事業**（日常生活自立支援事業）を利用することが可能である。まず話し合いのうえで作成された支援計画でよければ，本人が契約をする。そのうえで計画に基づき，日常の金銭管理やサービス利用援助を，生活支援員に行ってもらうことになる。この事業は，認知症の人のみならず，知的障害者，精神障害者等のなかで，判断能力が不十分だけれども，事業の契約内容について判断する能力は有している人が対象となる。

　終末期医療に関しては，自分の意思表示が示せなくなった終末期における医療のあり方について，前もって自らの意思を表明し文書にしておくこともできる。この文書のことを**リビング・ウィル**という。とくに死が不回避な状況における延命治療の有無などを記載することとなる。もちろん文書だけではなく，どのような死に方をしていきたいのかについ

て，家族や信頼できる医療関係者と十分に話し合っておくプロセスが重要となる。

死をどこで迎えるかという重要なテーマもある。近年，病院で死を迎える人がほとんどであるが，十分な在宅医療や介護のサポートを得て，在宅やグループホームで死を迎えることを願う人もいる。しかし，本人や家族も在宅で亡くなることを望んでいても，死を迎える直前の容態の急変などで，救急車が呼ばれ入院後死亡という事例もある。十分な話し合いと準備が必要であろう。

もう一つ本人の自己決定との関係で，相続についてふれたい。相続については，民法882条から1044条まで詳細な記載があるが，本人の判断能力との関係でいえば，遺言の有効性に関してである。認知症発症後に遺言書を作成しており，作成時の本人に判断能力がないとされた場合，遺言書は無効という判例がある（高岡，2015）。このような本人の判断能力の有無について検討する際に，当時の神経心理検査の結果などが重視される場合もある。心理専門職の検査実施の重みが示される事柄である。

6．高齢者の虐待防止など

高齢者の虐待防止と介護者の支援を目的とした**高齢者虐待防止法**〔2006（平成18）年施行〕では，高齢者虐待を，1）身体的虐待，2）養護を著しく怠ること（ネグレクト），3）心理的虐待，4）性的虐待，5）**経済的虐待**，と定義している。

この法律において，虐待発見時の市町村への通報義務が第7条に記されているが，「生命や身体に重大な危険が生じている場合は」という条件がついている。この点は児童虐待での通報義務とは若干異なる。経済的虐待は高齢者ならではのものであろう。これは，「日常生活に必要な

金銭を渡さない」「年金や預貯金を本人の意思・利益に反して使用する」などである（厚生労働省，2006）。

　これらの虐待の背景には，家族介護者の孤立や精神的，経済的負担なども関係することが予想されることから，養護者に対する負担軽減のための相談，指導及び助言その他必要な措置を行うことが市町村に求められている（第14条）。

　経済的虐待と関連して，高齢者の経済的被害の問題がある。これは，訪問販売や振り込め詐欺等の電話を使った詐欺などである。被害額は推計によると，一世帯当たり500万円を超えるとも言われている（安田ら，2011）。地域ぐるみの対応が求められている。このような経済的被害に対して，訪問販売については，特定商取引に関する法律（特商法）第9条のクーリングオフが有効となる。その他さまざまな救済方法を考えていく必要があり，法律家や消費者保護の関係者と連携していく必要がある。

7．心理専門職の役割

　超高齢社会を迎え，高齢者を支える医療，介護，住宅，雇用，その他のさまざまな支援や制度が整備されてきている。心理専門職が何らかの支援を行う場合，これらの制度を十分に理解し，必要に応じてそれらの支援サービスの利用を進めるといったはたらきかけも，必要となるかもしれない。一方，自分でできることが縮小し，判断能力が低下するなかで，本人が一番大切にしている希望を見出し，また言語以外の情報を含めて，本人の望むことを探していく本人との語り合いのプロセスも重要となろう。

　ときには，死を迎えることをめぐっての不安や戸惑い，やり残したことを語る心情にも寄りそう必要がある。死後の世界についての語りに

138

じっと耳を傾けるといったことも求められる場合もあろう。また遺された人々の心情をただ聴くことしかできないこともあると考えられる。感情労働という言葉もあるが，まさに魂が疲弊する局面もあるかもしれない。支援する側もまた孤立しないように，心理専門職を含めた支援者側の多職種コミュニティチームでの共有が重要である。

学習課題

1. 超高齢社会を迎え，心理専門職はどのような役割を担えると考えるか。法律や施策を踏まえて述べよ。
2. 認知症の人の家族から，施設入所させることに罪悪感を感じると，相談があった。心理専門職であるあなたは，どのように対応するか。
3. 認知症施策推進大綱の施策のなかで，心理専門職が担える可能性があるものを挙げ，具体的な活動のイメージを述べよ。

引用文献

・北野俊光（2015）「任意後見制度」東京弁護士会弁護士研修センター運営委員会編『高齢者をめぐる法律問題』 pp. 215-276
・厚生労働省（2006） 高齢者虐待防止の基本
http://www.mhlw.go.jp/topics/kaigo/boushi/060424/dl/02.pdf
・厚生労働省（2010）「70歳まで働ける企業」推進プロジェクト（平成22年度事業評価書）
http://www.mhlw.go.jp/wp/seisaku/jigyo/10jigyou02/dl/hyouka/4-3-14.pdf
・厚生労働省（2015） 認知症施策推進総合戦略（新オレンジプラン）—認知症高齢者等にやさしい地域づくりに向けて—

http://www.mhlw.go.jp/file/04-Houdouhappyou-12304500-Roukenkyoku-Ninc
hishougyakutaiboushitaisakusuishinshitsu/02_1.pdf

・厚生労働省（2016）　公的介護保険制度の現状と今後の役割
http://www.mhlw.go.jp/file/06-Seisakujouhou-12300000-Roukenkyoku/201602
kaigohokenntoha.pdf

・厚生労働省（2019）認知症施策推進大綱
https://www.mhlw.go.jp/content/000522832.pdf

・高岡信男（2015）「高齢者問題総論」東京弁護士会弁護士研修センター運営委員
会編　『高齢者をめぐる法律問題』　pp. 1-43

・地域包括ケア研究会（2008）「地域包括ケア研究会報告書―今後の検討のための
論点整理―」http://www.mhlw.go.jp/houdou/2009/05/dl/h0522-1.pdf

・樋口範雄（2015）『超高齢社会の法律，何が問題なのか』　朝日新聞出版

・平井茂夫（2015）「高齢者の意思・判断能力」　東京弁護士会弁護士研修セン
ター運営委員会編　『高齢者をめぐる法律問題』　pp. 153-213

・安田朝子（2011）「経済被害の実態―アルツハイマー型認知症の人とその家族が
経験する経済被害」　老年精神医学雑誌，22，pp. 781-791

8 | 保健医療分野における法・倫理・制度

池田　政俊

《**学習の目標**》　医療・保健分野の現状と課題を法的観点から整理する。とくに，医療関連職種に関する法律に注目し，臨床心理職がチーム医療において期待される役割や担うべき責務，考えるべき倫理的事項について学ぶ。
《**キーワード**》　医療法，医師法，保健師助産師看護師法，診療補助行為，インフォームド・コンセント，守秘義務

1. はじめに

　日本の第二次世界大戦までの病院は，基本的に医師と看護師と薬剤師のみで構成されていた。こうしたことから，近代の医療関係の法制度は，医療を行う場所に関する規定である**医療法**に加えて，この3つの職種を定義することから始まった。すなわち**医師法，保健師助産師看護師法，薬剤師法**である。そして医療の担い手として，医師・歯科医師をその中心に置き，薬剤師を別に定義し，それ以外の医療関連職種を看護師と同様の**診療補助職**（医師・歯科医師の指示下で医療行為を行う職種）と位置づけてきた。そして，医師・歯科医師の医学的判断および技術をもってするのでなければ人体に危害を及ぼしまたは及ぼすおそれのある行為を「**医行為**」とし，医師の指示下で行う医療行為を「**診療補助行為**」として区別してきた。こうした方法は，責任管理体制を明らかにし，医療の質を担保するというメリットがある一方で，現状にそぐわないさまざまな矛盾を生んでいるとも言われている。

　医療に関する法律には以下のようなものがある。

1. **医療法**：医療を行う場所を規定する，すなわち医療施設の規制に関する法律。
2. **医師法，保健師助産師看護師法，薬剤師法**などの医療を行う人の資格や業務に関する法律。
3. これら以外の法律：死体解剖保存法，薬事法など。

ともに，資本主義社会のなかで，医療を単なる営利事業とせずに質を維持することを基本的な倫理的目的として制定されたものである。この章では，医療に関する代表的な法律である，**医療法，医師法，保健師助産師看護師法**を中心に，その他のメディカルスタッフや患者の**人権，インフォームド・コンセント，自己決定権，守秘義務**など倫理的側面を含めながら概説していく（患者の人権，自己決定権については，第9章「精神障害に関する法・倫理・制度」で詳述しているので参照されたい）。

2. 医療法

医療法は，医療を行う場所に関する規定である。すなわち医療機関である病院，診療所，助産所の開設ならびに管理に関する法律である。

1868（明治元）年明治維新後，圧倒的に漢方医が多いなかで，西洋医学を取り入れる決定をした政府は，これに必要な制度を創設するべく医学校規則や医院規則など，ツギハギのように規定を発してきたが，1874（明治7）年に至って，西欧諸国の視察を踏まえて総合的規定である**医制**を発布した。これは，太政官の指令を受けて，文部省がまず三府に**医制**を施行し順次広げていく，ということから始まった。日本の近代的な医療制度はここに始まったとされる。この**医制**は，文部省の管轄のもとに，医学校の教育内容・組織，医師の免許・業務，薬剤師免許・業務を定めるものであった。

　1876（明治9）年には，医学校の管轄を文部省に残し，実地医療の管轄を内務省に移した。

　医制には病院設立を許可制にするという規定があり，それがその後の1933（昭和8）年の診療所取締規則，1938（昭和13）年新設の厚生省管轄下に入った後の1942（昭和17）年の国民医療法，1948（昭和23）年の現行**医療法**に引き継がれている。

　現行法は，以下の章で構成されている。

　第1章：総則（目的・理念等）

　第2章：病院，診療所及び助産所，2. 医療計画

　第3章：公的医療機関

　第4章：医療法人

　第5章：医業，歯科医業または助産師の業務等の広告，2. 雑則

　第6章：罰則

　第1章に記載されているこの法律の目的は，「医療を提供する体制の確保を図り，国民の健康保持に寄与すること」である。そのために医療機関の開設，管理について規定し，施設の整備を推進しようとしている。

　医療法による「病院」の定義は，20人以上の患者を入院させる施設があること，となっており，一方「診療所」は，患者を入院させるための施設がないもの，あるいは19人以下の患者を入院させる施設があるものである。また，病院は都道府県知事の許可制で，診療所は届出制である。病院・診療所・助産所の開設者は必ずしも医師・歯科医師・助産師でなくてもよいが，管理者は必ず医師・歯科医師・助産師でなければならない，と規定されている。

　こうした規定は基本的には，医療の質を一定に保つためにある。今では堅苦しくみえる法文もあるが，きらびやかに浅薄に喧伝し，コスト削

減に狂奔し，金儲けだけに走って医療の質が落ちる，といったことがないように一定の歯止めをかけていると言える。たとえば医療機関の広告は，1992（平成 4）年に大幅に緩和されたとはいえ，広告しうる診療科名の限定など，広告内容が厳しく規制されている。

　一般医療に携わる心理臨床家のみならず，医療機関ではない私設相談室の開業をめざす心理臨床家や精神科医療に従事する心理臨床家も，**精神保健福祉法**や**精神病院特例**など精神医療に関する法律や規定の基盤に，こうした医療全体を規定する法律があることを知っておく必要がある。

3. 医師法

　医師法は，医師の資格や業務などに関する法律である。日本における医師の資格や業務に関する法律の始まりは，**医療法**と同じく，1874（明治 7）年の「**医制**」である。当時は医師による開業は免許制であったが，1883（明治 16）年に医師免許規則，1906（明治 39）年に**医師法**（旧）（と歯科医師法）が制定され，「開業免許制」を廃止し，「身分免許制」とした。**医師法**，歯科医師法は 1948（昭和 23）年に現行法へと改正されている。

　現行**医師法**は以下の章で構成されている。

第 1 章：総則（医師の任務）
第 2 章：免許
第 3 章：試験，2. 臨床研修
第 4 章：業務
第 5 章：医師試験委員，2. 雑則
第 6 章：罰則

第 1 章に記載されている医師の任務は，「医療および保健指導をつか

さどることによって，公衆衛生の向上および増進に寄与し，もって国民の健康な生活を保持すること」である。医師免許は国家資格であるため，医師国家試験に合格し，厚生労働大臣の認可を受けなければならない。また，医療機関において，旧姓や通称などで医療行為を行うことは基本的には許されない。（2018 年から旧姓併記が可能となった。）

第 4 章に業務内容が規定されている。それは以下のような内容からなっている。

（1） 業務と名称の独占

医師の業務は**独占業務**である。すなわち，医師以外は医師という名称が使えない（**名称独占**）し，医師が行う医業，すなわち**診断すること**や**治療をすること**は，医師以外が行ってはならない（**業務独占**）。このようにこの法律は，診断行為や治療行為を厚生労働大臣が認可した国家資格を持つ医師に限定することで，医療の質を担保しようとしていると言えよう。こうした権限が付与されるということは一方で，必然的に医師の責任が重くなることとなる。医師としての仕事に対する報酬が相対的に高いといわれるのは，この権限と責任と希少性によるものであろう。

（2） 応召の義務

診療に従事する医師は，診察・治療の求めがあった場合には，正当な理由がなければ拒んではならない。この場合の正当な理由とは，医師が病気で診察ができない，ほかの危篤患者への対応や手術のために手が離せないなどである。医師がちょっと疲れている，患者が前回の治療費を払わなかった，などということは診療を拒否する正当な理由にはならない。ただし，この義務違反には罰則規定はない。とはいえ診療を拒否して悪い結果が出た場合に刑事や民事の責を負うことはあるということで

あろう。

　この規定も，資本主義社会における金儲け主義とは一線を画して，国民全体に質の担保された医療を提供するための規定であり，保険医療制度によって下支えされている（たとえば，患者が自己負担分を支払えなくても，医療機関は7割の報酬を確保できる）。ただし，診療拒否はできなくても，診察の順番を調整したり，診察を待っていただくことは可能である。また，このことが**病診連携**の推進を遅れさせ，大病院での長い待ち時間の遠因になっている可能性はあるかもしれない。

（3）　無診察治療等の禁止

　医師は自ら診察していないのに，治療行為をしたり，診断書や処方箋の交付をすることはできない，という規定である。この規定を徹底するようにとの厚生労働省の指導によって，いわゆる「薬のみ」という診療行為がなくなり，医療の質が担保され，国民全体の医療費が減少したと同時に，待ち時間が飛躍的に増えたのは周知の事実である。かつて行われていた病識がなく受診を拒否している精神病水準の患者の家族が，患者の了解を得ずに薬を受け取り，こっそり患者に服薬させる，といったいわゆる**ブラインド・メディケーション**は，患者の**自己決定権**を尊重する観点から，そもそも行ってはならないことではあったが，この規定の徹底履行により基本的にほぼ行えなくなった。

（4）　処方箋の交付義務

　医師は，患者に対して薬剤を投与する必要があると認めたときは，原則として処方箋を交付しなければならない。

146

（5）　診療録

　第 24 条に，「医師は，診療をしたときは，遅滞なく診療に関する事項を**診療録**に記載しなければならない」とあり，その第 2 項には，「五年間これを保存しなければならない」となっている。**公認心理師法**には記録に関する規定は現時点ではない。また，業務は**診療補助業務**ではない。しかし医療機関においてはこの条項に従う必要があるであろう。ただし，面接記録と**診療録**をどのように分けるか，分けないか，議論があるところである。

4．保健師助産師看護師法（以下**保助看法**）

　保助看法は，保健師，助産師，看護師，准看護師の資格や業務について規定した法律である。保健師，助産師，看護師の免許制度は，それぞれ保健婦規則［1941（昭和 16）年］，産婆規則［1879（明治 12）年］，看護婦規則［1915（大正 4）年］に設けられている。その後，1947（昭和 22）年の国民**医療法**に基づく政令として，保健婦助産婦看護婦令が出され，現行法はこの政令を引き継ぐ形で 1948（昭和 23）年に法律として制定され，以下の章で構成されている。

　第 1 章：総則（目的）

　第 2 章：免許

　第 3 章：試験

　第 4 章：業務，2．雑則

　第 5 章：罰則

　保助看法の規定によれば，保健師とは「厚生労働大臣の免許を受け，保健師の名称を用いて保健指導に従事することを業とする者」，助産師とは「厚生労働大臣の免許を受け，助産，または妊婦，褥婦もしくは新生児の保健指導を行うことを業とする者」，看護師とは「厚生労働大臣

の免許を受け，疾病者や褥婦に対する『療養』の**世話**や『**診療の補助**』を行うことを業とする者」である。（褥婦とは出産後間もなく，まだ産褥期にある女性のことである。）

ここにある「**療養上の世話**」とは，療養中の患者または褥婦に，症状に応じて行う医学的知識や技術を必要とする**世話**のことである。また，**診療補助**とは，医師や歯科医師が患者を診察する際に行う補助行為を指す。

准看護師は，**都道府県知事の免許**を受け，医師，歯科医師または看護師の指示を受けて，傷病者や褥婦に対する**療養上の世話**や**診療の補助**を行うことを業とする者とされている。すなわち医療機関では看護師とほぼ同様の業務を行う権限を持っていることになる。**都道府県知事の免許**であるが，他の都道府県に転出しても有効である。一時の看護師不足に対応するために作られた制度で，比較的短期間で他の仕事をしながらも取得することが可能なことから，看護師の質の向上のために廃止を求める声もあったが，近年ではセカンドキャリアを身につける道として人気が高い。

業務は**独占業務**であり，**名称独占**と**業務独占**の両方である。ただし，例外事項として，医師は医業の，歯科医師は歯科医業の範囲内で看護師の仕事をできることとなっている。

業務のなかには，独自の判断で行える業務，主治の医師・歯科医師の指示がなければ行えない業務，医師・歯科医師の指示があっても行えない業務がある。たとえば，傷病者等への「**療養上の世話**」は独自の判断で行えるし，医師・歯科医師の指示で「**診療補助**」として一部の診療機械を使用することや医薬品を授与することは認められているが，「診断」「動脈注射」「外科手術」などは指示があっても行うことはできない。ただ，医師の指示で看護師が静脈内注射を行い，そのために患者が死亡し

た事例で，医師と同時に，その指示で静脈内注射を行った看護師の責任が問われた事例があることから，看護師による静脈内注射には慎重な医療機関もあるようである。心理臨床職の場合も，医療機関では医師の指示を受けることになるであろうし，なんらかのミスにかかわった場合，民事，刑事，行政上の責任を問われることは間違いないであろう。

5．その他のメディカルスタッフ

（1）　薬剤師

　薬に関しては，1889（明治22）年に「薬品営業並薬品取締規則」が施行され，1925（大正14）年に「**薬剤師法**」（1960（昭和35）年に現行法に改正），1943（昭和18）年に「薬事法」（1948（昭和23）年改正）が施行された。

　薬剤師法によれば，薬剤師は大学で養成され，調剤，医薬品の供給等を業務とし，**業務独占**とされ，**開業権**を持つ。ただし，医師・歯科医師は，自己の処方箋による場合のみこの薬剤師の業務を行うことができるとされている。薬剤師は，医師の処方箋をもとに，薬を調剤して患者に渡す場合も，一般用医薬品を販売する場合でも，薬の正しい使用法に関する情報を伝えることが必要とされている。これを「**服薬指導**」という。一般用医薬品の中でも，医療用医薬品からスイッチされた第1類医薬品に分類される医薬品に関しては，薬剤師の説明が義務づけられている。

（2）　医療類似行為

　古くから民間療法として行われてきた，あん摩，はり，灸，及び柔道整復については，1911（明治44）年に「按摩術営業取締規則」及び「鍼術灸術営業取締規則」，1941（昭和16）年に「柔道整復術営業取締

規則」が施行された。第二次世界大戦後，内務省がなくなり，これらの規則が失効したため，1947（昭和22）年「あん摩，はり，きゅう，柔道整復等営業法」として制定され，1970（昭和45）年に「あん摩マッサージ指圧師，はり師，きゅう師等に関する法律」及び「柔道整復師法」に分かれた。これらの職種による行為は，**医行為**でも**診療補助行為**でもなく，**医療類似行為**と規定されている。**医療類似行為**は業務独占であり，開業が可能である。

（3）　診療補助行為

　前記のように，傷病者等への「**療養上の世話**」や「**診療補助**」は，法的には看護師の**独占業務**である。第二次世界大戦後，医療が進歩するなかで新しい業務と職種が次々に生まれたが，これらの大部分の業務は**診療補助業務**と位置づけられ，職種は診療補助職として法制化されてきた。この際，法的には「**保助看法の解除**」という方法をとることとなった。つまり，「○○は，保健師助産師看護師法第31条1項及び第32条の規定にかかわらず，診療の補助として――を行うことを業とすることができる」といった条文が必要とされたのである。

　このような**診療補助職**は，看護師のほか，歯科衛生士，診療放射線技師，臨床検査技師，理学療法士，作業療法士，視能訓練士，臨床工学技士，義肢装具士，救急救命士などが含まれる。これら医師の指示下で行う職種には「**開業権**」はないとされる。なぜならば医師のいないところでは業務を行えないからである（**公認心理師法**には**医師の指示条項**はあるが，**保助看法の解除**条項はない。つまり公認心理師の業務は，**診療補助行為**ではないが，医師の指示を受ける必要がある，とされていることになる）。また，これらの職種は，**業務独占**ではなく**名称独占**であると言われている。

（4） その他

　言語聴覚士はその一部の業務が**診療補助行為**とされているが，法律上その業務の定義に「医師・歯科医師の**指示下**」という文言が入れられなかった（代わりに，罰則の対象にならない「**指導**」という文言になっている）。一方，福祉関係の国家資格は，介護福祉士，社会福祉士，精神保健福祉士などと職域ごとに別々に制定され，職域が異なるだけで業務内容が類似している医療ソーシャルワーカーのみが未だに国家資格化されていない状況である。この中で精神保健福祉士は，**名称独占**の国家資格であり，秘密保持義務，医師その他の医療関係者との連携の義務，精神障害者に主治の医師がある場合，その**指導**（**指示**ではない）を受けなければならないという義務，などが求められている。

　これらの職種のありようを参考にしながら，**公認心理師法**が**医師**の**指示条項**を含んで成立した今，心理臨床職の医療との関係を法的，倫理的，実践的に検討していくことが喫緊の課題だと言えよう。

　医療関連の法律，政省令，告示，通知等は 400 近くあるといわれる。「母体保護法」「がん対策基本法」「アルコール関連障害対策基本法」は第 3 章，「労働者災害補償保険法」は第 6 章，「老人保健法」は第 7 章，「学校保健安全法」は第 11 章で扱う。これらのほかにも，「毒物及び劇物取締法」「麻薬及び向精神薬取締法」「採血及び供血あっせん業取締法」「医薬品副作用被害救済・研究進行調査機構法」「栄養改善法」「原子爆弾被爆者に対する援護に関する法律」「健康保険法」「国民健康保険法」「国民年金法」「厚生年金保険法」「食品衛生法」など，直接的間接的に心理臨床業務に関連する可能性のある法規は多くあるが，紙数の関係もあり，ここでは省略する。

6. 患者の人権，自己決定権，インフォームド・コンセント

　人権とは，人間がただ人間であるということにのみ基づいて，当然に持っていると考えられる権利（通義）である。その一つに個人の意思の尊重があるとされる（これには異論もある。第 9 章を参照）。個人の意思を尊重することが人間社会の基本ルールである。これを**自己決定権**の尊重という。**自己決定権**の尊重の重要性は誰もが認める。しかしこの**自己決定権**を明確に定義することは難しい。たとえば**自己決定権**という考え方にはいくつかの問題点がある。それは判断力が不十分とされる人の保護や，精神障害に関連した自傷他害の問題，自死の決定権の保証などである。つまり人を傷つける，自殺する，という個人の意思を尊重していいのか，といった問題である。さらにここには，そもそも自己と他者との境界をどこに定めるか，という大問題があるのである。たとえば，幻聴に指示されたことでなされた決定は，自己決定なのだろうか，といった問題もある。「自己」「個人（の意思）」という概念は実は曖昧なものを含んでいるし，精神分析が教えているように，そもそもある種の錯覚に過ぎないかもしれないのである。

　こうしたさまざまな問題があるとはいえ，医療においてはできる限り**パターナリズム**（父権主義）や**マターナリズム**（母性包容主義）に陥ることなく，患者の自己決定権を尊重しなければならないことは間違いないであろう。

　インフォームド・コンセントとは，医師の十分な説明を受けたうえで，患者自身が最終的な診療方針を選択するという「患者の知る権利」「**自己決定権**」を保障する考え方で，「十分な説明に基づく同意」「説明と同意」などの訳があてられている。もともとは患者の**自己決定権**の存

在を前提として，医療過誤が証明できないときに医師の民事責任を追及するために，アメリカで登場した法理論である。つまり，医療行為が適切に行われたとしても，あるいは不適切であったことの証明ができなかったときにも，有効な同意がなかったときには，医師は責任を負わなければならない，更に同意を得るためには**医師は患者に十分な説明**（これが難しい）をして同意を得るべきであるという理論であり，1957年のサルゴ事件判決で登場した。わが国では1980年代後半から急速に広まり，1992年の医療法改正で参議院が多面的な検討を求める附帯決議を行い，2007年改正で明文化された。

インフォームド・コンセントは，臨床研究における被験者の権利を保護する権利にもなっている。これはナチスの人体実験への反省から生まれた1947（昭和22）年**ニュールンベルグ綱領**をもとに，1964（昭和39）年の世界医師会の**ヘルシンキ宣言**で必要性が勧告され，1975年の東京改訂から，被験者の同意を**インフォームド・コンセント**と表現することになった。

7．守秘義務

医師は正当な理由がないのに業務上取り扱った人の秘密を漏らしてはならない，という**守秘義務**の規定は，**医師法**ではなく**刑法**第134条の秘密漏示に関する規定によるものである。ここでは，「医師，薬剤師，医薬品販売業者，助産師，弁護士，弁護人，公証人又はこれらの職にあった者が，正当な理由がないのに，その業務上取り扱ったことについて知り得た人の秘密を漏らしたときは，六月以下の懲役又は十万円以下の罰金に処する」と規定されている。この条項で**守秘義務**を定めているのは上記のほか，「宗教，祈祷若しくは祭祀の職にある者又はこれらの職にあった者」である。本条に列挙されていなくとも，**国家公務員法**や**地方**

公務員法，裁判員の参加する刑事裁判に関する法律などの特別法におい
て同様に秘密を漏らす行為が処罰の対象とされている。**精神保健福祉法**
第 53 条には，「精神科病院の管理者，指定医，地方精神保健福祉審議会
の委員，精神医療審査会の委員，精神科病院の職員又はその職にあった
者が，職務の執行（あるいはその補助）に関して知り得た人の秘密を正
当な理由がなく漏らしたときは，一年以下の懲役又は百万円以下の罰金
に処するという規定がある。また，**児童虐待防止法**では，児童虐待に係
る通告義務を妨げるものではない（虐待通告は本罪を構成しない）」こ
とが明記されている。

　刑法で規定のない保健師・看護師・准看護師は，**保助看法**第 42 条の
2 に「保健師，看護師又は准看護師は，正当な理由がなく，その業務上
知り得た人の秘密を漏らしてはならない。保健師，看護師又は准看護師
でなくなった後においても同様とする」と記されている。精神保健福祉
士に関しては，**精神保健福祉士法**第 40 条に，「精神保健福祉士は，正当
な理由がなく，その業務に関して知り得た人の秘密を漏らしてはならな
い。精神保健福祉士でなくなった後においても，同様とする」と秘密保
持義務が規定されている。先に成立した**公認心理師法**では，その第 41
条で「公認心理師は，正当な理由がなく，その業務に関して知り得た人
の秘密を漏らしてはならない。公認心理師でなくなった後においても，
同様とする」と規定されている。

　心理臨床家が，守秘をめぐって葛藤せざるを得ない場面は多い。たと
えば，クライエントが麻薬や覚醒剤の使用を告白した場合（しかしもち
ろん口頭で話しただけであり，血液検査などで使用が確定したわけでは
ない場合），切迫した口調で自傷他害の可能性を訴えた場合など，ケー
スバイケースで守秘を超えて対応すべきかどうか真剣に悩まざるを得な
いことがある。

　一つ参考になるのは，**刑法**第239条1項で「何人でも犯罪があると思料するときは，告発をすることができる」とされていることである。つまり犯罪行為の告発は**個人情報保護**や**守秘義務違反**にはあたらないということであろう。一方**刑法**第239条2項には「官吏又は公吏は，その職務を行うことにより犯罪があると思料するときは，告発をしなければならない」と書かれている。職種にかかわらず公務員には犯罪の告発義務が課せられていることも知っておくべきであろう。ちなみに**麻薬及び向精神薬取締法**の第58条の2には「医師は，診察の結果受診者が麻薬中毒者であると診断したときは，すみやかに，その者の氏名，住所，年齢，性別その他厚生労働省令で定める事項をその者の居住地（居住地がないか，又は居住地が明らかでない者については，現在地とする。以下この章において同じ）の都道府県知事に届け出なければならない」と規定されているが，**覚醒剤取締法**にはこうした規定はない。

　自傷他害に関しては，一般社団法人日本臨床心理士会の倫理綱領では，以下のように定められている。

　「第2条1（秘密保持）業務上知り得た対象者及び関係者の個人情報
　　　及び相談内容については，その内容が自他に危害を加える恐れがあ
　　　る場合又は法による定めがある場合を除き，**守秘義務**を第一とする
　　　こと。」

　このように**守秘義務**が絶対的なものではなく，限界がある，という考え方の背景として，1976（昭和51）年の米国カリフォルニア州最高裁の「タラソフ判決」が知られている。

　「タラソフ」とは，タチアナ・タラソフという女性で，殺人事件の犠牲者である。タラソフを殺害した男は，当時学生相談室に通所していて，セラピストに対し，自分はタラソフを銃で撃つ，と宣言した。セラピストとそのスーパーバイザーだった医師はこのことをタラソフに知ら

せなかった。後日，男は宣言の通りタラソフを射殺した。そしてタラソフの両親が訴訟を起こした。男がタラソフを殺害する可能性があることを知りながら，タラソフに知らせなかったことについて，男のセラピストやそのスーパーバイザーの医師を訴えたのである。

　一審，二審では両親の訴えは棄却されたが，カリフォルニア最高裁判所は次のような判決を下した。
　「患者が人に危険を及ぼすことが予測されたとき，医師やセラピストは，この危険に対処する責務がある。すなわち治療関係以外の開かれた場所で被害が起こるのであれば，その時点で**守秘義務**は解除される」
　「また，医師やセラピストは，患者によって危険が及ぶと予測される人を，危険から守る方策を取るべきである」
　もちろん，この問題にはさまざまな議論があり，スタンスがある。クライエントないし患者が自傷他害をほのめかしたとしても，それは空想や願望に過ぎないかも知れないし，治療者の世話や関心を引き出す手段かも知れない。その現実性や切迫度をどのように考えるかは，個々の援助者に任されているとも言える。
　情報開示に関しては，たとえば一般社団法人日本臨床心理士会の倫理綱領は以下のように定めている。
　「第2条2（情報開示）　個人情報及び相談内容は対象者の同意なしに
　　他者に開示してはならないが，開示せざるを得ない場合について
　　は，その条件等を事前に対象者と話し合うように努めなければなら
　　ない。（後略）」
　したがって，①守秘に限界があることを，早い段階でクライエントに説明し，理解を求める，②自傷他害の可能性を示唆するクライエントに対しては，その危険性の把握に努め，それに応じた適切な対応をと

り，③第三者に通報する場合には，可能な限りクライエントと誰に，何を，どのように伝えるか等を協議してから伝え，④守秘より危険回避を優先させた場合も，可能な限り事後にクライエントにその旨を説明する，というのが，心理臨床家に求められる基本的な姿勢，ということになるであろう。

8．連携

　公認心理師法の第1条，目的には，「公認心理師の資格を定めて，その業務の適正を図り，もって国民の心の健康の保持増進に寄与することを目的とする」と書かれている。そして第2条で，公認心理師について，「公認心理師の名称を用いて，保健医療，福祉，教育その他の分野において，心理学に関する専門的知識及び技術をもって，次に掲げる行為を行うことを業とする者をいう」と定義し，以下の4つの業務を挙げている。
　　一　心理に関する支援を要する者の心理状態を観察し，その結果を分析すること。
　　二　心理に関する支援を要する者に対し，その心理に関する相談に応じ，助言，指導その他の援助を行うこと。
　　三　心理に関する支援を要する者の関係者に対し，その相談に応じ，助言，指導その他の援助を行うこと。
　　四　心の健康に関する知識の普及を図るための教育及び情報の提供を行うこと。
　すなわち「公認心理師」が業務を行うフィールドは保健医療分野だけではない。第42条には，「公認心理師は，その業務を行うに当たっては，その担当する者に対し，保健医療，福祉，教育等が密接な連携の下で総合的かつ適切に提供されるよう，これらを提供する者その他の関係

者等との連携を保たなければならない」と書かれている。まさにこれが
これからの心理臨床職に求められているありようであると言えるし，医
療・保健の現場にあっても，このような幅広い視点をもってさまざまな
場のさまざまな職種との連携を，被援助者のために模索しなければなら
ないということを示している。（なお，この第 42 条の第 2 項には，「公
認心理師は，その業務を行うに当たって心理に関する支援を要する者に
当該支援に係る主治の医師があるときは，その**指示**を受けなければなら
ない」という**医師の指示条項**があり，これがさまざまな議論の種となっ
ている。このことについては，附帯決議がなされており，そこでは，
「公認心理師が業務を行うに当たり，心理に関する支援を要する者に主
治医がある場合に，その**指示**を受ける義務を規定する同法第 42 条第 2
項の運用については，公認心理師の専門性や自立性を損なうことのない
よう省令等を定めることにより運用基準を明らかにし，公認心理師の業
務が円滑に行われるよう配慮すること」となっている。）

学習課題

1. 現在の日本の医療・保健分野の法律の概要と課題を整理してみよう。
2. **公認心理師法**が成立したなかで，医療・保健分野の法体系を踏まえ
　 たうえで，臨床心理職がチーム医療においてどうあるべきか，行うべ
　 き役割や担うべき責務，考えるべき倫理について考えてみよう。

引用文献

・佐藤進監修，津川律子・元永拓郎編（2009）『心の専門家が出会う法律［第3版］—臨床実践のために』誠信書房
・一般社団法人日本臨床心理士会ホームページ　http://www.jsccp.jp
・厚生労働省　みんなのメンタルヘルス総合サイト
http://www.mhlw.go.jp/kokoro/index.html
・法務省ホームページ
http://www.moj.go.jp/index.html

9 ｜ 精神障害に関する 法・倫理・制度

池田　政俊

《**学習の目標**》　精神障害者の心理支援に関して，法律の歴史も整理しながら，どのような課題があり，いま何をめざそうとしているのかについて学ぶ。
《**キーワード**》　精神保健福祉法，精神障害者の人権侵害，パターナリズム，障害者権利条約，心神喪失者医療観察法，障害者総合支援法
....

1. はじめに

（1）　精神障害者の人権侵害の歴史

①　人権とは

　人権とは，人間としての権利のことである。法的には（憲法などの実定法を超えた）自然権とされている場合と，憲法が保証する権利とされている場合がある。また，もっぱら「（国家）権力からの自由」についていう場合と，**自己決定権**など，さまざまな権利を含めて用いられることもある。

　人権を尊重すべきである，という理念はほぼ共有されているが，理念どおりにそれを実現することは，決してたやすいことではない。そもそもいかなるものが**人権**を意味するかについても多様な考えがある。

　日本国憲法で三大原則の一つとされる**基本的人権**とは，人間が，一人の人間として人生を送り，他者とのかかわりを結ぶにあたって，決して侵してはならないとされる**人権**のことであり，すべての人間が生まれながらにして持つとされる。具体的には生命，財産，名誉，幸福追求権，

平等，自由の尊重などが含まれる。ここに新しい人権として，プライバシー権，環境権，**自己決定権**などを含める意見とそれに異論を唱える意見がある。

②　精神障害者の人権侵害の歴史とそこからの「解放」

　ギリシア時代以前の原始社会では，あらゆる病気は悪霊が人間に憑くために起こると考えられており，精神障害も同様であった。したがって治療は，病人を隔離し，悪霊を追い出すために魔法や呪術を使ったり，瀉血などを行うことであった。一部の精神病者は神秘的な力を持つとされ，シャーマンとして予言や祈祷を行っていた。

　ギリシア時代，ヒポクラテスは精神障害もある程度身体疾患と同様の自然現象とみなしていたようである。たとえば抑うつは黒色胆汁（メランコリー）の過剰とされた。治療は，瀉血や，一定の場所での休養だった。ローマ時代には医学の科学性は後退し，さらにキリスト教が公認されて影響力を強く持つようになってからは，精神障害は再び悪魔憑きとみなされるようになった。これはその後のいわゆる中世まで（4世紀から15世紀半ばのルネッサンスまで）1000年以上続き，精神障害者は極めて悲惨な状況に置かれていた。この時期にいわゆる「魔女狩り」が行われるようになった。

　14世紀頃からルネッサンス運動が始まり，神中心の文化から人間中心の文化への転換が行われ，医学においても解剖学の発達など科学性の回復が起こり，魔女狩りが減り，精神障害も身体疾患と同様の病気であるという見方も徐々に出現したが，こうした視点が精神医療を実際に変化させたのは18世紀になってからであった。

　こうしたなかヨーロッパ各地ではかなり古くから僧院などの建物に精神障害者が収容・監禁されていた。ヨーロッパでの最初の精神病院は1410年にスペインのヴァレンシア地方につくられたと言われている。

　ただ，これといった治療法がないなかで，患者は鎖や強制具によって自由を束縛され，一生を病院に監禁されて過ごす状態だった。一方で，ベルギーのゲールや日本の京都岩倉村のように精神病の奇跡的な治癒の言い伝えから精神病者やその家族がある土地に集まり，生活をするようになってできあがった集落もある。

　いずれにしても当時は精神障害者は人間らしい扱いを受けていなかったようである。患者を見世物にして参観料をとることなども行われていた（ウィーンの狂人塔）。治療法としては，一部の薬草が鎮静目的で使われたほかは，瀉血，患者に精神的ショックを与えるために冷水を頭からかける灌水療法，患者を籠に入れるなどして回転させる回転療法などかなり乱暴な方法が行われていた。

　このような精神科医療に画期的な変化をもたらしたのは，18 世紀末から 19 世紀にかけての産業革命とフランス革命によるヒューマニズムの鼓吹であった。こうした背景のなかで行われた 1793 年の**ピネル**による**「病者」の鎖からの解放**によって精神医学は始まったとされる。このことは起きていた現象を悪魔など神秘的な問題ではなく，個人のなかに生じた病気とみなし，治療の対象にするという意味で，「病者」の**人権**を回復させた画期的なできごとであるとされている。しかしこれは，近代都市国家という形で人々が 1 か所にたくさん集まるようになったことで目立つようになった「群れになじめずはみ出してしまった人々」を「群れ」の問題ではなく，個人のなかの「病」のせいにしたことでもあった。以後，精神医学はこの個人のなかの「病」の原因を脳に求め続けることとなった。「脳に病変がなくても心の病は起こり得る」ことを発見し，広く深く探究した**フロイト**らによって，心の病の原因を脳にばかり求める風潮は一時緩んだ。

　一方で心の病を極端に「群れ」つまり社会の問題だとみなす反精神医

学が台頭した。それに対抗するかたちで，向精神薬の登場と相俟って，（妥当性をもち得ないなかで）信頼性だけを高めた操作的な診断基準によるいわゆる計量精神医学が隆盛して，すでに半世紀近くが経とうとしている。

　実は現代に至ってもまだ，心の病が脳の問題，つまり生物学的な問題であるという客観的な根拠が十分に見出されているとは言えない。さまざまな病に生物学的な異常が発見されている一方で，純粋に心理学的なアプローチや，社会的なアプローチ，環境の調整などによっても病とされる状態から抜け出す人々もいるのである。こうしたなかで，心の病は，生物学的・心理学的・社会的・実存的な問題の複合である，と考える方向が主流となっている。現在「精神障害」と言われているものは，広い意味では，この生物学的・心理学的・社会的・実存的側面を併せ持った「心の病」を指していると考えられる。

（2）「障害」の捉え方と対応
①　パターナリズムと自己決定権

　さきに，**基本的人権**とは，人間が，一人の人間として人生を送り，他者とのかかわりを結ぶにあたって，決して侵してはならないとされる人権である，と述べたが，実はこの「一人の人間」「他者」という概念が難しい問題をはらんでいる。精神分析が教えているように，「一人の人間」すなわち「私」という感覚はある種の錯覚かもしれず，「私」と「他者」との境界は，実はかなり曖昧かつ恣意的なものである可能性があるのである。内的な不安を被害妄想として，また外からの声，幻声として体験している人の「自己」と「他者」の境界はどうなっていると考えればよいのだろうか。こうしたときに「幻声」の指示に従って行う判断や自傷他害行為は，「**自己決定**」と言えるのだろうか。また，強い抑

うつ状態にある人の自死の決断は果たして「**自己決定**」と言えるのだろうか，といった問題である。

　「**自己決定権**」というと当たり前の権利のように思われがちであるし，当然のこととして尊重されるべき**人権**の一つであるという考え方もあるのであるが，そこには難しい問題が内包されているのである。実際，日本の裁判で**自己決定権**を明示した判例はないようである。先に述べた「インフォームド・コンセント」はこの「**自己決定権**」を前提としているのであるが，説明する側の自己満足に終わっていないかどうか，十分に検証する必要があるだろう。

　一方，だからといって，一部の精神障害者にある時点で**自己決定**する力がないと考えて，代わりに援助者が決断をすると，これは**パターナリズム**とされ，批判されることになる。**パターナリズム**とは，強い立場にある者が，弱い立場にある者の利益になるようにと，行動に介入・干渉することをいう。日本語では家父長主義，父権主義などと訳される。この場合，弱い立場にある者が全面的に強い立場の者に判断を任せ，依存すると，**マターナリズム**，とも言われる。実際は，できるだけ精神障害とされる人々の**自己決定権**を尊重しながら，ケースバイケースで考え，対応していかなければならないことが少なくないのである。

② 　障害者権利条約

　障害者権利条約は，あらゆる障害者（身体障害，知的障害および精神障害者）の，尊厳と権利を保障するための条約である。

　この条約は，21 世紀では初の国際人権法に基づく人権条約であり，2006（平成 18）年 12 月 13 日に第 61 回国連総会において採択された。日本は，2007（平成 19）年 9 月に署名し，**障害者基本法**や**障害者差別解消法**の成立を待ち，国内の法律が条約の求める水準に達したとして，2014（平成 26）年 1 月 20 日に条約を批准した。

　障害者に関する法律は，障害者を支援するという観点から考えられていることが多いが，**障害者権利条約**は国際人権法に基いて人権の視点から考えてつくられたと言われている。その前文においては，「全ての人権と基本的自由が普遍的であり，不可分であり，相互に依存し，相互に関連している」という**ウィーン宣言**及び行動計画の基本原則が再確認されている。そして，障害のある多くの人々が，差別や貧困，暴力，虐待，搾取等にさらされやすい現状にあることを指摘し，個人は他の個人とその個人の属する社会に対して義務を負い，国際人権法に定められた人権を促進する責任があることを明記しているのである。いわば，障害は個人ではなく社会にあるといった視点をもった条約であるとも言えよう。この条約は，「**我々のことを我々抜きで勝手に決めるな！**」というスローガンが象徴しているように，障害者の視点からつくられた障害者の**自己決定権**を重視した条約である。

　先に述べたように，**自己決定権**と保護，他害などとの関係をどのように考えるかという問題は難しいものを含んでいるが，この権利条約で謳われている考え方が，精神障害者を含めた障害者についての現在の考え方の基本である。以下に述べる精神障害に関係するいくつかの法律はこうした歴史や考え方をベースに，**パターナリズム**を必要最低限にすることをめざしてつくられてきたと言えよう。

2．精神保健福祉法

　精神保健福祉法は，精神障害者の医療及び保護を行うこと，**障害者総合支援法**とともに，精神障害者の社会復帰の促進，自立と社会経済活動への参加の促進のために必要な援助を行うこと，精神疾患の発生の予防や，国民の精神的健康の保持及び増進に努めること，によって，精神障害者の福祉の増進及び国民の精神保健の向上を図ることを目的とした法

律である。

　日本では明治初期までは，いわゆる精神病の治療はほとんどが加持祈祷に頼っており，精神保健の法的規制は存在しなかった。日本に精神医学の基礎が形づくられたのは，1875（明治8）年に精神病院（癲狂院）が初めて設置され，医学校でも精神病学が教えられるようになってからである。1900（明治33）年に，「精神病者監護法」が施行され，配偶者・親権者等の親族が監護義務者として精神障害者の監護を行うこととなったが，精神病院の設置などは不十分であり，従来行われていた**私宅監置（いわゆる座敷牢）**が法律でも認められ，そのまま広く行われ続けた。この状況ではもちろん隔離するかどうかの判断に病者がかかわることはできなかった。1919（大正8）年には精神病院法が制定され，公的精神病院の設置などが謳われたが，病院の建設は進まず，諸外国と比較して病床数が少ないままであった。

　第二次世界大戦後，1950（昭和25）年，公衆衛生の向上増進を国の責務とした日本国憲法の成立を受け，精神障害者に適切な医療・保護の機会を提供するため，保健医療施策を内容とする**「精神衛生法」**が成立した。1964（昭和39）年にはいわゆる**「ライシャワー事件」**が起こり，健常者に危害を加える可能性のある精神障害者は適切に隔離すべきであるという社会防衛的な観点が加わって，精神障害者の「収容所」として民間の精神科病院が大量につくられた。これが日本全国のすべての診療科を合わせた病床約150万床のうち約30万床が精神科病床となった背景である。この際，精神科病床だけが医師数や看護師数が少なくてもよい，その代わりに保険点数も低く設定する，という**「精神病院特例」**が策定された。1965（昭和40）年には**通院医療費公費負担制度**を創設し，在宅精神障害者の訪問指導・相談事業を強化するなどの**精神衛生法**の改正が行われた。これも，資本主義社会では十分な収入を得られにくい，

また病識が乏しいことがある精神障害者に，医療に関する経済的な補填をして，病の再燃悪化を防ぐことで，社会防衛を図る，という意味合いが濃い政策であった。

1984（昭和59）年に起こった，精神科病院における人権侵害事件（**宇都宮病院事件**）を契機に，入院患者をはじめとする精神障害者の人権擁護を求める声が高まり，それを背景に，1987（昭和62）年には，精神障害者の人権に配慮した適正な医療及び保護の確保と精神障害者の社会復帰の促進を図る観点から，**任意入院制度**の創設（それまでは**精神衛生法**に定められた強制入院以外の入院は，医療法に基づく「自由入院」とされていて，精神衛生法では規定されていなかった。）や精神医療審査会の創設等を内容とする**精神衛生法**の改正が行われ，法律の名称も**精神衛生法**から**精神保健法**へと改められた。

1993（平成5）年には「**障害者基本法**」が成立し，精神障害者が**障害者基本法**の対象として明確に位置づけられたこと等を踏まえ，**精神保健法**は，1995（平成7）年に，「**精神保健及び精神障害者福祉に関する法律（以下『精神保健福祉法』）**」に改正され，法の目的においても「自立と社会参加の促進のための援助」という福祉の要素を位置づけ，従来の保健医療施策に加え，精神障害者の社会復帰等のための福祉施策の充実も強調されることとなった。

1999（平成11）年の改正においては，**精神障害者地域生活支援センター**や，ホームヘルプ，ショートステイ等の福祉サービスが法定化された。なお，2005（平成17）年に成立した障害者自立支援法（現・障害者総合支援法）は，身体・知的・精神の三障害一元化の観点から，障害の種別にかかわりのない共通の自立支援のための福祉サービス等について規定したものであり，この成立に伴い，精神保健福祉法において，ホームヘルプサービス等ほかの障害と共通するサービスを規定する条項

が削除されたほか，精神障害者に対する適切な地域医療等の確保等を図るための改正が行われた。

2014（平成 26）年の改正においては，「入院医療中心の精神医療から精神障害者の地域生活を支えるための精神医療への改革」という基本理念を持った，精神障害者の医療の提供を確保するための指針（厚生労働大臣告示）の策定，保護者に関する規定の削除，医療保護入院の見直し等を行っている。

しかしそれでも日本では今でも約 30 万人が精神科に入院している。これは世界全体の精神科入院患者の 20％にあたる。また，そのうちの約 70％が，1 年以上にわたって入院しており，10 年以上にわたって入院している人に限っても 25％に及んでいる。これは，一度作ってしまった 9 割が民間施設である精神科病床を減らしにくい，という社会経済的な事情と，地域における精神障害者の受け入れについて住民の「総論賛成各論反対」が続いているからだと言われている。すなわち精神障害者の社会復帰，共存共栄という理念には賛成するが，自分の家の近所には中間施設は作って欲しくない，という人々が多いのである。これに対して，2013（平成 25）年頃から既成の病棟を居住施設に転換するという「病棟転換型居住系施設」という政策が議論され始めている。しかし，これは精神科病棟の看板の掛け替えに過ぎず，長期入院患者の真の地域移行が阻害されるとして強く反対する人々も多い。

精神保健福祉法は，総則，精神保健福祉センター，地方精神保健福祉審議会及び精神医療審査会，精神保健指定医，登録研修機関，精神科病院及び精神科救急医療体制，医療及び保護，保健及び福祉，精神障害者社会復帰促進センター，雑則並びに罰則の 9 章から構成されている。

（1）　目的

　精神保健福祉法は，精神障害者の福祉の増進及び国民の精神保健の向上を図ることを目的としている（第1条）。つまり，病を持っていない人々も含め，国民全体を対象としている。

（2）　対象

　ここで定義している**精神障害者**は，統合失調症，精神作用物質による急性中毒又はその依存症，知的障害，精神病質そのほかの精神疾患を有する者である（第5条）。つまり，双極性障害や神経症性障害を含め，すべての病が含まれることになる。

（3）　地方精神保健福祉審議会及び精神医療審査会

　精神保健及び精神障害者の福祉に関する事項を調査審議させるため，都道府県は，条例で，精神保健福祉に関する審議会そのほかの合議制の機関（「**地方精神保健福祉審議会**」）を置くことができるとされている（第9条）。

　また，措置入院患者等の定期病状報告や，入院患者又はその家族等からの退院等の請求に対する応諾の可否等の審査等を行わせるため，都道府県に，**精神医療審査会**を設置することとされている（第12条）。

（4）　精神保健指定医

　厚生労働大臣は，申請に基づき，措置入院や医療保護入院の要否，行動の制限等の判定を行うのに必要な知識及び技能を有すると認められる者を，**精神保健指定医**に指定する（第18条）。

（5）　医療及び保護

　精神障害者の入院形態として，次のものが規定されており，そのうち**医療保護入院**については，精神科病院から退院し，地域における生活への移行を促進するための措置に関する事項が規定されている。できるだけ強制入院である**医療保護入院**を必要最小限に抑えようということであろう。

① 自らの意思による入院である「**任意入院**」（第 21 条）

② 警察官等からの通報，届出等により都道府県知事が精神保健指定医に診察をさせ，自傷他害のおそれがあると認めた場合に行う「**措置入院**」（第 29 条）

③ 急速を要し，措置入院に係る手続を採ることができない場合に 72 時間に限って行う「**緊急措置入院**」（第 29 条の 2）

④ 精神保健指定医による診察の結果，精神障害者であり，かつ，医療及び保護のため入院の必要がある場合に，その家族等（配偶者，親権者，扶養義務者，後見人又は保佐人。該当者がいない場合等は，市町村長）のうちいずれかの者の同意があるときは本人の同意がなくとも，その者を入院させることができる「**医療保護入院**」（第 33条）。

　　なお**医療保護入院**については，精神科病院の管理者に対して**医療保護入院**者の退院後の生活環境に関する相談及び指導を行う者（精神保健福祉士等）の設置（第 33 条の 4），地域援助事業者（入院者本人や家族からの相談に応じ必要な情報提供等を行う相談支援事業者等）との連携（第 33 条の 5），退院促進のための体制整備（第 33 条の 6）を義務づけている。

⑤ 急速を要し，家族等の同意を得ることができない場合において，**精神保健指定医**の診察の結果，直ちに入院させなければその者の医療

及び保護を図るうえで著しく支障がある者と認められた場合，本人の同意がない場合でも 72 時間に限り入院させることができる「**応急入院**」（第 33 条の 7）。

（6）　精神科病院における処遇等

精神科病院の管理者は，入院中の者につき，その医療又は保護に欠くことのできない限度において，その行動について必要な制限を行うことができる（第 36 条）。また，精神科病院に入院中の者の処遇について，厚生労働大臣が定める基準を遵守しなければならない（第 37 条）。これらは前記の強制入院に並んで，必要最小限とはいえ，患者の**自己決定権**よりも**パターナリズム**を優先すべき場合があることを規定したところである。

精神科病院に入院中の者又はその家族等は，都道府県知事に対して，当該入院中の者を退院させることや，精神科病院の管理者に退院や処遇改善を命じることを求めることができる（第 38 条の 4）。このような請求があった場合，都道府県知事は，**精神医療審査会**に審査を求めなければならない（第 38 条の 5）。更に厚生労働大臣又は都道府県知事は，精神科病院に入院中の者の処遇が著しく適当でないと認めるときは，当該精神科病院の管理者に，改善計画の提出や，処遇の改善のために必要な措置を採ることを命ずることができる（第 38 条の 7）。

（7）　精神障害者保健福祉手帳

精神障害者（知的障害者を除く）は，その居住地（居住地を有しないときは，その現在地）の都道府県知事に**精神障害者保健福祉手帳**の交付を申請することができる。都道府県知事は，申請者が政令で定める精神障害の状態にあると認めたときは，申請者に**精神障害者保健福祉手帳**を

交付しなければならない（第45条）。（知的障害者への療育手帳には法的根拠はない。）

（8）　精神保健福祉相談員

　都道府県・市町村は，**精神保健福祉センター**・保健所等に，精神保健及び精神障害者の福祉に関する相談に応じたり，精神障害者及びその家族等を訪問して指導を行うための職員（**精神保健福祉相談員**）を置くことができる。**精神保健福祉相談員**は，精神保健福祉士そのほかから，都道府県知事又は市町村長が任命する（第48条）。

3．心身喪失者医療観察法

　心神喪失等の状態で重大な他害行為を行った者の医療及び観察等に関する法律（以下，**医療観察法**）は，2003（平成15）年7月16日に公布され，2005（平成17）年7月15日に施行された。心神喪失又は心神耗弱の状態（精神障害のために善悪の区別がつかないなど，刑事責任を問えない状態）で，重大な他害行為（殺人，放火，強盗，強姦，強制わいせつ，傷害）を行った人に対して，適切な医療を提供し，社会復帰を促進することを目的とした制度である。入退院，とくに退院の判断を主治医だけで行わず，裁判所の審判によって行う，という意味で，これまでにない法律である。

　この制度では，心神喪失又は心神耗弱の状態で重大な他害行為を行い，不起訴処分となるか無罪等が確定した人に対して，検察官は，**医療観察法**による医療及び観察を受けさせるべきかどうかを地方裁判所に申立てを行う。

　検察官からの申立てがなされると，鑑定を行う医療機関での入院等が行われるとともに，裁判官と**精神保健審判員**（必要な学識経験を有する

医師）の各1名からなる合議体による審判で，本制度による処遇の要否と内容の決定が行われる。

審判の結果，**医療観察法**の入院による医療の決定を受けた人に対しては，厚生労働大臣が指定した医療機関（指定入院医療機関）において，手厚い専門的な医療の提供が行われるとともに，この入院期間中から，法務省所管の**保護観察所**に配置されている**社会復帰調整官**により，退院後の生活環境の調整が実施される。

また，**医療観察法**の通院による医療の決定（入院によらない医療を受けさせる旨の決定）を受けた人及び退院を許可された人については，**保護観察所**の**社会復帰調整官**が中心となって作成する処遇実施計画に基づいて，原則として3年間，地域において，厚生労働大臣が指定した医療機関（指定通院医療機関）による医療を受けることとなる。

なお，この通院期間中においては，**保護観察所**が中心となって，地域処遇に携わる関係機関と連携しながら，本制度による処遇の実施が進められる。

ここにある「**社会復帰調整官**」とは，法務省の職員として**保護観察所**に勤務し，精神障害者の保健及び福祉等に関する専門的知識に基づき，心神喪失等の状態で重大な他害行為を行った人の社会復帰を促進するため，生活環境の調査，生活環境の調整，精神保健観察等の業務に従事する者である。**社会復帰調整官**は，その職務の専門性が高く，精神保健福祉士等の資格や，精神保健福祉に関する実務経験等が必要となるので，一般職試験や総合職試験の合格者からは採用されない。

4. 障害者総合支援法

（1） 目的

障害者総合支援法の目的は以下のように記されている（第1条）。

　「この法律は，**障害者基本法**の基本的な理念にのっとり，身体障害者福祉法，知的障害者福祉法，**精神保健及び精神障害者福祉に関する法律**，児童福祉法　その他障害者及び障害児の福祉に関する法律と相まって，障害者及び障害児が**基本的人権**を享有する個人としての尊厳にふさわしい日常生活又は社会生活を営むことができるよう，必要な障害福祉サービスに係る給付，**地域生活支援事業**その他の支援を総合的に行い，もって障害者及び障害児の福祉の増進を図るとともに，障害の有無にかかわらず国民が相互に人格と個性を尊重し安心して暮らすことのできる地域社会の実現に寄与することを目的とする」

　障害者自立支援法からの変更点として，「**障害者総合支援法**」では，上記のように「自立した」の代わりに，「**基本的人権**を享有する個人としての尊厳にふさわしい」と明記されている。また，障害福祉サービスに係る給付に加え，**地域生活支援事業**による支援を明記し，それらの支援を総合的に行うこととするとされている。

（2）　制度の趣旨

　「**障害者総合支援法**」では，「障がい者制度改革推進本部等における検討を踏まえて，地域社会における共生の実現に向けて」というところが大きなテーマになっている。そのために，障害福祉サービスの充実等障害者の日常生活及び社会生活を総合的に支援するため，新たな障害保健福祉施策（**地域生活支援事業等**）を講ずるものとするとされている。なお，障害者の範囲に，初めて「難病」が追加されている。

（3）　障害者福祉サービスの体系
①　自立支援給付

　「**障害者総合支援法**」によるサービスは**自立支援給付**と**地域生活支**

援事業に大きく分かれ，自立支援給付はさらに介護給付費，訓練等給付費，地域相談支援給付費，計画相談支援給付費，**自立支援医療費**，補装具費などに分けられる。

② **地域生活支援事業**

　障害者等が，自立した日常生活または社会生活を営むことができるよう，住民に最も身近な市町村を中心として実施される事業のことをいう。ここに含まれるものとして，以下のような施設がある。

〈**社会復帰施設**〉

　障害者が通常の社会生活を安定して営めるように自立，自助のための指導や訓練などを行う施設である。**精神保健福祉法**では精神障害者の**社会復帰施設**として「精神障害者生活訓練施設」「精神障害者授産施設」「精神障害者福祉工場」「精神障害者福祉ホーム」「地域生活支援センター」などが設置されていた。2006（平成 18）年に**障害者自立支援法**が施行された後，これらの施設は，自立訓練の場として「**自立訓練（生活訓練）**」「**就労移行支援**」「**就労継続支援（A 型・B 型）**」，地域生活支援の場として「**地域活動支援センター**」「相談支援事業」，住まいの場として共同生活援助（**グループホーム**），共同生活介護（ケアホーム），福祉ホームへ移行した。さらに，**障害者総合支援法**の成立後，ケアホームは**グループホーム**へ一元化された。

〈**精神障害者小規模作業所**〉

　在宅の精神障害者の社会復帰を目標として，作業を行いながら，就労援助，日常生活の充実化，生活訓練や生活習慣の獲得などを行っている施設である。活動内容も軽作業から就労訓練までと幅広く行われている。2006（平成 18）年に**障害者自立支援法**施行後，初めて法律で明確に規定され，施設毎に**就労継続支援**，**地域活動支**

援センター事業等に移行した。

1. **人権**および**人権侵害**について整理し，**自己決定権**について考えてみよう。
2. 精神障害者の処遇の歴史を，人権という観点を踏まえて俯瞰してみよう。
3. 現在の**精神保健福祉法**の理念と内容を整理してみよう。

引用文献

・佐藤進監修，津川律子・元永拓郎編（2009）『心の専門家が出会う法律［第 3版］—臨床実践のために』誠信書房
・大熊輝雄（2013）『現代臨床精神医学［改訂第 12 版］』金原出版
・厚生労働省　みんなのメンタルヘルス総合サイト
　http://www.mhlw.go.jp/kokoro/index.html

10 | コミュニティ及び福祉分野における法・倫理・制度

川畑　直人

《**学習の目標**》　地域社会のなかで生きる人々に安心・安全な生活を保障し，困難を抱えても地域社会の一員として社会参加してもらうために，心理臨床はどのような貢献ができるであろうか。コミュニティにおける心理臨床実践を考えるための基礎的な知識として，社会保障，公衆衛生，地域保健，社会福祉などの観点から法・倫理・制度にふれる。

《**キーワード**》　コミュニティ，社会的権利，国民健康保険法，国民年金法，雇用保険法，介護保険法，生活保護法，社会福祉法，障害者基本法，共生，DV 防止法，地域保健法，母子保健法

....

1. はじめに

コミュニティ（community）は，共同体と訳されることが多いが，「互いに奉仕する状態」を意味するラテン語 commūnitāt を語源に持ち，相互依存的な関係によって生存を維持する人間の集合体を意味する（植村，1995）。Hillery（1955）は，この概念の 69 個の定義に含まれる共通要素として，① 成員間の社会的相互作用，② 地理的空間の限局性，③ 所属感や共通の規範を挙げている。その意味では，地域社会と同義で用いられることも多いが，現代ではインターネット上のつながりでもコミュニティと呼ばれるなど，人格的なつながりをもつ集団全般を指すようになってきている。

心理学の世界では，コミュニティ心理学という分野があり，個人に対するアプローチが主流であった伝統的な臨床心理学に対置されるものと

して確立されている。その特徴としては，① コミュニティ感覚，② 社会的文脈内人間，③ 悩める人の援助は地域社会の人々との連携で，④ 予防を重視，⑤ 強さとコンピテンスを大切に，⑥ エンパワメントの重要性，⑦ 非専門家との協力，⑧ 黒子性の重要性，⑨ サービス提供の多様性と利用しやすさ，⑩ ケアの精神の重要性といったことが挙げられる（山本，2000）。これらは，公認心理師や臨床心理士が働く学校や職場などの現場で，実際に必要となるアプローチである。

　学校や職場もコミュニティであるという側面をもつが，社会学者の分類に従えば，**ゲゼルシャフト**，**第2次集団**，**アソシエーション**と言われるような，特定の目的をもち，契約関係を含む，社会制度化された集団である（坂田，2014）。一方，そうした制度化された集団を含み込む，より広い範囲の地域社会について考えると，どうであろう。そこには，地縁，血縁によって結びついたさまざまな集団，社会学者のいう**ゲマインシャフト**，**第1次集団**と言われる社会集団があり，個人との間で，あるいは集団間で相互に影響を与え合っている。近代国家では，こうした第1次集団としてのコミュニティも，国や地方公共団体といった行政機関によって統治され，さまざまな住民サービスを受ける。そこでは，法律に基づいて設置された，公共機関や公共の施設が大きな役割を果たしている。

　コミュニティ，あるいは地域社会における心理臨床について考えると，制度化された行政サービスから漏れ落ちる部分が大事であるということは，十分に認識する必要がある。しかし，同時に，制度に関する知識抜きで，それを行うことも不可能である。本章では，コミュニティにおける心理臨床を考える前提として，地域住民に対するサービスに関わる法律や制度についてふれることにする。

2. 憲法と社会保障

イギリスの社会学者 T.H. マーシャル（T. H. Marshall）の考えに従うと，近代社会は，シティズンシップの確立に向けて緩やかに進歩してきたと言える（坂田，2014）。すなわち，18 世紀には，言論，思想・信条の自由，財産所有の権利といった市民的権利（civil rights）を，19 世紀には，政治参加の自由を保障する政治的権利（political rights）を，市民が獲得していった。そのうえで，20 世紀には，教育制度や社会サービス制度が発達し，それを前提に文化的な市民生活が保障される**社会的権利（social rights）**が市民の資格として確立したとされる。

わが国では，**日本国憲法**において，基本的人権の尊重（憲法第 11 条），法の下での平等（憲法第 13 条）が謳われたうえで，「すべて国民は，健康で文化的な最低限度の生活を営む権利を有する」（憲法第 25 条）とされる。この健康で文化的な生活の実現のために，「国は，すべての生活部面について，社会福祉，社会保障及び公衆衛生の向上及び増進に努めなければならない」（憲法第 25 条 2 項）。つまり，社会福祉，社会保障，公衆衛生の 3 つは，国民の権利に基づいて，国が行わなければならない責務と位置づけられる。

先に，**社会保障**という概念についてみると，辞書によれば，「国家が国民の生活を保障する制度。日本では社会保険・公的扶助・社会福祉・公衆衛生などがある。」とされる（大辞林）。この定義は，1950（昭和 25）年に社会保障制度審議会が出した勧告に基づくもので，そこでは困窮の原因に対する経済保障，生活困窮者に対する国家扶助が，**社会福祉**ならびに**公衆衛生**と並置され，その三つを包含するのが社会保障であるとされている（社会保障制度審議会，1950）。ただし，国によっては，社会保障（Social Security）が経済的保障だけを意味する場合もあるの

で，社会保険と公的扶助という経済的保障を狭義の社会保障とし，それに社会福祉と公衆衛生を加えた全体を広義の社会保障と考えることもできよう。

　社会福祉という概念は，辞書によれば，「貧困者などの生活を保障し，心身に障害のある人々の援助などを行なって，社会全体の福祉向上をめざすこと」（大辞林）と定義される。一部社会保障と重なる部分があるが，援助や支援といった活動面が強調される。しかしこの概念も，定義の仕方によっては，社会福祉事業のみを意味する狭義の使い方，福祉に関連する諸サービス（医療社会事業，企業内福利厚生，同和事業，災害救助，少年司法と更生保護など）を含む広義の使い方，社会保険や公的扶助を加えた最広義の使い方があり（大橋ら，1984），社会保障という概念との区別はやはり難しい。

　公衆衛生という概念は，「広く地域社会の人々の疾病を予防し，健康を保持・増進させるため，公私の諸組織によって組織的になされる衛生活動」（大辞林）を指す。これはもともと感染症対策としての都市環境整備や予防医学が中心であったが，近年になり，保健指導，保健相談といった対人保健サービスが強調されるようになると，さまざまな福祉事業との重なりが大きくなってきている。

　いずれにしても，社会保障，社会福祉，公衆衛生の 3 つは，地域社会の市民生活を考えるうえで，不可欠の概念であるので，それぞれに関わる法律のアウトラインを整理する。なお本章では，社会保障は，社会保険と公的扶助という経済的な保障を指す言葉として使うことにする。

3．社会保障に関する法律と制度

　まず，社会保障についてであるが，日本の社会保障制度の中核には，国民皆保険・皆年金制度がある。これはすべての国民が公的医療保険や

年金による保証を受けられる制度で，国民健康保険法の改正と国民年金法の成立によって確立された。**国民健康保険法**は，1938（昭和13）年に制定され，1958（昭和33）年の改正により現行のものとなった。保険は，保険事業の運営主体である保険者と，保険に加入し，必要な場合に給付を受ける被保険者とによって成立する仕組みである。国民健康保険法では，原則として日本に居住する者はすべて国民健康保険の被保険者となるとし，それが適用されない場合は，別の公的健康保険への加入を条件としている。したがって，最終的に，国民全体がなんらかの公的健康保険に入るということが，この法律によって決められたことになる。

1961年度に成立した**国民年金法**では，日本に居住する20歳以上の者はすべて国民年金制度の被保険者になることを規定している。そのうえで，ほかの公的年金制度に加入している者は適用除外とした。これによって公的医療制度と同様，すべての国民はいずれかの公的年金制度に加入することが決められたことになる。

このような国民皆保険，皆年金制度を軸にしつつ，雇用保険，介護保険といった保険制度，そして生活保護といったセイフティネットが合わさって，日本の社会保障制度は形作られている。**雇用保険**は，1974（昭和49）年に制定された**雇用保険法**によって規定された保険であり，失業などにより雇用の継続が困難となった場合に必要な給付を行うほか，職業に関する教育訓練に必要な給付を行うことで，労働者の生活及び雇用の安定や就職の促進を図るものである。この法律では，雇用安定事業と能力開発事業という二つの事業（雇用保険二事業）が制度化されており，そうした事業の窓口となっているのが，全国に550か所以上ある**ハローワーク（公共職業安定所）**である。

介護保険制度は，満40歳以上の人から保険料を徴収し，65歳以上の

人は，市区町村（保険者）が実施する要介護認定において介護が必要と認定された場合，40 歳から 64 歳までの人は，介護保険の対象となる特定疾病により介護が必要と認定された場合，介護サービスを受けることができる制度である。高齢化社会におけるコミュニティの生活支援という点では極めて重要な政策であると言える。ただし，**介護保険法**については，本書の 7 章で扱われているので，そちらを参照してほしい。

　以上のような種々の保険制度に加えて，それでは対応できない救済策として，生活保護の制度がある。制度を規定する**生活保護法**は，1946（昭和 21）年に成立したが，翌年の憲法の成立を受けて，1950（昭和 25）年に全面改正され現在の形となった。その目的は，日本国憲法第 25 条で規定される最低限の生活の保障を具体化することである。

　生活保護の制度には 4 つの原理があるとされている。第一は，国がそれを行うという「国家責任の原理」，第二は，すべて国民が無差別平等に受けることができるという「無差別平等の原理」，第三は，健康で文化的な生活水準を維持するという「最低生活の原理」，そして第四は，利用し得る資産，能力によっても賄えない部分を保護によって補足するという「補足性の原理」である。保護を申請する窓口は，**社会福祉法**にある「福祉に関する事務所」つまり**福祉事務所**である。

　心理学的支援は，こうした生活の保障を，じかに代替できるものではない。しかし，心理的な問題が故に就労できないクライエント，あるいは心理的問題をもつ家族を抱えて生活に困窮するクライエントに対して，心理学的な支援が必要となることはまれではない。その点で支援者にとって，社会保障制度に関する知識は重要である。また，社会保障の理念には，当事者の自立性を尊重するという考え方が含まれている。その意味では，自立に必要な心理的機能を高める心理学的支援は，社会保障制度に一定の貢献を行う可能性を持っている。

4．社会福祉に関する法律と制度

（1） 社会福祉に関する法律と社会福祉法

　貧困や障害で苦しむ人々を救済するという活動は，古くから存在していたが，その担い手は宗教教団や篤志家であった。しかし，資本主義の発展に伴い，社会の広い範囲で貧困層が出現すると，財政的な基盤を持つ組織的な対応が必要とされるようになった。日本では，大正から昭和初期にかけて，社会事業という概念が生まれ，実践活動の方法論や技術の発達がみられた（大橋ら，1984）。しかし，すでにふれたとおり，国民の社会的権利を守るために，国が社会福祉事業を行うという社会福祉概念が定着するのは，戦後，日本国憲法が制定されてからであり，理念，制度，方法，技術は，その後に整えられてきたと言える。

　憲法第 25 条の理念の下で整備されていった**生活保護法**，**児童福祉法**，**身体障害者福祉法**，**知的障害者福祉法**，**老人福祉法**，**母子及び父子並びに寡婦福祉法**は，**福祉六法**と呼ばれ，福祉法の代表的なものとされる。そのうち生活保護法については，すでに述べたように社会保障という範疇（はんちゅう）で捉えられる面があり，それを除いた 5 つの法律が**福祉五法**と呼ばれることもある。本節では，はじめにこれら六法の基礎とも言える**社会福祉法**について紹介する。そのあと，障害者福祉に関する一連の法律についてふれ，最後に女性に対する福祉的配慮に焦点を当てる。なお，生活保護法については本章 3 節で，児童福祉法，老人福祉法は他章で扱っているので，ここでは取り上げない。

　はじめに，**社会福祉法**であるが，社会福祉の目的，理念，原則を盛り込んだ法律として，1951（昭和 26）年に制定された。制定時には社会福祉事業法という名称であったが，2000（平成 12）年に現行の法律に改正された。その目的は，社会福祉事業の全分野における共通的基本事

項を定め，福祉サービス利用者の利益の保護，地域福祉の推進，社会福祉事業の適切な実施と発展を図ることであるとされる。

　この法律の中で，社会福祉事業は第一種と第二種に分類され，それぞれに該当する事業が定められている。そして，社会福祉事業を行うにあたっては，個人の尊厳を保持し，自立した生活を営めるように支援すること，地域住民，事業経営者，福祉の活動を行う者が相互に協力しつつ，利用者が地域社会の一員としてあらゆる分野に参加できるようにすること，保健医療サービスなど関連するサービスとの有機的な連携を図ること，などが定められている。法律の後半部分では，社会福祉協議会，福祉事務所，社会福祉主事，社会福祉法人など，事業に関わる組織，機関，資格，法人などの規定があり，法律全体が日本における社会福祉制度の基本構造を定めたものと理解できる。

　他者のために何かを行うというとき，それが他者の尊厳を傷つけていないか，援助という名のもとに，個人の自由を奪っていないかという問題は，対人援助に関わるものにとって，極めて重要な倫理的課題である。また，利用者の社会参加を促すという支援の目標は，利用者に対する一方的な働きかけで終わるのではなく，利用者を受け入れる地域社会そのものを変革するという課題を含んでいる。セクショナリズムに陥ることなく，有機的な協調・連携のなかでサービスの質の向上を図るということは，心理臨床に携わる者にとっても重要な課題と言えよう。

（2）　地域における障害者のケア

　障害を有している人をどのように社会の一員として受け入れ，自立した生活に向けて援助していけるかという課題は，社会福祉における重要な課題の一つである。戦後，1949（昭和 24）年から 1960（昭和 35）年にかけて，**身体障害者福祉法**，旧**精神衛生法**（現**精神保健及び精神障害**

者福祉に関する法律），旧**精神薄弱者福祉法**（現**知的障害者福祉法**）が
制定され，障害者福祉に関する一定の方向性が指し示された。

　身体障害者福祉法は，日本の身体障害者福祉の基本を定める法律であ
り，1949（昭和24）年に制定された。身体障害者の自立や社会経済活
動への参加を促進するために，身体障害者を援助し，福祉の増進を図る
ことを目的としている。また，居宅介護やデイサービスなどの居宅事
業，身体障害者更生援護施設における支援，障害者手帳の交付，諸支援
費の支給など，福祉サービスの内容が定められている。なお，施行規則
が決める別表では，障害の種類が，大きく① 視覚障害，② 聴覚又は平
衡機能の障害，③ 音声機能，言語機能又はそしゃく機能の障害，④ 肢
体不自由，⑤ 心臓，じん臓，呼吸器，ぼうこうまたは直腸，小腸，ヒ
ト免疫不全ウイルスによる免疫機能の障害の5つに分けられており，そ
れぞれの障害に重度（1級，2級），中度（3級，4級），軽度（5級，6
級，7級）の程度等級が設定されている。

　精神保健及び精神障害者福祉に関する法律（通称**精神保健福祉法**）
は，1950（昭和25）年に，精神衛生法という名称で，精神障害者に対
して適切な医療・保護の機会を提供することを目的として制定された。
しかし，1970年代以降，地域でのケアが強調されるようになり，保護
的な色合いの強いこの法律は改正され，名称を精神保健法とした。その
後，1993（平成5）年に障害者基本法が成立すると，それに対応して，
一部改正され，名称も現在のものとなった。詳細は9章を参照してほし
い。

　知的障害者福祉法は，1960（昭和35）年に精神薄弱者福祉法として
制定されて以降，知的障害者の福祉施策の法的基盤となってきたが，
「精神薄弱」という言葉が人格否定的な響きがあるという指摘から，
1999（平成11）年に改正され，知的障害者福祉法と改められた。知的

障害者の自立と社会経済活動への参加を促進するため，知的障害者を援助するとともに必要な保護を行い，もって知的障害者の福祉の向上を図ることを目的としている。なお，本法が対象とする知的障害者は，原則として18歳以上の人で，18歳未満は児童福祉法による措置となる。

　こうした一連の法律ができた当初は，障害に対しては施設収容での支援が中心であったが，その後，障害者も健常者と同様の生活ができるように支援するべきというノーマライゼーションの理念が普及し，1993（平成5）年には1970（昭和45）年に制定された心身障害者対策基本法が障害者基本法と改題され，内容も改正された。

　障害者基本法では，すべての国民を障害の有無にかかわらず，等しく基本的人権を享有するかけがえのない個人としたうえで，「共生する社会を実現するため，障害者の自立及び社会参加の支援」を行うことが明記されている。そして，地域社会における共生を，①社会，経済，文化活動への参加機会の確保，②生活場所の選択機会の確保，③手話を含む言語の選択機会の確保という三点から保障することとしている。また，この法律では，身体障害，知的障害，精神障害（発達障害を含む。）という障害の区別を取り払い，等しくその差別を禁じていることが大きな特徴である。

　しかし，その後，いわゆるバブル経済の崩壊に伴い，国の財政事情が悪化すると，社会福祉の基礎構造が改革の対象となり，措置ではなく契約によるサービスの受給，営利団体の参画や市場原理の導入など，財政的な観点からの議論が活発になり，2005（平成17）年の**障害者自立支援法**が制定されるに至った。しかし，同法については，施行後も多くの問題点が指摘され，2012（平成24）年には**障害者総合支援法**が，この法律にかわる形で成立した。

　いずれにしても，障害者の社会における共生という課題は，地域社会

への障害者の参加，そしてそれを受け入れるコミュニティの取り組みという形で，試行錯誤を積み重ねる必要がある。その点で，コミュニティにおける心理学的支援は，共生社会の実現に貢献する存在として発展していくことが期待される。

（3） 女性に対する福祉

　社会福祉の節を終える前に，女性に対する福祉についてふれておきたい。歴史的にはその必要性は，母子福祉といわれるように，母子家庭の母親の経済的な困窮という問題から生まれた。とくに，戦後の一時期までは，戦争の犠牲者としての母子家庭が母子福祉の焦点であった。**母子及び父子並びに寡婦福祉法**は，1964（昭和39）年に母子福祉法という名称で制定されたが，母子家庭だけでなく，寡婦の生活を支援するという趣旨で，1981（昭和56）年に改正され，現在の名称になった。この法律は，母子家庭や寡婦の生活の安定と向上のために必要な措置を講じ，その福祉を図ることを目的として，母子福祉資金の貸付などの経済的自立対策，母子相談員による生活相談，母子家庭介護人派遣事業，公営住宅入居に関する特別配慮，母子福祉センターなどでの生活指導や生業指導などが規定されている。ただし，子どもの養育や家族の形態は，時代により大きく変化しており，その支援のあり方の見直しを含め，法の改正が積み重ねられている。

　母子に対する福祉的な対策という点では，**児童福祉法**にある**母子生活支援施設**は，配偶者のない女性とその子どもを入所させて，保護するとともに，自立の促進のために生活を支援する施設として設けられている。以前は母子寮と呼ばれていたが，1998（平成10）年の児童福祉法改正により，名称が現在のものに変わった。また，2004（平成16）年の児童福祉法改正では，退所者への相談その他の援助を目的とすること

が規定され，支援の対象者が広げられている。

　ところで女性が保護される場所としては，上述の母子生活支援施設に加え，婦人相談所や婦人保護施設なども利用されている。この２つはともに 1956（昭和 31）年に制定された売春防止法によって規定される施設だが，現在，婦人保護施設は，母子寮と共に，家庭環境の破綻や生活の困窮，そして配偶者暴力からの保護にも利用される。時代の変化により，施設が果たす役割が変化してきたと言えるだろう。

　その背景には，**ドメスティック・バイオレンス（DV）**の問題性が社会的に認知されるようになり，その防止と被害者の保護・支援を目的とした法整備が考えられるようになったことが大きい。2001（平成 13）年に制定された「**配偶者からの暴力の防止及び被害者の保護に関する法律（通称 DV 防止法）**」では，配偶者等からの暴力を「暴力」と認め，かつ，それが犯罪となる行為をも含む重大な人権侵害であると規定し，保護命令制度をはじめとして，被害者の保護と支援のための仕組みを規定している。また，2000（平成 12）年に制定されたストーカー行為等の規制等に関する法律（通称ストーカー規制法）や，2014（平成 26）年に制定された私事性的画像記録の提供等による被害の防止に関する法律（通称リベンジポルノ対策法）も，被害者となることの多い女性の福祉に寄与する法律として認識しておく必要があろう。

　貧困，障害，児童福祉，更生保護，女性の人権擁護といったさまざまな問題は，一つひとつが互いに表裏をなすように複雑に絡まっている。また，時代の変遷のなかで，問題の性質は変化していくものの，女性に対する福祉的措置の必要性が絶えないという点についても考えさせられる。生物的な性の違いと社会構造の組み合わせによって，一方の性の傷つきやすさが増すという事実は，コミュニティにおける心理学的支援において十分に意識をしておく必要があるだろう。

188

5．公衆衛生に関する法律と制度

（1） 公衆衛生の考え方と歴史

　公衆衛生（public health）は，広義の社会保障の一角を占める重要な領域であり，とくにコミュニティにおける対人援助と深いかかわりを持つという点で，心理学的支援にとって重要である。英語を直訳すれば「みんなの健康」となるが，長く用いられている定義としては，「組織化されたコミュニティの努力によって，疾病を予防し，寿命を延ばし，健康づくりと諸活動の能率を高めるためのものである」という米国のウィンスロー（C. E. O. Winslow, 1877-1957）の言葉が有名である（神馬，2015）。

　以下，神馬（2015）の概説を要約しながら，公衆衛生の歴史を簡単に振り返っておこう。公衆衛生という考え方の起源を探ると，ローマ時代の浴場や上下水道の整備といった古代の都市設計にまでさかのぼるとされる。その課題は，伝染病をいかに予防できるかという点であり，都市の衛生管理が大きなテーマであった。18 世紀半ばから産業革命が始まると，労働者が暮らす都市の衛生環境が悪化し，貧困な労働者の健康はどんどんと蝕（むしば）まれていった。そうしたなか，イギリスでは 1848 年に世界最初の公衆衛生法が成立し，公衆衛生が国の事業として位置づけられる出発点となった。その後，集団の調査データを統計的に分析することで疾患の要因を明らかにする疫学や，病原菌を特定しワクチンを開発するといった予防医学の発展によって，感染症対策としての公衆衛生は大きく発展していく。20 世紀に入ると，1919（大正 8）年にイギリスでは世界で初めて独立省庁として保健省（Department of Health）が創設され，自治体での保健，助産や乳児保護，学校での医務などが一括して所管されるようになった。以後，環境だけでなく，人に対して直接働きか

ける保健分野の重要性が増していった。

　わが国では，明治以降，ドイツやイギリスの制度を模倣して公衆衛生の仕組みが導入されていった。しかし，明治から昭和初期にかけて，公衆衛生を推進したのは富国強兵という国策であり，「**健康増進**」という言葉は，個人のためというよりは「お国のため」という性格が強かった。昭和に入り，**保健所法**の公布［1937（昭和12）年］，厚生省の設立［1938（昭和13）年］などにより，制度の充実・普及が進められたが，1945（昭和20）年の敗戦によりこの流れはいったん中断されることになる。

　戦後，日本国憲法が制定されると，その理念のもとで公衆衛生のあり方が整えられていった。まず，1947（昭和22）年に戦前の保健所法が大幅に改正され，保健所政令市制度が導入された。その法律のもとで，保健所は，保健指導業務，予防対策と地域の保健衛生に関する行政事務を合わせて実施する機関として整備されていった。保健所法は，その後，地域保健対策強化のために改正され，1994（平成6）年に**地域保健法**と名称が変わり，現在に至っている。

（2）　地域保健法と母子保健

　高齢化，疾病構造の変化，住民のニーズの多様化など，時代的な変化を受け，より地域に密着した保健事業が必要となってきた。**地域保健法（旧保健所法）**は，そうした時代の要請を取り入れ，その目的を，母子保健をはじめとした地域保健対策が地域において総合的に推進されることを確保することであるとしている。この法律の中で，保健所は，ひき続き地域保健の具体的な推進機関として位置づけられるが，母子保健や老人保健といった対人保健サービスを提供する機関としては，市区町村保健センターの重みが増してきている。

　保健所は，都道府県，政令指定都市，中核市，その他指定された市（保健所設置市），特別区に設置され，その所管する仕事としては，地域保健に関する思想の普及及び向上に関する事項に始まる 14 の事項が挙げられている。これらの多様な業務のうち，住民に対する保健指導や保健サービスなど，直接人に対して働きかける分野を対人保健といい，食品衛生，獣医衛生，環境衛生，薬事衛生といった，人以外の環境に働きかけるものを，生活衛生，あるいは対物保健という。対物保健には，営業許可や立ち入り検査など，行政権限を行使する側面があり，保健所はその執行機関としての性格を有している。

　一方，**保健センター**は，住民に対し，健康相談，保健指導および健康診査その他，地域保健に関し必要な事業を行うことを目的とする施設であり，国の補助を受けながら市区町村が設置する。保健所が**災害医療**や感染症，**精神保健**など，専門的・広域的な業務を引き受ける一方で，保健センターが母子保健や老人保健の分野を引き受けることで，地域住民に密着したきめの細かいサービスを提供し，市区町村が行っている老人福祉業務と老人保健業務を一体的に運用できるというメリットがある。

　さて，地域保健に関連するいくつかの重要な法律があるが，**老人保健**（7 章），**精神保健**（9 章），**災害医療**（3 章）については他の章の内容と重なるため割愛し，ここでは地域対人保健の要ともいえる**母子保健**についてふれておく。

　1937（昭和 12）年の保健所法成立時期から，母子衛生は国家にとっての関心事項であった。終戦後は，すぐに児童福祉法が制定され，次世代を担う児童の健全育成が掲げられるとともに，厚生省（現厚生労働省）に児童局母子衛生課が設立され，母子保健事業の基盤整備が進められていった（大森ら，2015）。

　そうした流れのなか，1965（昭和 40）年に**母子保健法**が制定された。

その目的は，母子の健康の保持増進のために，**保健指導，健康診査，医療**などの措置を講じ，国民保健の向上に寄与することであり，「母性」（ここでは子を産む母親のこと）ならびに保護者には，母性の尊重と乳幼児の健康の保持増進の努力が，国と地方公共団体にはその責務が課せられている。

　母子保健の向上のための対策事業としては，妊産婦や幼児を対象とした健康診査，保健師の家庭訪問や育児教室の開催などを通して行われる保健指導，妊娠高血圧症候群などによる入院治療費の一部を助成する療養援護，未熟児に対する養育医療などがある。とくに，**乳幼児健康診査，1 歳 6 か月児健康診査，3 歳児健康診査**は，疾病や異常の早期発見や，発生予防に向けた保健指導の機会として重要な役割を果たしてきた。近年では，育児支援という観点から，乳幼児健康診査の場に心理相談員や保育士が多く配属されるようになり，育児不安に対する心理相談や親子のグループワークなどの対策が強化されている（大森ら，2015）。また，**発達障害者支援法**の施行に伴い，2005（平成 17）年度からは，児童の発達障害の早期発見に注意が向けられるようになっている（伊藤，2009）。

　このように公衆衛生の分野でも，人に直接かかわる対人保健のサービスが重視されるようになり，住民の生活に密着した支援がなされるようになるなかで，母親の子育て不安や，子どもの心理発達の問題など，心理学的な観点からの支援の必要性が認められるようになってきている。今後，母子保健に限らず，老人保健，災害医療の分野においても，また保健と福祉の垣根を取った多様なコミュニティ支援の領域においても，心理学的支援の活用が広がっていくことが期待される。

192

1. 自分たちが暮らす地域にある，福祉事務所，保健所，保健センター，婦人相談所など，公衆衛生や社会福祉に関係する機関の場所を特定してみよう。
2. 社会保障，公衆衛生，社会福祉の三つの領域の複数の法律が関係すると考えられる要支援者の例を考えてみよう。

引用文献

・福島俊也（2009）「生活習慣病対策」 清水忠彦・佐藤拓代編 『わかりやすい公衆衛生学』 ヌーヴェルヒロカワ，pp. 135-146
・Hillary, G.（1955）：Definition of Community：Areas of Agreement. Rural Sociology, 20, pp. 779-791
・平川忠敏（1995）「オースティン会議の内容と意義」 山本和郎・原裕視・箕口雅博・久田満編緒 『臨床・コミュニティ心理学』 ミネルヴァ書房，pp. 54-55
・平川忠敏（1995）「ボストン会議の内容と意義」 山本和郎・原裕視・箕口雅博・久田満編緒 『臨床・コミュニティ心理学』 ミネルヴァ書房，pp. 54-55
・伊藤裕康（2009）「母子保健」『清水忠彦・佐藤拓代編　わかりやすい公衆衛生学．ヌーヴェルヒロカワ，pp. 135-146
・神馬征峰（2015）「公衆衛生のエッセンス」 神馬征峰編 『公衆衛生』 医学書院，pp. 14-42
・日本臨床心理士資格認定協会（1988）『臨床心理士になるために』 誠信書房
・大橋薫・四方寿雄・大藪寿一・中久郎（1884）『新版社会病理学用語辞典』 学文社
・大森純子・有本梓・蔭山正子・小野若菜子・宮本有紀・相田潤・梅田麻希・鈴木まき（2015）「地域保健」『神馬征峰編　公衆衛生．医学書院』 pp. 14-42
・坂田周一（2014）「コミュニティ政策学とは何か」 坂田周一監修・三本松政之・北島健一編 『コミュニティ政策学入門』 誠信書房，pp. 1-28

・社会保障制度審議会（1950）　社会保障制度に関する勧告
・植村勝彦（1995）「コミュニティの諸概念」　山本和郎・原裕視・箕口雅博・久
　田満編緒　『臨床・コミュニティ心理学』　ミネルヴァ書房，pp. 54-55
・山本和郎（2000）「コミュニティ心理学の臨床分野への貢献. そしてさらなる展
　開へ」　コミュニティ心理学研究 5（1），pp. 39-48
・吉岡京子（2015）「公衆衛生の仕組み」　神馬征峰編　『公衆衛生』　医学書院，
　pp. 64-80

11 │ 教育分野における
法・倫理・制度

│ 窪田　由紀

《**学習の目標**》　心理の専門家として，小学校・中学校・高等学校のスクール
カウンセラーや，大学・専門学校の学生相談担当者など，教育分野での心理
支援に携わる人の割合は多い。本章では学校教育に関わる法・倫理・制度に
関する理解を深める。
《**キーワード**》　教育基本法，学校教育法，学習指導要領，生徒指導提要，
チームとしての学校，いじめ防止対策推進法

··

1．学校教育の土台を支える法律と制度

　学校教育の土台を支える法律・制度として，学校教育の成り立ちに関
するもの，学校教育の実施にかかわるものに分けて紹介する。

（1）　学校教育の成り立ちにかかわるもの

　教育基本法は，1947（昭和 22）年に戦後の公教育の方向性を示すた
めに制定された。そこでは，公教育の目的を「人格の完成」とし（第 1
条），目標となる人間像として「平和的な国家及び社会の形成者として，
真理と正義を愛し，個人の価値を尊び，勤労と責任を重んじ，自主的精
神に充ちた心身ともに健康な国民」が掲げられている。この人間像は，
日本国憲法の「民主的で文化的な国家を建設し，世界の平和と人類の福
祉に貢献しようとする決意」を受けたものであり，前文に，「理想の実
現は，根本において教育の力をまつべきもの」と謳われている。
　明治憲法下における日本の公教育は平等な個人より封建的な身分制度

を重視しており，教育勅語が絶対的な存在であったことから，敗戦と日本国憲法の制定を契機に明確にその目標を転換し，「近代社会に相応しい自律的個人を養成する営みに舵を切った」（坂田，2002）ことが明らかである。

　2006（平成 18）年 12 月に教育基本法は全面改正された。その背景には，高度情報化，国際化，少子高齢化，核家族化といった社会の大きな変化のなかで地域や家庭の教育力が低下し，子どもの基本的生活習慣の乱れ，学習意欲や学力，体力の低下，社会性や規範意識の低下などが問題視されるようになったことが挙げられている（文部科学省，2006）。

　このような状況を受けた改正後の教育基本法の特徴について，篠原（2008）は次の 3 点を挙げている。

　第 1 に，改正後の教育基本法では旧教育基本法の教育の方針を削除し，新たに第 1 章を教育の理念と目的とし，その第 2 条に教育の目標として，①情操と道徳心，②勤労を重んずる態度，③公共の精神，④環境の保全，⑤我が国と郷土への愛，の 5 つの項目が掲げられている。

　第 2 の特徴は，教育の機関や対象の拡大であり，義務教育（第 5 条），学校教育（第 6 条）に加えて大学（第 7 条），私立学校（第 8 条），家庭教育（第 10 条），幼児期の教育（第 11 条），家庭及び地域住民等の相互の連携教育（第 13 条）が新たに追加されている。

　第 3 としては教育基本法自体に教育統治法としての機能を持たせた点があるとされる。旧教育基本法では，教育に対する公権力の関与を規制することを法理念としていたのに対して，改正後は，「不当な支配に服することなく」は残しつつ，「この法律及び他の法律の定めるところにより行われるべきもの」が加わり，国及び地方公共団体による教育への関与を積極的に承認する方向となっている。

　学校教育法は，日本国憲法，教育基本法の制定を受けて，戦後の日本

の学校教育の制度の根幹をなすものとして制定された。第2章から第11章までに，義務教育，幼稚園，小学校，中学校，高等学校，中等高等学校，特別支援教育，高等専門学校，専修学校について規定されている。教育基本法の全面改正を受けて，義務教育の目標の新設や各学校種の目的・目標の見直し，主幹教諭，指導教諭などの新たな職の設置がなされた。私立学校についても基本的な内容が規定されているが，設置認可，運営に関する国や地方自治体の監督については，私立学校法で詳細に定められている。

（2）　学校教育の実施に関するもの

　地方教育行政の組織及び運営に関する法律（地方教育行政法）は，教育基本法の趣旨にのっとり，地域の実情に応じた教育の振興が図られるために，教育委員会の設置や学校その他教育機関の職員の身分取り扱いその他，地方公共団体における教育行政の組織や運営の基本，教育委員会と文部科学大臣の関係などを定めたものである。

　教育基本法の全面改正に伴って，教育委員会の責任体制の明確化や体制の充実，地方分権の推進，国の責任の果たし方，私立学校に関する教育行政の関与などが規定された。

　また，**教育公務員特例法及び教育職員免許法**は，いずれも学校教育の担い手である教員の職務や責任，身分について定めた法律である。教育基本法改正によって，教育公務員特例法では「指導が不適切であると認定された教諭等」の改善が不十分であり適切な指導ができないと認められた場合に「免職その他必要な措置を取る」と，従来より踏み込んだ記載になっている。また，教育職員免許法は，教育職員の資質の保持と向上を図ることを目的にしており，教育基本法改正に伴って，教員免許の更新制が定められ，10年の間に規定の講習を受けないと教員免許が失

効することとなった。

　学習指導要領は，教育基本法，学校教育法を踏まえ，各学校段階での
それぞれの教科等の目標やおおまかな教育内容を定めたものである。現
在のような形で定められたのは 1958（昭和 33）年であり，以後ほぼ 10
年おきに改訂されている。学習指導要領に基づいて，教科書や各学校の
授業のカリキュラムが構成される。最新の改訂は，2017・2018（平成
29・30）年であり，新しい時代を生きる子供たちに必要な力を，学んだ
ことを社会や人生に生かそうとする「学びに向かう力と人間性など」，
実際の社会や生活で生きて働く「知識及び技能」，未知の状況にも対応
できる「思考力，判断力，表現力など」を 3 つの柱として整理し，対話
的で深い学び（アクティブ・ラーニング）の視点から「なにを学ぶか」
だけでなく「どのように学ぶか」も重視した授業改善を提案している。
新学習指導要領は，幼稚園では 2018（平成 30）年度から，小学校では
2020（令和 2）年度から，中学校では 2021（令和 3）年度から，高等学
校では 2022（令和 4）年度から全面実施となっている。

　生徒指導提要は，学校・教員向けの生徒指導の基本書として文部科学
省が 2010（平成 22）年に作成したものである。生徒指導の実践に際し
て，教員間や学校間で共通理解を図り，組織的・体系的な生徒指導を進
めることができることがその狙いとされている。生徒指導の意義として
「一人一人の児童生徒の人格を尊重し，個性の伸長を図りながら，社会
的資質や行動力を高めることを目指して行われる教育活動」であり，
「学校生活がすべての児童生徒にとって有意義で興味深く，充実したも
のとなることを目指しています」と記されており，学校における教育相
談のあり方が提示されているなど，スクールカウンセラーにも関係の深
いものである。

2. すべての子どもが安心・安全な環境で教育を受ける 権利を保障する法律や制度

　次に，すべての子どもが安心・安全な環境で教育を受ける権利を保障する法律や制度として，学校の安心・安全の保障に関するもの，特別なニーズをもつ子どもの学ぶ権利の保障に関するものに分けて紹介する。

（1）　学校の安心・安全の保障

　学校保健安全法は，学校における児童生徒等及び職員の健康の保持増進を図る保健管理と，教育活動が安全な環境で実施され児童生徒等の安全の確保を図る安全管理に関して必要な事項を定めたものである。1958（昭和33）年制定後改正が繰り返され，2009（平成21）年には学校保健法から学校保健安全法となり，保健指導の項目が設けられて養護教諭の役割が明確にされるとともに，学校安全管理に関する項目が加わり学校安全計画の策定及び実施が義務づけられた。その背景には，1990年代後半から2000年代初頭にかけて大規模自然災害や凶悪事件で児童生徒の命が失われる事態が続き，学校の安全神話が崩壊したことなどがある。

　食育基本法は，栄養の偏りや不規則な食事，肥満や生活習慣病の増加などに加えて，新たな「食」の安全や「食」の海外への依存などの問題が顕在化するなかで，2005（平成17）年に制定された。これを受けて，文部科学省は給食を学校における食育の生きた教材と位置づけ，健康な食生活，食を通じての地域の理解や食文化の継承など，学校における食育を推進するとし，その指導体制の強化のために栄養教諭の配置を進めている。

　いじめ防止対策推進法は，直接的には2011（平成23）年に起きた中

学 2 年生男子のいじめを背景にもつ自死をきっかけとした世論の盛り上がりのなかで，2013（平成 25）年に制定された。いじめを法的に定義し，防止に向けた国，自治体，学校などの責務を明確にしている。学校は，保護者や地域，関係機関と連携していじめ防止と早期発見に努めるとともにいじめ防止基本方針を定め，教職員，心理，福祉等の専門家から構成される対策組織を設置するよう義務づけられた。また，いじめによる児童等の生命等への重大な被害の疑いや，いじめによる長期間の不登校の疑いといった重大事態発生時には，学校または教育委員会が調査組織をつくって事実関係を明らかにし，必要な情報を保護者らに提供するとともに，報告を受けた地方公共団体や教育委員会は再発防止に向けての措置を講ずることになっている。

　自殺対策基本法の一部を改正する法律［2016（平成 28）年成立］では，学校において児童生徒等への困難な事態への対処に資する教育・啓発や心の健康の保持に係る教育・啓発に努めるものとするということが条文化された。**自殺総合対策大綱**［2018（平成 30）年閣議決定］では，重点施策の一つとして子ども・若者の自殺対策の更なる推進が位置づけられ，「いじめを苦にした子どもの自殺の予防」や「SOS の出し方に関する教育（自殺予防教育）の推進」などが掲げられている。

　子ども・若者育成支援推進法［2009（平成 21）年成立］は，教育や福祉，医療など各分野が連携して，社会生活を円滑に営むうえで困難を有する子ども・若者を支援するネットワークを地域に整備することを目指すものである。地域に子ども・若者総合相談センターを整備し，相談から訪問（アウトリーチ）も必要に応じて実施し，地域連携を進める地域協議会も設置するとした。学校のみで対応できないさまざまな課題に，地域全体で取り組もうという方向性が打ち出されている。

（2）　特別なニーズをもつ子どもの学ぶ権利の保障

　発達障害者支援法［2005（平成 17）年施行］において，発達障害者の支援に関する学校の役割と責務が掲げられたことを受けて，学校教育法が 2006（平成 18）年に一部改正され，特別支援学校の目的，特別支援学校が行う助言・援助，小中高等学校等における特別支援学級の設置，などが定められた。これを受けて文部科学省（2007）は**特別支援教育の推進についての通知**において，「特別支援教育がこれまでの特殊教育対象の障害に加え，知的な遅れのない発達障害も含め，特別な支援を要する児童等が在籍する全ての学校において実施されるものであり，障害の有無に限らず様々な人々が生き生きと活躍できる共生社会形成の基礎となるものとする」と述べるとともに，学校における体制づくり，関係機関との連携による「個別教育支援計画」の策定と活用についても記載している。

　2006（平成 18）年には，国連総会において**障害者の権利に関する条約**が採択された。その第 24 条に障害者を包容するあらゆる段階の教育制度及び生涯学習の確保が謳われ，具体的には障害者が障害に基づいて一般的な教育制度から排除されないこと，そのために個人に必要とされる**合理的配慮**が提供されることが定められている。

　これを受けて 2013（平成 25）年に制定された**障害を理由とする差別の解消の推進に関する法律（障害者差別解消法）**は，すべての国民が障害の有無によって分け隔てされることなく，相互に人格と個性を尊重しあいながら共生する社会の実現をめざすもので，国や地方公共団体等は障害者に対し合理的配慮を行うことが義務づけられた。

　学校における合理的配慮について，文部科学省は「障害のある子どもが，他の子どもと平等に『教育を受ける権利』を享有・行使することを確保するために，学校の設置者及び学校が必要かつ適当な変更・調整を

行うことであり，障害のある子どもに対し，その状況に応じて，学校教育を受ける場合に個別に必要とされるもの」（文部科学省，2012a）としている。また，「**障がいのある学生の修学支援に関する検討会報告（第一次まとめ）**」（文部科学省，2012b）において，大学等の高等教育機関における合理的配慮についての基本的な考え方や具体的な方策等が示されている。

　子どもの貧困対策の推進に関する法律（子どもの貧困対策推進法）は，子どもの貧困率が 16.3％に及び，OECD 加盟 34 国中 25 位［2010（平成 22）年］といった深刻な状況に陥ったことから 2012（平成 24）年に制定され，2014（平成 26）年には**子どもの貧困対策大綱**が策定された。そのなかで，学校は，総合的な子どもの貧困対策のプラットフォームと位置づけられ，学力保障や学校を窓口とする福祉関連機関との連携などが挙げられている。

　性同一性障害者の性別の取扱いの特例に関する法律［2003（平成 15）年制定］の成立や，全国の小中高等学校に性別に違和感をもつ児童生徒が少なくとも 606 人在籍するという調査結果（文部科学省，2014）を受けて，文部科学省は「**性同一性障害に係る児童生徒に対するきめ細かな対応の実施等について**」を通知し，学校における支援体制・相談体制の充実や学校生活のさまざまな場面での具体的配慮を求めている（文部科学省，2015a）。

　義務教育の段階における普通教育に相当する教育の機会の確保等に関する法律（教育機会確保法）［2016（平成 28）年公布］は，教育基本法及び児童の権利に関する条約等の趣旨にのっとり，不登校児童生徒に対する教育機会の確保，夜間等において授業を行う学校における就学機会の提供その他の義務教育の段階における普通教育に相当する教育の機会の確保等を総合的に推進することを目指している。とくに不登校児童生

徒への支援として，学校における取組への支援，支援の状況に係る情報共有の促進，特別の教育課程に基づく教育を行う学校の整備や学校以外の場における学習活動を行う不登校児童生徒への支援など，きめ細かく定められている。

3．学校における心理支援に関する事業や施策

　学校における心理支援に関連した事業や施策としては，スクールカウンセラー等活用事業，チーム学校，大学における学生相談体制について述べる。

（1）　スクールカウンセラー等活用事業について

　スクールカウンセラー活用調査研究委託事業は臨床心理士等の心の専門家を公立学校に派遣する事業として，1995（平成7）年に全額国庫補助としてスタートし，その後国庫補助の割合が2分の1から3分の1となり，事業名を変えながら今日に至っている。当初，全国154校の配置から始まったものが2018（平成30）年度には，26,139校と大幅に拡大してきている。最新のスクールカウンセラー等活用事業実施要領（文部科学省，2018）では，高度に専門的な知識・経験を有するスクールカウンセラーの要件として，従来の臨床心理士，精神科医，児童生徒の臨床心理に関して高度に専門的な知識及び経験を有する大学教員などに加え，冒頭に公認心理師が挙げられた。

　このほかに，自治体が独自予算で雇用しているスクールカウンセラーも増え，雇用形態も自治体の財政状況も絡んで非常に多様化している。学校へのスクールカウンセラーの常勤配置や教育委員会での臨床心理士の常勤雇用などを行う自治体も出てきている。文部科学省も，生徒指導上大きな課題を抱える公立中学校への週5日配置や小中連携型配置，教

育支援センター（適応指導教室）への配置など，実態に即した柔軟な活
用を提案している。

　2011（平成 23）年の東日本大震災以降，**緊急スクールカウンセラー
等派遣事業**が全額国庫補助で開始され，継続されている。

（2）　チーム学校について

　中央教育審議会は，2015（平成 27）年 12 月に文部科学省の諮問を受
けて，「**チームとしての学校の在り方と今後の改善方策について**」の答
申（2015c）を行った。そのなかで，チームとしての学校が求められる
背景として，1）変化の激しい社会の中で子どもたちに様々な力をつけ
ることが求められており，そのための学校の体制整備が必要であるこ
と，2）子ども，家庭，地域社会の変容の中で，生徒指導や特別支援教
育等に関わる課題が複雑化・多様化しており，学校や教員だけでは解決
困難な課題が増えていること，3）欧米諸国と比較して我が国の学校に
は教員以外の専門スタッフが少なく，教員は多くの役割を担うことが求
められ労働時間も長くなっていることが挙げられている。「チームとし
ての学校」の体制整備によって，教職員一人ひとりが自らの専門性を発
揮するとともに，専門スタッフ等の参画を得て，課題の解決に求められ
る専門性や経験を補い，子どもたちの教育活動を充実していくことが期
待されている。

　このうち，スクールカウンセラーについては主として生徒指導上の問
題に関して，「教員に加えて心理の専門家であるカウンセラーや福祉の
専門家であるソーシャルワーカーを活用し，子どもたちの様々な情報を
整理統合し，アセスメントやプランニングをした上で，教職員がチーム
で問題を抱えた子どもたちの支援を行うことが重要である」と記載され
ている。これまでの活用について，学校の教育相談体制の強化，不登校

の改善，問題行動の未然防止，早期発見・早期対応などの成果が挙げられる一方で，勤務日数の限定による柔軟な対応の難しさ，財政事情による配置拡充の難しさ等が指摘されている。

答申には，その改善方策として，国は，1）スクールカウンセラーの職務内容の法令上の明確化，及び，2）学校教育法等上の正規職員としての定数化について，検討していくことが記載された。

1）を受けて，**学校教育法施行規則**（昭和 22 年文部省令第 11 号）の一部が改正され，「スクールカウンセラーは，学校における児童の心理に関する支援に従事する」と規定され，法的に位置づけられた。

（3） 大学における学生相談体制

文部科学省（2000）は，社会の高度化・情報化・複雑化・国際化や大学進学率の上昇などに伴い，学生の多様化が進むなかで，学生を中心にした大学における豊かな学生生活を実現するための方策を検討し「**大学における学生生活の充実方策について**」を報告した。そのなかで「教員中心の大学」から「学生中心の大学」への視点転換が提起され，教職員が学生との人間的な触れ合いを通じて，複雑化し価値観が多様化した社会のなかで学生が生き抜くための能力を涵養する正課外教育の積極的な捉え直しの必要性を指摘している。その具体的な取り組みの一つとして，学生相談をすべての学生の人間形成を促すものとして捉え直し，大学教育の一環として位置づけることを提案するとともに，専門的な心理的面接技能を有するカウンセラー等の充実を求めている。この報告書は通称「廣中レポート」として，その後の大学教育のあり方に大きな影響を与えた。

その後，日本学生支援機構（2007）は大学における学生支援の重要性が更に高まるなかで，学生相談を中心とした観点から大学における学生

支援に求められる課題を集約し，各大学が学生相談体制の整備・充実を
図るに際して参考となるモデルを提示した。

　基本的な考え方として，教育の一環としての学生支援・学生相談とい
う理念に基づいて，1）学生支援はすべての教職員と学生相談の専門家
であるカウンセラーとの連携・協働によって達成されるものであるこ
と，2）大学は学生の多様化を踏まえて学生の個別ニーズに応じた学生
支援を提供できる大学全体の学生支援力を強化していく必要があるこ
と，3）日常的学生支援，制度化された学生支援，専門的学生支援の3
階層モデルによる総合的な学生支援体制を各大学の特色を活かして整備
することが望まれることを示している。

　心理専門職は，第三層の専門的支援に携わるとともに，教職員が対応
に苦慮する事例についてのコンサルテーションや，教職員の学生支援能
力を高める研修への協力など，第一層の日常的学生支援や第二層の制度
化された学生支援を支える役割をとることの重要性が指摘されている。

　学生相談学会は，「苦米地レポート」と称されるこの報告書を受けて，
2013年3月に「**学生相談機関ガイドライン**」を作成し，日本における
学生相談機関のあるべき姿，望ましい姿を示している。

4．学校における心理支援と法と倫理

　ここでは，学校における心理支援と法と倫理について，心理臨床と倫
理，学校における心理支援にかかわる倫理的葛藤，学校における心理支
援と法という視点から検討を加える。

（1）　心理臨床と倫理
　臨床心理士は，専門職として心理支援を行う際の指針として**倫理綱領**
を持っている（一般社団法人日本臨床心理士会，2009）。その詳細は，

第13章に述べられているため，ここでは学校における心理支援とのかかわりが深い，秘密保持，対象者との関係，インフォームド・コンセントについてのみ簡単にふれることとする。

秘密保持は，心理臨床における倫理規定の中で最もよく知られたものであり，その重要性は論を待たない。しかし常に優先されるわけではなく，その例外として，「その内容が自他に危害を加える恐れがある場合または法による定めがある場合」（一般社団法人臨床心理士会倫理綱領第2条）と規定されている。

対象者との関係については，第3条に「対象者との間で，『対象者─専門家』という専門的契約関係以外の関係を持ってはならない」と，多重関係の禁止が掲げられている。専門的契約関係以外の個人的関係では，対象者への搾取的な関係が生じたり，心理臨床家の専門家としての判断が損なわれたりするなど，クライエントの不利益につながる危険がある。

インフォームド・コンセントとは，倫理綱領第4条に「業務遂行に当たっては，対象者の自己決定を尊重するとともに，業務の透明性を確保するよう努めること」と規定され，同意を得る内容や，判断能力等から対象者自身の自己決定が困難な場合の対応等が定められている。

これらの重要性は自明のものであり，当然遵守すべきである。しかし，心理臨床の実践場面では，複数の義務が競合し両立が難しく見えることがしばしば生じる。松田（2009）はこのような倫理的葛藤には正解はないとしながらも，検討の過程では，具体的な倫理綱領，法や規則に加え，競合する具体的な義務（規定にあたる）の背景にある自律，無危害，善行，正義といった原則に照らして倫理的に評価する必要性を指摘している。

（2）　学校における心理支援にかかわる倫理的葛藤と対応

　学校で心理専門職がスクールカウンセラーとして児童生徒にカウンセリングを行う場合，カウンセリングについて十分な説明を行い同意を得る必要がある。ただ児童生徒は未成年であるため，カウンセリングの開始や中止に際して保護者が異を唱えてくることが起こり得る（出口，2009）。未成年であっても12歳以上であれば同意能力がある（出口，2009）とされているため，基本的には中学生以上であれば，保護者の同意がなくても生徒自身との間でカウンセリング契約が成立する。

　もっとも，必要に応じて学校が保護者との間でカウンセリングの意味や必要性について説明し，理解を得ておくことは結果として子どもにとっても有益であることは言うまでもない。

　より年齢が低く対象者が十分な自己決定ができないと判断される場合には保護者等に十分な説明を行い，同意を得ることになるが，その場合も対象者本人にできるだけ十分な説明を行う（倫理綱領第4条2項）ことが重要である。

　スクールカウンセラーが遭遇する最も一般的な倫理的葛藤は秘密保持をめぐるものである。児童生徒が秘密にすることを求めたとしても，その内容が自他に危害を加える恐れがある場合や法の定めがある場合，たとえばいじめの恐れや虐待が疑われるような場合には，管理職等に報告する必要がある。その場合も児童生徒が他者に知られることで何を恐れているかを尋ね，その不安の解消に努めつつ，本人を守るために秘密の開示が必要であることを可能なかぎり説明して理解を求める努力が必要である。

　一方，公立学校スクールカウンセラーは非常勤公務員として学校長の管理監督下にあり，雇用主である教育委員会に報告義務を負っていると考えられる（出口，2009）。したがって，カウンセラーが児童生徒に対

して負う守秘義務と雇用主への報告義務が競合する可能性がある。また，児童生徒の学校生活の改善のためには，教員との連携は必至で，一定の情報共有は欠かせない。長谷川（2007）は，**チーム内守秘義務**という概念で，担任，養護教諭，学年主任等一緒に取り組むチーム内で必要な情報を共有し，チームとして秘密保持することを提案している。生田（2003）は，この概念を乱用し安易に情報を開示する危険性を指摘し，教師集団に対してあらかじめ個人内守秘義務とチーム内守秘義務について理解を求める必要性や，共有すべき情報の精査や伝え方の工夫などを示している。

　ところで，学校は児童生徒の生活の場であり，スクールカウンセラーが面接室のみならず，休み時間や放課後の校内で，また授業や行事などの場でクライエントと出会うことは稀ではない。多重関係を避けるためには，面接室外で出会った際の振る舞い方について予め児童生徒と話し合っておくほか，教員にも理解を求めておくことが求められる。

　勤務後や休日等に地域で生徒や保護者と遭遇する機会が重なることは，カウンセラーの個人情報へのアクセスを促進し，多重関係に発展する可能性をはらんでいる。そのため，極力居住地近くの学校での勤務は避けることが望ましい。しかしながら，離島や過疎地などの地域特性から近隣地域に自分以外に任務を提供する専門家がいないような場合には，友人，知人などすでに社会的関係にある対象者とかかわらざるを得ず，その問題点について十分な説明を行ったうえで対象者の自己決定を尊重する（倫理綱領第3条2項）必要がある。

（3）　学校における心理支援と法

　先にも述べたようにチーム学校に関する答申を受けて，2017（平成29）年にスクールカウンセラーの職務内容が「学校における児童の心理

に関する支援に従事する」と**学校教育法施行規則**に規定されたことは極めて画期的なことである。今後，他に答申にあった学校における正規職員としての定数化などの検討が進むことが望まれる。

　ところで，1995（平成 7）年のスクールカウンセラー活用調査研究委託事業の開始時から，いじめ問題への対応はスクールカウンセラーの重要な役割とされてきた。その後，2013（平成 25）年に成立した**いじめ防止対策推進法**において，いじめ防止等に従事する人材（第 18 条），学校におけるいじめの防止等の対策のための組織（第 22 条）のメンバー，いじめに対する措置（第 23 条）への協力者として心理の専門家の活用が記載されており，多くの学校でスクールカウンセラーがその任にあたっている。このほか，重大事態発生時の調査委員会に心理の専門職が参画することも多い。

　また，2016（平成 28）年 3 月に成立した**改正自殺対策基本法**では，学校における児童生徒等への自殺予防のための教育・啓発の推進が明記され，実施に当たってはスクールカウンセラーの関わりが想定されるほか，地域の自殺対策のために精神科医と連携して取り組む専門職の一つとして心理の専門家が記載された。

　ほかに法律ではないが，性別違和を持つ児童生徒への学校の対応においてもスクールカウンセラーが一定の役割を持つことを期待した通知（文部科学省，2015a, b, c）など，近年急速に，子どもの安心・安全を保障するうえでの心理の専門家の役割が明示的になってきている。

5. むすび

　スクールカウンセラー活用調査研究委託事業開始後 25 年以上が経ち，学校における心理支援の中核的な担い手としての社会的認知は確実に広がってきた。2015（平成 27）年 9 月には公認心理師法が成立し，また，

210

チーム学校の実現に向けての本格的検討が始まるなど，この数年は学校における心理支援やその担い手であるスクールカウンセラーが，ようやく法に基づく制度のなかに明確に位置づけられる方向へのドラスティックな変化が起きている。

　その分，社会の期待も大きくなり責任も求められる。常に自分自身を問い直し，法と倫理と照らしながらの臨床実践が求められる。

学習課題

1. スクールカウンセラーの必要性を，法律の知識をもとにして論じてみよう。
2. 障害者差別解消法によって，学校に求められる合理的配慮について，スクールカウンセラーが担う役割について考えてみよう。
3. チーム学校を推進するスクールカウンセラーの動きと，逆にそれを阻害するスクールカウンセラーの動きについて，整理してみよう。

引用文献

・出口治男監修（心理臨床と法）研究会（2009）「カウンセラーのための法律相談　心理援助をささえる実践的 Q&A」新曜社
・長谷川啓三（2007）「チーム内守秘義務の実際」　村山正治編　『学校臨床のヒント』　金剛出版，pp. 16-19
・生田倫子（2003）「スクールカウンセラーの守秘義務」　若島孔文編　『学校臨床ヒント集』　金剛出版，pp. 19-29
・一般社団法人日本臨床心理士会（2009）「一般社団法人日本臨床心理士会倫理綱領」

・金沢吉展（2006）『臨床心理学の倫理を学ぶ』　東京大学出版会

・松田純（2009）「総論　心理臨床の倫理と法」　松田純・江口昌克・正木祐史編『ケースブック　心理臨床の倫理と法』　和泉書館，pp. 3-39

・文部科学省（2000）　大学における学生生活の充実方策について（報告）—学生の立場に立った大学づくりを目指して—
http://www.mext.go.jp/b_menu/shingi/chousa/koutou/012/toushin/000601.htm
（2016 年 2 月 7 日取得）

・文部科学省（2006）　新しい教育基本法について
http://www.mext.go.jp/b_menu/kihon/houan/siryo/07051111/001.pdf
（2016 年 2 月 13 日取得）

・文部科学省（2007）　特別支援教育の推進について（通知）
http://www.mext.go.jp/b_menu/hakusho/nc/07050101.htm
（2016 年　1 月 25 日取得）

・文部科学省（2010）生徒指導提要
https://www.mext.go.jp/a_menu/shotou/seitoshidou/1404008.htm
（2020 年 1 月 26 日取得）

・文部科学省（2011）　現行学習指導要領の基本的な考え方
http://www.mext.go.jp/a_menu/shotou/new-cs/idea/index.htm
（2016 年 2 月 13 日取得）

・文部科学省（2012a）　特別支援教育の在り方に関する特別委員会報告
http://www.mext.go.jp/b_menu/shingi/chukyo/chukyo3/siryo/attach/1325881.
htm（2016 年 1 月 25 日取得）

・文部科学省（2012b）　障がいのある学生の修学支援に関する検討会報告（第一次まとめ）について
http://www.mext.go.jp/b_menu/houdou/24/12/1329295.htm
（2016 年 1 月 25 日取得）

・文部科学省（2013）　いじめ防止基本方針
http://www.mext.go.jp/a_menu/shotou/scitoshidou/1340770.htm
（2016 年 2 月 21 日取得）

・文部科学省（2014）　学校における性同一性障害に係る対応に関する状況調査について

http://www.mext.go.jp/component/a_menu/education/micro_detail/__icsFiles/
afieldfile/2014/06/20/1322368_01.pdf（2016 年 2 月 13 日取得）
・文部科学省（2015a）　性同一性障害に係る児童生徒に対するきめ細かな対応の実
　施等について
　http://www.mext.go.jp/b_menu/houdou/27/04/1357468.htm
　（2016 年 2 月 21 日取得）
・文部科学省中央教育審議会（2015b）　チームとしての学校の在り方と今後の改善
　方策について（答申）
　http://www.mext.go.jp/b_menu/shingi/chukyo/chukyo0/toushin/_icsFiles/afie
　ldfile/2016/02/05/1365657_00.pdf（2016 年 2 月 7 日取得）
・文部科学省（2018）　スクールカウンセラー等活用事業実施要領
　https://www.mext.go.jp/a_menu/shotou/seitoshidou/1341500.htm
　（2020 年 1 月 25 日取得）
・日本学生支援機構（2007）　大学における学生相談体制の充実方策について―
　「総合的な学生支援」と「専門的な学生相談」の「連携・協働」
　http://www.jasso.go.jp/gakusei/archive/__icsFiles/afieldfile/2015/12/09/jyujit
　suhousaku_2.pdf（2016 年 2 月 7 日取得）
・坂田仰（2002）　『学校・法・社会』　学事出版
・篠原清昭（2008）「教育基本法の改正」『学校のための法学第 2 版―自律的・協
　働的な学校をめざして―』　ミネルヴァ書房，pp. 1-8

参考文献

① 出口治男監修（心理臨床と法）研究会（2009）「カウンセラーのための法律相談
　心理援助をささえる実践的 Q&A」新曜社
② 金子和夫監修・津川律子・元永拓郎編著（2016）『心の専門家が出会う法律［新
　版］』誠信書房
③ 文部科学省（2010）生徒指導提要
　https://www.mext.go.jp/a_menu/shotou/seitoshidou/1404008.htm
　（2020 年 1 月 26 日取得）

12 | 司法・犯罪分野における法・倫理・制度

川畑 直人

《**学習の目標**》 犯罪者や非行少年の刑事手続, 処遇, 犯罪被害者の支援など, 司法・犯罪分野に関する法・倫理・制度を整理する。
《**キーワード**》 刑法, 刑事訴訟法, 刑事収容施設法, 更生保護法, 少年法, 少年院法, 少年鑑別所法, 犯罪被害者等基本法

....

1. はじめに

　本章では, 司法, 矯正, 保護という, 非行や犯罪に対応する社会制度と, その中で行われる心理臨床活動に焦点を当てる。非行や犯罪を取り締まり, 事案について司法判断を下し, それに基づいて非行少年や犯罪者を処遇するという社会の仕組みには, 身柄を拘束する, 罰金や懲役を科すといった, 基本的人権の制約が伴うため, 法令に基づく手続きが強く求められる。

　こうした司法手続きに基づく処遇において, 実際に仕事の対象となるのは生きた人間である。調査をする, 言い渡す, 作業をさせる, 更生に向けて動機づけるといった, 人間に関与する仕事を, やはり生きた一人の人間が行うのである。そうした意味で, この領域では, 臨床心理学に関心を持ち, その知見を活用する試みがなされてきた。また, そうした取り組みの中から, 臨床心理学の発展に寄与する研究成果も生み出されている。

　現在も, 多くの公認心理師や臨床心理士が, この領域で仕事をしてい

るが，実際の業務はそれぞれの職場の目的に応じたものであり，その目的は法律によって定められている。したがって，この領域で仕事をする人々は，職場の目的を規定する法律や制度について知識を持っておく必要がある。

　本章では，まず犯罪の定義と刑事訴訟の手続きについて述べ，そのあとわが国における成人犯罪者の処遇制度，そして，未成年の犯罪者，いわゆる非行少年の処遇制度について紹介する。最後に犯罪被害者に対する対応について紹介する。全体を通して，心理の専門性が求められる場所はごく一部であるが，関連する箇所についてはその都度紹介するように心がける。

2．犯罪の定義と刑事訴訟の手続き

（1）　犯罪と刑罰

　法治国家である日本においては，犯罪に対する刑罰も，法の定めるところによって判断され，また実行されます。そのことを明確に表現している**憲法**の条文は，「何人も，法律の定める手続きによらなければ，その生命若しくは自由を奪われ，又はその他の刑罰を科せられない」という第 31 条の規定である。これから，さまざまな関連する法律を紹介するが，犯罪と認定され，刑罰が科されるという基本的人権の制約は，法律の定める手続きによらなければならないことを銘記する必要がある。

　憲法の規制のもとで作られる，犯罪と刑罰に関する法的なルールは，まとめて刑事法と呼ばれている。それは大きく分けて，① 刑法，② 刑事訴訟法，③ 犯罪者処遇法，という 3 つのグループに分けられる。

　刑法は，何が犯罪にあたるのか，それぞれの犯罪にどのような罰が科せられるかを規定するもので，刑事手続きにとっては基本的な参照枠である。日本の刑法は，1907（明治 40）年に公布され，翌年に施行され

た。以来，何年かおきに改訂され，新しい犯罪が書き加えられたり，刑罰の内容が変更されたりしたが，基本的な骨格は公布以来変わっていない。ただし，1995（平成 7）年の大幅な改正では，全体が漢字片仮名混じりの文語体から，漢字平仮名の現代口語体に改められた。

　内容的には，第 1 編「総則」（第 1 条〜第 72 条）と，第 2 編「罪」（第 73 条〜第 264 条）の 2 編によって構成されている。第 1 篇の「総則」では，刑法が適用される場所や時間の範囲，刑罰，未遂罪，罪数・累犯，共犯，加重軽減といった概念など，犯罪に共通する一般原則が示されている。第 2 編の「罪」では，各犯罪類型が示され，その処罰の在り方が規定されている。例えば，「**窃盗**」は，「他人の財物を窃取したものは，窃盗の罪とし，10 年以下の懲役又は 50 万円以下の罰金に処する。（235 条）」と規定されている。

　さて，犯罪を規定する刑罰法規は刑法だけではない。**軽犯罪法，覚せい剤取締法，暴力行為等処罰ニ関スル法律**は，刑法とは別に作られ，**特別刑法**と呼ばれている。**道路交通法**などの**行政刑法**，**独占禁止法**などの**経済刑法**もこれに含まれる。これら特別刑法と刑法をあわせた全体が，実質的な意味における刑法，あるいは広義の刑法とされている。そして，はじめに述べた明治 40 年公布の刑法は，**刑法典**とも呼ばれ，狭義の刑法，あるいは形式的な刑法とされている。

　さて，実際に起きた事件を具体的に処理するためには，犯人を特定し，刑罰を科すという手続きが決められていなければならない。そうした**刑事訴訟**，つまり裁判の過程を規定するのが，**刑事訴訟法**である。

　日本の刑事訴訟法は，1880（明治 13）年に制定された**治罪法**にはじまり，1890（明治 23）年制定の**旧々刑事訴訟法**，1922（大正 11）年制定の**旧刑事訴訟法**を経て，戦後，日本国憲法のもと，大幅な改革がなされ，1948（昭和 23）年に現行の刑事訴訟法となった。その後も，被害

者保護の観点の導入，現代型犯罪への対応の必要性，裁判員制度の導入などから，たびたび改正されてきた。

次に，刑事訴訟法を参照しつつ，捜査と公判の段階について，関連する機関を規定する法律を含めて見ていくことにする。

（2）　犯罪者の捜査

犯罪が起こった後，それが刑事手続にのるためには，事件の捜査が開始され，被疑者が特定されなければならない。捜査とは，犯罪があると考えられたときに，公訴を行うために，犯人（被疑者）や証拠について調べることであり，その手法として，取調，逮捕，捜索，差し押さえ，検証などがある。

取調は文字通り，被疑者や関係者に情報を求めるもので，場合によっては出頭を求めて行うとされている。被疑者の犯罪行為が疑うに足るとされたとき，被疑者の身柄を拘束することが**逮捕**である。また，証拠物件を探したり，押収したり，検証したりといった手法も取られるが，逮捕を含めこれらの手法は強制的に行われるので，裁判所が発する令状が必要となる。

被疑者は，逮捕されてから 48 時間の間，必要に応じて**留置**することができる。その間に，警察官は検察官に，被疑者を書類及び証拠物とともに送致する必要があり，それができなければ釈放しなければならない。送致を受けた検察官は，送致を受けてから 24 時間以内に被疑者の勾留を裁判所に請求し，認められると，被疑者は拘置所に拘留される。検察官は，勾留を請求した日から 10 日以内（10 日の延長は可）に公訴を提起する必要があり，提起できなければ被疑者は釈放されることになる。

さて，刑事訴訟法で，捜査権限が与えられているのは，検察官，検察

事務官又は司法警察職員であり，刑事訴訟法のなかで，**警察官**が司法警察職員として職務を行うと規定されている。ここでいう警察官は，**警察法**によって規定される警察組織の職員であり，その職務は，**警察官職務執行法**によって規定されている。

　現在の警察法は，1947（昭和22）年に制定された旧警察法が1954（昭和29）年に改正されてできたもので，その目的として，個人の権利と自由を保護し，公共の安全と秩序を維持することが掲げられている。また，警察の責務は，個人の生命，身体及び財産の保護，犯罪の予防，鎮圧及び捜査，被疑者の逮捕，交通の取締など公共の安全と秩序の維持に当ることであるとされている。

　組織編成としては，国の機関としての**警察庁**，警察庁の分掌機関として**管区警察局**が置かれ，それとは別に都道府県に**都道府県警察**，そしてその本部として東京都には**警視庁**，道府県には**道府県警察本部**が設置されている。**警察**の役割は，生活安全，刑事，交通，警備，情報通信があり，警察官は，その職務として，質問，保護，避難等の措置，犯罪の予防及び制止，立入，武器の使用などを行うとされる。

（3）　公判

　次に，検察官によって事件が起訴された後の流れを簡単に見ておくことにしよう。まず，検察官は被告人の氏名や公訴事実，罪名を記した起訴状を提出し，公訴を提起する。それは刑事事件の訴訟行為を行う公判という手続きが請求されたことを意味する。裁判官は，受理後，公判前整理手続を経て，第1回の公判の期日を指定する。公判の流れは，冒頭手続，証拠調べ手続，弁論手続という三つの段階に分けられる。これらの段階を経て，結審となり，判決が宣告される。全体の流れを，〔図12-1〕に示す。

218

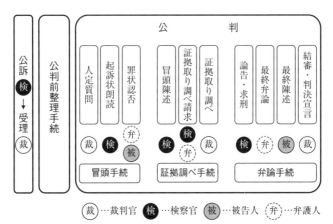

図 12-1　刑事事件の公判の流れ

　公判を進める裁判所にはいくつかの種類があり，通常の事件は**地方裁判所**に起訴される。なかでも罪の軽い軽犯罪の場合は，**簡易裁判所**に起訴される。地方裁判所や簡易裁判所における裁判は，第一段階の裁判なので，第一審と呼ばれ，第一審の判決に納得できない場合，被告人も検察官も高等裁判所に判断を求めることができ，このことを**控訴**という。高等裁判所における裁判は，第二段階の裁判であるため，第二審と呼ばれる。第二審の判決に対して，法律上明らかな問題が認められる場合や，過去の最高裁判所の判例と異なるといった場合，被告人も検察官も，さらに**最高裁判所**に判断を求めることができる。このことを上告という。控訴や上告によって裁判が続く限り，逮捕，勾留された被告人は，**拘置所**に勾留され続けることになる。

　このような一連の刑事手続の過程で，心理の専門家が関わる場面は多くはない。ただし，裁判の過程で，被告人の精神状態や責任能力を判断するため，精神科医などが鑑定を命じられることがあり，その際に公認心理師や臨床心理士が鑑定の一部や全体を担うことがある。鑑定とは，

専門的な知識を持つ者による評価や判断の報告を意味し，刑事訴訟法では「裁判所は，学識経験のある者に鑑定を命ずることができる。（刑事訴訟法 165 条）」としている。刑法第 39 条には，「心神喪失者の行為は，罰しない。」また「心神耗弱者の行為は，その刑を減軽する。」という規定があるため，犯行時の精神状態が問題になる場合には，精神科医等の専門家に鑑定が求められる。また量刑判断の参考のために，弁護側から情状鑑定が求められ，公認心理師や臨床心理士が，犯罪の動機や原因を本人の性格，知能，生育史などに基づいて分析することもある。

3．犯罪者の処遇

（1）　刑事施設

　裁判所で被告人の有罪が言い渡されると，次は刑の執行へと移る。ここで事件は司法の手から離れ，行政機関による処遇の段階に入る。ここでは，まず刑事施設での処遇について述べ，そのあと社会内での処遇について述べることにする。

　まず刑の種類についてであるが，刑法において，主な刑として**死刑**，**懲役**，**禁錮**，**罰金**，**拘留**及び**科料**が規定されている。そのうち，死刑，懲役（刑務作業を科す），禁錮（刑務作業は科されない）といった刑については，それを執行する施設が必要となる。1908（明治 41）年に施行された**監獄法**は，そうした施設の運用を定めたものとして，長年，その役割を果たしてきた。しかし，戦後の法制度と法思想の変革，行刑に関する理論と実践の発展により，監獄法の改正が議論されるようになり，2005（平成 17）年から 2006（平成 18）年にかけて大きな改正がなされ，**刑事収容施設及び被収容者等の処遇に関する法律**（以下，**刑事収容施設法**と略す）と名称が変わり，現在に至っている。その第一条では，施設の適正な管理運営，被収容者，被留置者などの人権尊重，そし

て適切な処遇を行うことが目的として掲げられている。

　日本の刑事施設は，法務省が所管し，内部部局である矯正局と全国8か所に設置されている地方支分部局である矯正管区が指導監督にあたっている。法務省内ではその目的に応じて**刑務所，少年刑務所，拘置所**の三種類に分けられている（法務省，2011）。

　刑事収容施設法では，被収容者の処遇の原則および処遇の態様にはじまり，収容時の生活，処遇，外部交通についての詳細が規定されている。これらは，被収容者の人権を尊重し，恣意的な運用を禁止するために重要な役割を果たすと考えられる。

　ところで2006（平成18）年に改正された刑事収容施設法の一つの特徴は，受刑者の改善更生に向けて，さまざまな取り組みを推奨している点にある。その原則は，資質及び環境に応じ，その自覚に訴え，改善更生の意欲の喚起や，社会生活への適応能力の育成を図ることである。そのために，受刑者には，刑務作業，改善指導及び教科指導の3つの柱で構成される矯正処遇が行われている。

　なかでも，改善指導は，受刑者に対し，犯罪の責任の自覚，健康な心身を培うこと，社会生活適応に必要な知識・生活態度の習得を目的に行うもので，講話，体育，行事，面接，相談助言など全員を対象とする一般改善指導と，薬物依存や暴力団所属がある一部の受刑者に対して行う特別改善指導がある。特別改善指導の一環としてなされている性犯罪者処遇プログラムや薬物依存離脱指導では，心理学の専門性を持つ調査専門官や，少年院での教育経験を持つ教育専門官が指導にあたっている。また，臨床心理士などの民間の専門家を，処遇カウンセラーとして採用し，プログラムの実施や個別のカウンセリングにあたらせている。

（2）　更生保護と保護観察制度

　司法の判断に基づき刑事施設へ収容された犯罪者も，死刑となる以外の場合には，仮釈放，釈放という形で，最終的には社会に戻ることが想定される。また，刑が確定しても，執行が猶予される執行猶予という制度もある。このようにして社会に戻った人に対しては，どのような手当てがなされるのだろうか。この領域における仕事は更生保護と呼ばれており，現在では国の事業として制度化され，法務省の保護局が管轄している。

　近代的な更生保護思想の源流は，1888（明治 21）年に金原明善，川村矯一郎らが設立した静岡県出獄人保護会社にあるとされている（辰野，2013）。当時，現在の刑務所に当たる監獄から出獄しても，職に就けず，住む場所もないといった人たちを保護し，本人の幸福増進と社会の安寧維持を目指すのが，この施設の目的であった。これを契機に，各地で釈放された人の保護団体が立ち上がっていった。

　こうして始まった日本の更生保護事業は，その後も民間の活力によって拡大する一方，次第に国の刑事政策の中に取り込まれ，1939（昭和 14）年の**司法保護事業法**によって，国の制度として明確に位置づけられた。戦後は，1949（昭和 24）年に成立した**犯罪者予防更生法**と，1954（昭和 29）年に成立した**執行猶予者保護観察法**という二つの法律が，更生保護の基本となり，2007（平成 19）年には，この二つの法律が統合され**更生保護法**となった。

　更生保護法の目的は，犯罪者や非行少年に対し，社会内で適切な処遇を行うことにより，再犯を防止し，彼らの自立と改善更生を助けること，そして犯罪予防の活動を促進することで，社会を保護し，個人と公共の福祉を増進することであるとされている。また，この法律の大きな特徴は，更生保護を築き上げてきた，官民協働の精神が明確に盛り込ま

れている点であり，国は民間の団体や個人の自発的な活動を促進し，連携協力すること，地方公共団体もそれに協力をすることなどを謳っている。

　更生保護の内容には，保護観察，更生緊急保護，生活環境の調整などがあり，これらの事務を担うのが法務省の保護局である。また，その地方支分部局として全国 50 か所に**保護観察所**が置かれている。保護観察所が主たる業務とする保護観察は，家庭裁判所の決定により保護観察になった少年，刑務所や少年院から仮釈放や仮退院になった者，あるいは保護観察付の刑執行猶予となった者に対して，指導監督や補導援護を行う制度である。法務省の職員である保護観察官と民間のボランティアである保護司が協働であたり，対象者が守る一般遵守事項や特別遵守事項を定め，多くの場合保護司が対象者に対する定期的な面接を行っている。

　更生保護法と密接に関係しているのが 1995（平成 7）年に成立した**更生保護事業法**である。更生保護事業とは，犯罪者や非行少年の改善更生のための保護を行う事業を指し，この法律はそうした事業の適正な運営の確保と健全な育成発達を図ることを目的としている。更生保護事業の運営を目的とする法人は**更生保護法人**と呼ばれ，この法律では更生保護法人に関する規定と，更生保護事業の認可について詳しく書かれている。

　さて，保護観察所が担う役割としては，**保護観察**の他に**医療観察**がある。医療観察は，心神喪失のもとで重大な他害行為を行った人（刑法 38 条）の社会復帰を促進することを目的として，2003（平成 15）年に制定された**医療観察法**に基づく制度である。この法律は，正式には「心神喪失等の状態で重大な他害行為を行った者の医療及び観察等に関する法律」といい，入院決定を受けた人については，厚生労働省所管の**指定**

入院医療機関によって専門的な医療が提供され，その間，保護観察所は，その人について，退院後の生活環境の調整を行っている。また，通院決定を受けた人，退院を許可された人については，原則として 3 年間，厚生労働省所管の**指定通院医療機関**による医療提供がなされるほか，保護観察所による**精神保健観察**に付され，必要な医療と援助の確保が図られる。

4．少年法による非行少年の処遇

　ここまで成人の犯罪にかかわる，司法手続きや処遇の制度に関する法律について，眺めてきた。次に，成人に達しない者の犯罪に関わる法制度について，見ていきたい。

　未成年者の犯罪についての司法手続きを規定する法律として，わが国には少年法が置かれている。この法律は，既遂の犯罪行為に対して懲罰によって責任をとらせるという成人の司法システムと区別して，未成年の少年に対しては，保護処分のもとで健全育成を目指すという理念によって成立している。こうした考え方は，19 世紀末に米国で始まった少年裁判所運動に端を発していて，それを支える思想は，犯罪を行う少年は，家庭・学校・地域社会などから受けるべき保護を受けられなかった子どもなので，親に代わって国が面倒を見るという国親思想であり，そこには保護主義，あるいはパターナリズムの精神が生かされている。

　わが国では，1882（明治 15）年に施行された旧刑法の段階から，少年に対しては刑を緩和し，成人犯罪者と区別して処遇するという仕組みがあったが，1922（大正 11）年の「少年法」（旧少年法）の公布に至り，先進的な欧米の少年裁判所法の精神が取り入れられた。そして，戦後，1948 年（昭和 23 年）には，GHQ の提案に基づき，米国の少年司法制度を大きく取り入れる形で旧法が改定され，現行の少年法に至って

いる（澤登，1999）。少年法の第一条では，「この法律は，少年の健全な育成を期し，非行のある少年に対して性格の矯正及び環境の調整に関する保護処分を行うとともに，少年の刑事事件について特別の措置を講ずることを目的とする。」とあり，少年の**健全育成**を理念として掲げている。

　少年法が定義する非行少年は，犯罪少年，触法少年，虞犯少年という3種類で構成されている。犯罪少年と触法少年はともに，刑罰法令に触れる行為を行っている者をさす。前者は14歳以上20歳未満の少年であり，少年法に基づく少年司法制度で扱われる中心的な存在と言える。後者は，責任能力をもたない14歳未満の少年で，主に児童福祉法の範囲で処遇される。最後の虞犯少年は，現時点では犯罪を行っていないが，放置すれば将来罪を犯し，または刑罰法令に触れるおそれがある状態の少年を指す。その内容として，① 保護者の正当な監督に服しない性癖がある，② 正当な理由がなく家庭に寄り付かない，③ 犯罪性のある人若しくは不道徳な人と交際しまたはいかがわしい場所に出入りする，④ 自己または他人の徳性を害する行為をする性癖があるという，4つが挙げられている。

　ところで，少年法では，家庭裁判所の審判に付すべき少年を発見した者は，これを家庭裁判所に通告しなければならないとされており，また，司法警察員が捜査を行った場合，罰金以下の軽微な犯罪の嫌疑があれば，これを家庭裁判所に送致しなければならないとしている。そして，事件を送致された検察官は，これを家庭裁判所に送致しなければならず，犯罪の嫌疑がない場合でも，虞犯など家庭裁判所の審判に付すべき事由があれば，家庭裁判所に送致しなければならない。このように，捜査機関には微罪処分や，起訴猶予とする権限はなく，要保護性の観点から原則としてすべての事件を家庭裁判所に送致することになってい

る。これを全件送致主義という。

　家庭裁判所に事件が送致されると，家庭裁判所は事件について調査を
するが，通常，調査そのものは**家庭裁判所調査官**が命じられて担当す
る。この調査段階で，家庭裁判所は，「審判を行うため必要があるとき
は，決定をもつて（中略）観護の措置をとることができ」（少年法第 17
条），この**観護措置**の際に，少年が送致され，収容される施設が**少年鑑
別所**である。少年鑑別所は法務省矯正局が管轄する施設で，鑑別とは，
非行に影響を及ぼした資質上，環境上の事情を明らかにし，その改善の
ための指針を示すことを指す。観護措置の期間は，原則として 2 週間で
あり，必要に応じて期間は更新される。

　調査の結果，審判を開いて審理するまでもない事案については，審判
を開始しないという，**審判不開始**の決定がなされる。また，審理を経た
うえで，親や学校などの指導のもとで再非行には至らないと判断される
場合には，保護処分をしないという，**不処分**の決定がなされる。逆に，
死刑，懲役又は禁錮に当たる罪の事件で，調査の結果，刑事処分を相当
と認めるときは，地方裁判所の検察官に事件を送致し，成人の刑事手続
に乗せることになる。特に 16 歳以上の少年で故意の犯罪行為により被
害者を死亡させた場合は，原則として検察官送致が考えられることに
なっている。

　家庭裁判所が**保護処分**の決定をする場合は，① 保護観察に付す，②
児童自立支援施設また児童養護施設への送致，③ 少年院への送致，と
いう三つの選択肢がある。**保護観察**の場合は，前節で述べたように，保
護観察所の保護観察官，あるいは民間ボランティアである保護司が，継
続的に面接をしながら社会内で様子を見る。**児童自立支援施設**と**児童養
護施設**は，どちらも**児童福祉法**に基づく児童福祉施設で，児童自立支援
施設は，不良行為のある児童を入所させて生活指導ができる施設であ

り，児童養護施設は，保護者がいない，あるいは虐待されているなどの児童を入所させて養護する施設のことをいう。

　少年院は，法務省矯正局が管轄する少年の矯正教育を目的とした収容施設である。少年院の運営は，**少年院法**によって定められており，4つの種類に分けられている。第一種から第三種の少年院は，保護処分の執行を受ける者を収容し，そのうち第二種は犯罪的傾向が進んだ者，第三種は，心身に著しい障害がある者を収容する少年院である。第四種の少年院は，保護処分ではなく，刑の執行を受ける者を収容する施設である。

　以上のように，未成年者の犯罪を扱う仕組みは，成年者に対するものと異なるもので，少年法の健全育成という理念のもとで構築され，整備されてきた。そして，少年の調査，少年鑑別所における鑑別，少年院での処遇においては，医学，心理学，教育学，社会学その他の専門的知識及び技術に基づくということが強調されている。特に少年鑑別所は，心理学の専門性を持つ**法務技官**が配置されており，心理検査など科学的人間理解の手法が活用される代表的な国の機関となっている。

　2015年には，少年院法の改正，少年鑑別所法の制定が行われたが，どちらの法律でも，その第一条で，在院者や在所者の人権の尊重が明示されている。そして，在院者，在所者への適切な処遇を実施するために，在院者の権利義務関係や職員の権限が明確化され，不服申立制度の整備，外部委員による視察委員会の設置など，社会に開かれた施設運営の推進が図られている（法務省，2015）。

5. 犯罪被害者に対する対応

　以上，司法・矯正・保護という，非行や犯罪に対応する社会制度について，関連する法律の面から紹介してきた。しかし，犯罪には，もう一

方の当事者，すなわち被害者がいる。社会は果たして，犯罪の被害者を
どのように扱っているのだろうか。

　犯罪の捜査は，ほとんどの場合，被害者の届け出や告訴がきっかけと
なって始まる。その意味では，犯罪被害者は，犯罪捜査の最大の協力者
ということができるだろう。しかし，ひとたび捜査が始まると，司法
も，警察も，矯正・保護も，関心を向けるのは加害者の側である。それ
に比べると，被害者に対して払われる関心と労力は，圧倒的に小さいと
言わざるを得ない。

　刑事司法機関においては，起訴猶予や執行猶予をするかどうかの判断
に，被害者の感情，被害者への損害賠償の進み具合，被害者との示談の
成立・不成立などの事情を反映させることで，「被害者の救済」がはか
られるよう努力しているという（井田，1995）。しかし，犯罪被害者等
給付金の支給等による犯罪被害者等の支援に関する法律が施行され，犯
罪被害により重傷病や障害を負った人，あるいは死亡した人の遺族に，
給付金が支払われる制度がやっとできたのは 1980（昭和 55）年のこと
である。さらに，約四半世紀を経て，2004（平成 16）年に被害者等の
権利を認めた犯罪被害者等基本法が制定された。

　犯罪被害者等基本法の基本的な理念としては，被害者等の個人の尊厳
が尊重され，ふさわしい処遇を保障される権利を認めること，被害者等
が置かれている状況に応じた適切な施策がなされること，平穏な生活を
営めるまで途切れなく支援されること，が挙げられている。ここで被害
者等とは，犯罪ならびに犯罪に準ずる行為によって被害を受けた人，そ
の家族，あるいは遺族のことをいう。さらに，具体的な施策としては，
① 相談及び情報の提供（第 11 条），② 損害賠償の請求についての援助
（第 12 条），③ 給付金の支給に係る制度の充実（第 13 条），④ 保健医療
サービス・福祉サービスの提供（第 14 条），⑤ 犯罪被害者等の二次被

害防止・安全確保（第 15 条），⑥ 居住・雇用の安定（第 16, 17 条），⑦ 刑事に関する手続への参加の機会を拡充するための制度の整備（第 18 条）が挙げられている。

こうした流れのなかで，司法・矯正・保護の世界においてもさまざまな取り組みがなされるようになった。現在，警察では，あらかじめ指定された警察職員が，各種被害者支援活動を推進する，指定被害者支援要員制度を設け，犯罪被害者のための相談・カウンセリング体制を整備している（警察庁犯罪被害者支援室，2015）。矯正施設においては，受刑者や非行少年に対して，被害者の視点を取り入れた教育を充実させる取り組みが始まっている（村尾，2007；佐藤ら，2009）。更生保護における被害者支援施策としては，意見等聴取，信条等伝達，被害者等通知，相談・支援といった制度が置かれ，保護観察所では被害者担当官や被害者担当保護司が配置されるようになっている（西崎，2013）。

犯罪被害者支援では，民間のさまざまな取り組みも重要な役割を果たしていることを忘れてはならない。1995（平成 7）年以降，民間支援団体が各地で設立されはじめ，1998（平成 10）年には，全国被害者支援ネットワークが設立されている（全国被害者支援ネットワーク，2008）。

加害者に対する取り組み同様，被害者支援においても，直接的な心理臨床的援助がなされる局面は，それほど多くはないかもしれない。しかし，加害者の心理と被害者の心理という，決して相容れないと思われるものの狭間を行き来しつつ，支援を追求する専門家として貢献すべきことはたくさんあるはずである。

学習課題

1. 複雑な司法手続きの流れを，成人と少年の場合に分けて，それぞれ図示してみよう。
2. 犯罪者の更生にとって，福祉的な観点が必要となる理由を整理してみよう。

引用文献

・法務省法務総合研究所（2014）『犯罪白書（平成 26 年度版）』
・法務省法務総合研究所（2015）『犯罪白書（平成 27 年度版）』
・警察庁犯罪被害者支援室（2015）『警察による犯罪被害者支援（平成 27 年度版）』
・井田良（1995）『基礎から学ぶ刑事法』有斐閣
・村尾博司（2007）「被害者の視点を取り入れた非行少年への処遇」生島浩・村松励編『犯罪心理臨床』金剛出版，pp. 77-88
・西崎勝則（2013）「更生保護における犯罪被害者等施策について」伊藤冨士江編著『司法福祉入門（第 2 版）』上智大学出版，pp. 322-355
・大山みち子（2007）「犯罪被害者への心理的援助」生島浩・村松励編『犯罪心理臨床』金剛出版，pp. 236-250
・佐藤良彦・多田一・川邉讓・藤野京子・坂井勇・谷村昌昭・東山哲也（2009）「刑事施設における被害者の視点を取り入れた教育に関する研究（その 1）」中央研究所紀要，第 19 号，pp. 1-29
・澤登俊雄（1999）『少年法：基本理念から改正問題まで』中公新書
・辰野文理（2013）『要説更生保護』成文堂
・全国被害者支援ネットワーク（2008）『犯罪被害者支援必携』東京法令出版

13 | 心理臨床実践における倫理

川畑　直人

《**学習のポイント**》　職業倫理についての基本的な考え方について説明しつつ，心理臨床実践において直面する倫理的な課題を，守秘義務，多重関係，インフォームド・コンセントという三点から検討する。最後に公認心理師法に盛り込まれている，法的義務について整理しておく。
《**キーワード**》　心理臨床実践，倫理，職業倫理，パターナリズム，守秘義務，多重関係，インフォームド・コンセント，自己決定権，公認心理師法

1. はじめに

　本章では，心理臨床実践における倫理の問題について考えてみたい。心理臨床家は，心理学の知識や技術に基づいて，社会的な文脈のなかで対人援助サービスに携わる。そこでの行動選択は，学問的な議論の蓄積や研究に基づく知見に依拠するが，現実の実践場面では単なる知識や技術のあてはめでは解決できない複雑な事態にも遭遇する。そうした場合に倫理は，行動指針を得るための重要な源泉である。

　広辞苑（第六版）を見てみると，倫理とは「① 人倫のみち。実際道徳の規範となる原理。道徳。② 倫理学」とされる。松田（2009）は倫理という語の語源を調べるなかで，「倫」の文字に，人と人のつながりや関係という意味を見出している。それに基づけば，倫理とは，人が人との関係のなかで生きるために必要な道理と捉えることができよう。倫理に対応する英語 ethic も，辞書的な定義としては，「① 倫理学，倫理学書。②（個人・ある社会・職業で守られている）道義，道徳，倫理

（観），道徳的に正しいこと。（ジーニアス英和辞典）」とあり，大きくは異ならない。行動の善し悪しを決める基準となる「道徳」という語と重なるが，道徳が個人の良心など内面的要素を強調するのに対し，倫理は社会的営為における行動規範というニュアンスが強くなる。法律も行動の規範を示す点で倫理と似るが，国家という制度を介して成立するものであり，場合によっては制裁による規制力をもつのが特徴である。国家資格として成立した公認心理師は，公認心理師法の遵守が求められるのは当然だが，倫理は法的要請にとどまらないことを踏まえておく必要がある。

　倫理のなかでも，社会的活動や職業との関連で考えられる倫理が，**職業倫理**である。職業倫理という言葉に対応する英語は，professional ethics と考えられ，専門職倫理と訳されることもある。村本（1998）は，その語源をたどりつつ，プロフェッショナルな関係を「特別の知識と技術を授けられた者（プロフェッショナル）とそのサービスを受ける者（クライエント）の関係」と捉え，その本質的構造として，プロフェッショナルに対する信頼の要求と，その信頼を裏切らないという責任が含まれることを指摘している。この関係は，一方が大きな力をもつという点で対等ではなく，力をもつ一方がもう一方を親のように保護するという**パターナリズム（paternalism）**の考え方を含んでいる。

　歴史的に古くからある職業倫理として有名なものは，古代ギリシャの「ヒポクラテスの誓い」にはじまる**医の倫理**である。医療は，人を病苦から救うという点で，人々の人生に絶大な影響力をもつし，その力に対する人々の期待，尊敬，感謝の念には格別のものがある。それだけに，その力を悪用すれば，安易に不当な利益を得ることも可能である。もしその悪用が放置されると，医療に対する人々の信頼は失われ，医療を頼らない人が増え，失わなくてもいい命が失われることになる。一方，医

療従事者は職を失い，生活に困窮することになるだろう。つまり，職業倫理には，利用者の利益を守ると同時に，提供者の利益も守るという側面がある。

ところで「心理」であるとか「心」という言葉は，目に見えないものであるだけに，それを扱う専門性は，人々の神秘的な力へのあこがれや恐れを喚起しやすい。このいわば投影された神秘的な力の感覚は，要支援者によってはかなり大きいものになりうるので，悪用されると大きな被害を生む。心理臨床家の側も，この投影された力の感覚を，本当の自分の力であると錯覚してしまう危険がある。

したがって，心理臨床家にとって最も重要な倫理的要請は，自分が持っている知識と技術について，その効力と限界，そして誤解の危険を含め，最善の現実的な認識をもつことであると考えられる。この点について鑪（2004）は，臨床心理士の倫理という文脈で，簡明直截に次のように述べている。「まず，職業の実践倫理として重要なことは臨床心理士が何者であるかを明確に宣言することではないだろうか。その宣言には次のようなものが含まれていなければならない。（1）臨床心理士は何をするのか。どのようなことはしないのか。（2）どのような教育・訓練を受けているものであるか。（3）周辺の職業とどのような関係を持っているものであるか（鑪，2004, p. 6）」。このことはすべて，公認心理師にもあてはまる。

2．守秘義務

心理臨床家の業務でまず問題となるのが，守秘に関する倫理である。これは，一定の職業や職務に従事する者や従事した者が，職務上知った秘密を他に漏らさないという義務のことをいい，古代ギリシャの「ヒポクラテスの誓い」にもある，非常に伝統的な規則であるとされる（村本

1998）。日本の刑法にも盛り込まれており，「医師，歯科医師，薬剤師，医薬品販売業者，助産師，弁護士，弁護人，公証人又はこれらの職にあった者が，正当な理由がないのに，その業務上取り扱ったことについて知り得た人の秘密を漏らしたときは，6 月以下の懲役又は 10 万円以下の罰金に処する。」（刑法第 134 条第 1 項「秘密を侵す罪」）とされる。また，**国家公務員法**をはじめとする，公的職に就く人についての法律，また，**弁護士法**（第 23 条），など，特定の職業資格に関する多くの法律の中でも，守秘義務に関する条文がある。

　それでは，専門的職業人に守秘の義務を課すというのは，どのような理念に基づくのであろうか。金沢（2006）は，守秘に対応する英語 confidentiality が，「堅い信用，強い信頼」を意味するラテン語の con-fidentia を語源として持つことを指摘し，信頼に基づいて他人には言えないことを打ち明けるという意味が内在していることを示唆している。このことからすると，秘密を他言しないということは，契約の前提条件であり，それを破ることは契約不履行ということになる。さらに，この契約条件を職業倫理として社会的な共有事項にするのは，特定の職務や職種の信用を高め，利用を促進することにつながる。

　ところで，心理臨床家の仕事にとって，守秘という義務は，他の職種と少し異なる重みをもつことを理解しておく必要がある。他の専門職が職業上知りうる内容は，主にその業務にかかわることが中心である。医師であれば，患者の病気や健康に関すること，弁護士であれば，法的紛争にかかわることが，知ることの中身である。しかし，心理学的援助を行うために聴取される個人情報は，生育史，問題歴，家族関係，人格面の諸側面など，非常に幅広く多岐にわたっている。また，心理療法，とくに力動的な観点に基づくそれでは，話題を限定せず，自由に話をしてもらい，それを傾聴するという方法が用いられる。そこでは日々の生

活，対人関係におけるやり取り，個人の感情や思考など，極めて個人の
プライバシーにかかわる内容が語られる。その量と質は，他の専門職種
と比較にならない。その意味で，心理臨床家の教育の中で，特に守秘の
重要性が強調されるのはうなずけることである。

　しかしながら，現実の社会のなかで，要支援者について知った情報
を，例外なく一切第三者に知らせることなく，心理業務を遂行すること
が可能であろうか。深刻なうつ状態にある要支援者から電話がかかり，
「これから死のうと思っている。」と言って電話を切ったとしたら，心理
臨床家は家族にその状況を知らせるべきではないのだろうか。

　金澤（2006）によれば，一般的に，要支援者の許可がなくとも，要支
援者の秘密が洩らされる可能性があるものとして，① 自傷・他害など
の緊急事態，② 虐待が疑われる場合，③ クライエントのケアに直接か
かわる専門家同士で話し合う場合，④ 法に定めがある場合，⑤ 保険に
よる支払，⑥ 裁判に関する状況という 6 つを挙げている。ここでは，
自傷・他害が疑われる場合，裁判に関する証言が求められる場合，そし
て，組織やチームで行う心理臨床で生じる報告と相談，そして教育と研
修について取り上げる。

　まず，**自傷・他害**の問題についてであるが，要支援者が自殺の意思を
示した場合，あるいは他者に危害を加える意思を示した場合，心理臨床
家はそれを秘密としてその場に収めるのか，防止のための措置を講ずる
べきかという選択に直面する。歴史的には，**タラソフ判決**と呼ばれる米
国で起きた訴訟事件が，この問題について公に議論されるきっかけをつ
くった。カリフォルニア大学バークレー校記念病院で治療を受けていた
ポダーというクライエントが，恋愛妄想の対象であるタラソフという女
性を殺害する意思を治療の中で語ったが，その情報がタラソフ本人には
伝わらず，殺害されてしまった。タラソフの両親は大学を訴え，カリ

フォルニア州最高裁判所は 1969 年その訴えを認めた（磯田，2009）。タ
ラソフ事件以後，米国では，臨床家の通告義務，安全保護義務が強調さ
れるようになり，また，人命尊重の観点は，他殺だけでなく自殺につい
てもあてはめられるようになった（金沢，2006）。日本においても，そ
の趣旨は心理臨床家の間で共有されるようになっており，一般社団法人
日本臨床心理士会倫理綱領では，第 2 条 1 項の秘密保持に関する条文
で，「その内容が自他に危害を加える恐れがある場合」と「法に定めが
ある場合」を例外に挙げている。

　「法に定めがある場合」としては，**刑事訴訟法**と**民事訴訟法**に基づく
裁判における証言という問題がある。刑事訴訟法の第 143 条では，「裁
判所は，この法律に特別の定のある場合を除いては，何人でも証人とし
てこれを尋問することができる」とある。したがって，担当する要支援
者が犯罪を行い，刑事告訴された場合，裁判所が心理臨床家に対し法廷
での証言を求めるということがあり得る。

　以上のように，要支援者や関連する人々の安全保護の要請から，ある
いは法的な要請に基づいて，字義通りの守秘義務の遵守が難しくなる状
況があることは，十分心得ておく必要がある。また，こうした例外的な
状況においても，無制限に要支援者の秘密を漏らしてよいとは考えられ
ない。どのような情報を，どのような形で，誰に対して開示するのか
は，状況に応じて，諸要因を勘案しながら，心理臨床家自身が主体的に
判断しなければならない。またそうした状況が生じ得ることを含め，秘
密の扱われ方に関する原則を，要支援者に事前に伝え了解してもらう必
要がある。

　さて，自傷・他害の恐れや訴訟という問題とは別に，心理臨床の現場
では，日常的に抱える守秘に関する問題が別にある。それは支援にかか
わる専門家同士の情報の共有に関する問題である。

　現在，日本においては，独立自営の事業として心理臨床のサービスを提供している者以外，ほとんどの心理臨床家は，学校における**スクールカウンセラー**，**精神科病院**や**診療所**の心理士など，組織に雇用され，組織の一員として仕事をしている。それぞれの組織は，医療，教育，福祉，産業といった独自の目的を有しており，心理臨床を第一義としているわけではない。組織の中で働く心理臨床家は，独自の専門性を活かしながら，組織の目的に沿う形で，一定の役割と権限を引き受ける。当然，他のスタッフとの協働，連携が求められることになり，それは守秘との矛盾を含むことになる。

　法的な観点からみると，この問題はまず雇用者に対する**報告義務**という点から生じてくる。例えば，スクールカウンセリングの場合，スクールカウンセラーは学校設置者（地方公共団体もしくは学校法人）に非常勤として雇用され，配置先の校長や管理職の指示または依頼に基づいてカウンセリングを行うことになる。その際，カウンセラーは，学校長に対してカウンセリング内容の報告義務を負うとされるのが一般的である（出口，2012）。さらに，こうした管理者に対する報告以外にも，学校内でカウンセリングを行う以上，教師をはじめとするさまざまな関係者と協議する必要が出てくる。教師から当該生徒の指導について助言を求められることもあるし，当該生徒や他生徒の安全に関わる事態をカウンセラーが予見し報告する場合などもあろう。こうした状況を踏まえ，学校臨床などスクールカウンセラーの間では，**集団守秘**という考え方が提示され共有されつつある（村山，1998；長谷川，2003）。

　すでに述べたとおり，こうした状況は，スクールカウンセリングに限らず，心理業務が行われるさまざまな職場において共通している。しかし，実際の業務や組織上の位置づけなどは職場ごとに異なるので，誰が，どのような情報を，どういう形で共有するのかは，個々の職場に

よって異なってくる。したがって，それぞれの職場で，情報へのアクセス権をもつ者を限定し，組織内での守秘の範囲を確立すること，そして組織全体が外部に対して担う守秘を徹底することは，倫理面から重要であるだけでなく，心理臨床家の業務を有効に機能させるうえでも必要である。

さて，専門家同士の情報共有が必要となるもう一つの局面は，**スーパーヴィジョン**や**コンサルテーション**といった，心理臨床家自身に対する支援に関係している。スーパーヴィジョンは教育や指導・監督という文脈で行われるものをいい，コンサルテーションは異なる専門性を持つ者から業務上の助言や情報提供を受けることをいう。どちらも適正な心理業務を維持するうえで重要な役割を果たしている。とくに，継続的な個別のスーパーヴィジョンやカンファランスの形式で行われるグループ・スーパーヴィジョンは，心理臨床家の教育にとって重要な機能を果たしてきた。公認心理師法でも，種々の倫理綱領においても，知識や技能の向上そのものが職業倫理とされているので，守秘義務と整合性を持たせる条件設定を確立していく努力を積み重ねていくことは是非とも必要である。

3. 多重関係

心理業務の実践の中で問題となりやすいもう一つの倫理的な問題は，**多重関係**である。多重関係とは，専門家としての役割と別の役割を，意図的かつ明確に同時あるいは継時的にとることをいう。関係の性質は，契約や業務を介した公的な関係である場合と，恋愛や友人といった私的な関係である場合がある。多重関係が問題とされる理由としてまず挙げられるのは，それによって本来果たすべき専門家の役割をうまく果たせなくなる可能性があるということである。たとえば，カウンセリングを

引き受けている要支援者と教育機関における教師・生徒関係があった場合，教師として成績評価をする立場が，生徒である要支援者が自由に発言しにくくさせる可能性がある。また，カウンセラーであるために，当該の生徒に甘くなり，公正な成績評価ができなくなるという場合もある。

　こうしたケースはけっしてまれなものではなく，学校の教師が教育相談を担当する，大学の**学生相談室**のカウンセラーが講義を担当する，**養護施設**の心理士が生活場面の勤務に就く，**EAP**のカウンセラーが個別相談と研修を両方担当するなど，例を挙げればきりがない。しかも，この多重な役割を担うことが，それぞれの業務にとって悪影響を及ぼすのかというと，必ずしもそうとは言い切れない。業務の性質上，むしろその方が望ましいということもある。

　この問題の本質は，**組織内での心理業務の管理**のあり方とかかわっている。もし職務命令者が，多重関係から生じる不利益が大きいと判断するのであれば，それを避ける形の人事配置を考えるべきであろう。もし不利益が小さいと判断されるか，諸要因により必要と考えられる場合には，多重関係による混乱を最小限にするよう工夫しながら，それぞれの職務の役割定義を明確にし，要支援者に対するインフォームド・コンセントを行っていく必要があるだろう。今後，公認心理師の社会的な受け入れが進み，常勤職としての採用が増えることになれば，こうした組織全体を見渡した議論が必要となろう。

　以上のような，職務上発生する多重関係とは別に，多重関係が有無を言わさず倫理上の問題となる場合もある。端的に言うと，それは要支援者に対して**搾取的関係**が生じる場合である。心理臨床のなかで，要支援者が心理臨床家に対して，好意，依存心，心理的負債感などを持っているとき，心理臨床家がその状況を利用して要支援者から職務とは無関係

の利益供与を得た場合，それは搾取的であると考えられる。その内容は，心理支援とは関係のない情報を得るといった些細なことから，多額の贈与や融資を受けるといった大掛かりなものまで考えられる。こうした多重関係の問題は，心理臨床家が自らの立場を濫用し，職務としての関係を搾取的なものに変質させているものと理解できる。

　なかでも，複雑な要素を抱えているのが，**性的な関係**である。この問題は，職務上の維持すべき関係性の変質，すなわち職業的境界の侵犯として，心理療法の関係では古くから問題にされてきた（Gabbard, 1996）。この問題が複雑になるのは，境界侵犯の事例において，要支援者から求められたとみえる場合，そしてそれが要支援者の自己評価向上や修正情動体験につながったと主張される場合があるからである。さらに，支援者と要支援者がともに，合意に基づく恋愛関係や婚姻関係を主張した場合，幸福追求の権利（日本国憲法第 13 条），配偶者選択の自由（同第 24 条）とどのように折り合いをつけるかが問題になる。

　この点については，専門家としてかかわる支援者が持つ，力の優位性の点から，要支援者が合意をしていたとみえても，対等な関係とはみなせないとするのが一般的な捉え方である（村本，1998；金沢，2006）。心理学的な支援を行うなかで，要支援者から支援者に対して肯定的な感情が向けられること自体は，けっしてまれなことではなく，また支援関係にとって望ましいことでもある。しかし，それは支援という職務上の関係を前提にするものであり，それが職務上提供すべきもの以外の関係に発展するとすれば，倫理的に問題があるといわざるを得ない。そのような逸脱に至らないように，職業上の関係を維持する能力が，心理臨床家には求められる。

4. インフォームド・コンセントについて

　守秘義務や多重関係との関連で，何度か現れてきた重要な概念として，インフォームド・コンセントがある。直訳すれば，「情報を与えられたうえでの同意」ということになるが，心理臨床家の実践倫理を考えるうえで，重要な概念である。

　インフォームド・コンセントとは，中島（1995）の定義によれば，「医療者と患者が十分に対話を行い，その対話を通して信頼に基づく治療関係を構築し，両者による共同の意思決定を行うことによって，患者自身が主体的に治療に取り組んでいくこと」である。医療では，投薬や手術などの治療，さまざまな検査が行われるが，その内容について患者が十分に説明を受け，それを理解したうえで同意あるいは拒否の自己決定をしてもらうことが奨励されるようになった。とくに，臨床試験や治験などの研究分野においては，知らずしらずのうちに患者が被験者にさせられることがないように，注意が必要になる。

　金沢（2006）によると，インフォームド・コンセントが重視されるようになった背景には，第二次世界大戦中のナチスドイツにおいて行われた非人道的な人体実験に対する反省と，大戦後のアメリカで進んだ市民運動や人権運動，消費者運動などの流れで生まれた患者の権利擁護の思想があった。前者は，研究分野におけるインフォームド・コンセントを，後者は，医療実践におけるそれを推奨する契機になっている。いずれにしても，その考え方の基本には，患者や被験者の自己決定権を基本的人権として尊重しようとする姿勢がある。

　こうした流れのなかで心理学の世界でも，研究か実践かを問わず，インフォームド・コンセントの重要性は強調されるようになってきた。米国心理学会の倫理コードでは，一般原則として記載されるだけでなく，

研究，査定，治療のセクションにおいて繰り返しその必要性が述べられている（American Psychological Association, 2002）。日本では**日本臨床心理士会倫理綱領**（日本臨床心理士会，2005）の第 4 条に 7 項目の原則が書かれている。要約すると① 契約内容（業務の目的，技法，契約期間及び料金等）について説明し同意を得ること，② 必要な場合，保護者または後見人に対して説明し同意を得ること，③ 契約見直しの申し出はいつでも受け付けることを伝えること，④ 守秘の限界についてあらかじめ伝えること，⑤ 本人からの情報開示請求に応じることを伝えること，⑥ 業務内容を記録し 5 年間保存すること，⑦ 本人以外からの援助依頼に対しては，本人と関係者全体の福祉向上にかなうと判断できたときに援助を行うこと，の 7 つである。今後，公認心理師の心理業務が社会のなかで普及し定着するほど，要支援者に対する説明義務が，法的義務として問われる機会は増えるであろう。

　最後に，インフォームド・コンセントという概念にも，いくつかの落とし穴があることに注意を向けておきたい。まず考えなくてはならないのは，**形式主義**という落とし穴である。要支援者との法的争いを未然に防ぐために，膨大な同意事項のリストを作り，形式的に署名だけを得るということになれば，それは専門家の側の自己防衛にすぎなくなる。その一方で，全ての条件について，要支援者が理解するまで，懇切丁寧に説明すればよいのかというと，それでは支援が開始されるまで膨大な時間が費やされるというのではないかという疑問も生じる。

　この問題は，**自己決定**と**パターナリズム**との確執と捉えることもできる。インフォームド・コンセントを支える**自己決定権**という発想は，イギリスの哲学者ジョン・スチュワート・ミルの考え方に端を発するという。それは他人に迷惑をかけなければ，何をしても自由であるという考え方である。しかし，伝統的な医療倫理において重視されてきたパター

242

ナリズムの考え方に従えば，知識や技術を持つ専門家が患者のために最善の決定をすべきであり（村本，1998），二つの考え方には葛藤が生じる。公認心理師の実践においても，さまざまな局面でこうした葛藤に出会う。現実の場面で生じる倫理的課題の多くは，対立する価値観や原理の狭間に生じるものであり，**マニュアル的な対応**では解決しない，**弁証法的**とも，**実存的**ともいえる側面を含むということを理解しておく必要がある。

5．公認心理師法における倫理的要請

　最後に，国家資格である公認心理師が遵守しなければならない，公認心理師法に書かれている倫理的要請について触れておきたい。公認心理師自身が守らなければならない法的義務は，公認心理師法の第40条から第43条において，定められている。

　まず，第40条は**信用失墜行為の禁止**に関するもので，「公認心理師は，公認心理師の信用を傷つけるような行為をしてはらなない」としている。信用失墜行為とは，文字通り，名誉や信用を失わせるような行為という意味であるが，一般的な基準を立てることは難しく，社会通念に基づいて個々の場合について判断せざるを得ない。職場における処分につながる場合，その職場の懲戒権者に一定の裁量が認められる。また，信用失墜行為の対象としては，業務内のみならず，業務外の行為も取り上げられるために，公私にわたって自身の行いに留意する必要がある（日本心理研修センター，2018）。

　第41条は**秘密保持義務**に関する規程であり，「公認心理師は，正当な理由がなく，その業務に関して知り得た人の秘密を漏らしてはならない。公認心理師でなくなった後においても，同様とする」としている。これは先に述べた守秘義務にあたるものである。正当な理由とは，法に

明記されていないが，要支援者や関係者の安全配慮や法的要請をはじめとする，例外的な状況に相当すると考えられる。なお，この秘密保持義務に関しては，第 46 条において，一年以下の懲役又は三十万円以下の罰金という罰則が規定されている。

　第 42 条は**連携**に関する条項で，第一に，「公認心理師は，その業務を行うに当たっては，その担当する者に対し，保健医療，福祉，教育等が密接な連携のもとで総合的かつ適切に提供されるよう，これらを提供する者その他の関係者等との連携を保たなければならない。」とされる。さらに第 2 項では「公認心理師は，その業務を行うに当たって支援を要する者に当該支援に係わる主治の医師があるときは，その指示を受けなければならない。」とされる。このように公認心理師の業務では，心理学単独の視点に偏るのではなく，さまざまな専門家と連携・協働し総合的な支援の提供をめざすこと，とくに，支援の内容が医療と係わる場合には，主治医の方針と齟齬しないように努めることが求められている。

　第 43 条は，**資質向上の責務**に関するもので，「公認心理師は，国民の心の健康を取り巻く環境の変化による業務の内容の変化に適応するために，第二条各号に掲げる行為に関する知識及び技能の向上に努めなければならない」としている。確かに現代社会は，心の健康に関する環境の変化が著しく，それに応じた知識・技術の進歩についていき，業務実践の水準を維持する必要がある。しかしそれ以上に，「心」というものの不可思議さ，捉えがたさを認識するならば，「心」にかかわる職務に就く限り，生涯にわたる学習の継続が必要であることは疑う余地がない。このことは，公認心理師法に限らず，すべての心理臨床家に求められる義務であると言えよう。

244

1. 大学における学外機関での心理実習において生じうる，守秘義務の問題にどのようなものがあるか考えてみよう。
2. 公認心理師の実務において生じる倫理的な葛藤について，具体的な場面を想定してみよう。

引用文献

・American Psychological Association（2002）：Ethical principles of psychologists and code of conduct. American Psychologist, 57, pp. 1060-1073
・出口春男（2012）：「カウンセリング業務はどのように法律と関係しているか」伊原千晶編『心理臨床の法と倫理』日本評論社，pp. 37-51
・Gabbard, G. O.（1996）：Lessons to be learned from the study of sexual boundary violations. The American Journal of Psychiatry, 50（3），311-322
・長谷川啓三（2003）「学校臨床のヒント（Vol. 1）集団守秘義務の考え方」『臨床心理学』金剛出版，第 13 号，pp. 122-124
・磯田雄二郎（2009）：「コラム 16 タラソフ判決の原則」松田純・江口昌克・正木祐史編『ケースブック心理臨床の倫理と法』知泉書館，pp. 123-124
・金沢吉展（2006）『臨床心理学の倫理をまなぶ』東京大学出版会，pp. 206-208.
・正木祐史（2009）「刑事法上の秘密の保持」松田純・江口昌克・正木祐史編『ケースブック心理臨床の倫理と法』知泉書館，pp. 27-28
・松田純（2009）「総論　心理臨床の倫理と法」松田純・江口昌克・正木祐史編『ケースブック心理臨床の倫理と法』知泉書館，pp. 3-40
・村本詔司（1998）『心理臨床と倫理』朱鷺書房
・村山正治（1998）『新しいスクールカウンセラー』ナカニシヤ出版
・中島一憲（1995）「インフォームド・コンセントとは」中島一憲編『インフォームド・コンセント：これからの医療のあり方』現代のエスプリ，No. 339. 至文堂，pp. 9-14

・日本臨床心理士会（2005）「日本臨床心理士会倫理綱領」　日本臨床心理士会
・日本臨床心理士資格認定協会（1990）「臨床心理士倫理綱領」　日本臨床心理士
　資格認定協会
・鑪幹八郎（2004）『心理臨床と倫理・スーパーヴィジョン』　ナカニシヤ出版
・山田亮介（2013）「包括的人権」　齋藤康輝・高畑英一郎編　『Next 教科書シ
　リーズ憲法』　弘文堂，pp. 53-66

14 | 心理臨床研究における倫理

| 津川　律子

《**学習の目標**》　研究倫理をとりまく最近の動向を紹介し，心理臨床研究に関係する倫理について説明する。事例研究における記載のあり方，適切な引用の基準などにもふれる。
《**キーワード**》　倫理，不正行為，利益相反，引用，著作権

1．研究の重要性

　第2章で公認心理師法を学んだが，公認心理師等の業務に「研究」という文字はない。しかし，公認心理師等が研究をまったくしないと，どういうことになるか想像は容易につくであろう。「自分の実感では役に立ったと思う」「クライエントは感謝してくれた」等々，いくら公認心理師等が自己主張しても，心理臨床実践が社会から支持され，公認心理師等のはたらきが尊重されるようになり，ひいては生活者が望めば適切な心理支援が，適切なタイミングで，地域格差なく受けられる世の中になるためには，自分たちが行っている心理臨床実践の意義や質を，何らかの形で社会に提示して証明しなければならない。それは，要支援者や関係者に説明責任を果たすことにもつながる。

　また，研究は，自分が行っている心理臨床実践に関して同業者を含む自分以外の人に，そのエッセンスを還元し，異論も含めた多角的な議論のもとで人間科学（Human Science）として学術的に前進していくための最も重要なツールとなる。学部で卒業論文を執筆したうえで，修士課

程で修士論文を作成することや，公認心理師等となった後も研究を続け
ていくことの重要性はここにある。

　研究を進めるうえで，臨床心理学のみならず，広く**研究倫理**（re-
search ethics）に関して，急速にその必要性が増している現実からみ
て，最近の動向について次節でふれておきたい。

2．研究倫理の最近の動向

　文部科学省は「科学技術・学術審議会　研究活動の不正行為に関する
特別委員会」による「研究活動の不正行為への対応のガイドラインにつ
いて—研究活動の不正行為に関する特別委員会報告書—」（2006 年／以
下，「特別委員会報告書」という）において，「不正行為に対する対応
は，研究者の倫理と社会的責任の問題として，その防止とあわせ，まず
は研究者自らの規律，並びにコミュニティ，大学・研究機関の自律に基
づく自浄作用としてなされるべき」と述べ，関係各方面に厳格な対応を
求めてきた。しかし，研究における**不正行為**（misconduct）に関する
事案があとを絶たないため，2014（平成 26）年に文部科学大臣決定に
よる「研究活動における不正行為への対応等に関するガイドライン」
（以下，「ガイドライン」という）を発表した。ガイドラインでは，大学
生や大学院生に関する研究倫理についてもふれられている。重要なこと
であるので 2 か所を次に引用しておきたい（文部科学大臣決定，2014）。

　　「さらに，近年，産学官連携の深化に伴い，学生等が共同研究や技
　術移転活動に参画する機会も増えてきていることから，大学の教職員
　や研究者のみならず，研究活動に関わる学生等が，実際に起こり得る
　課題に対応できるような判断力を養うために，利益相反の考え方や守
　秘義務についても知識として修得することが重要である。」

　「特に，大学においては，研究者のみならず，学生の研究者倫理に関する規範意識を徹底していくため，各大学の教育研究上の目的及び専攻分野の特性に応じて，学生に対する研究倫理教育の実施を推進していくことが求められる。具体的には，大学院生に対しては，専攻分野の特性に応じて，研究者倫理に関する知識及び技術を身に付けられるよう，教育課程内外を問わず，適切な機会を設けていくことが求められる。また，学部段階からも，専攻分野の特性に応じて，学生が研究者倫理に関する基礎的素養を修得できるよう，研究倫理教育を受けることができるように配慮することが求められる。」

　このように，まだ大学生なので，研究倫理は知らなくてよい，ということではない。むしろ，積極的に知らなければならない。前記で大学生でも知っていることが求められている「**守秘義務**」と「**利益相反**」については本章3節と4節で説明することとし，ここでは「ガイドライン」の話を続ける。
　不正行為にはたくさんのものがあるが，「ガイドライン」において「**特定不正行為**」として挙げられている行為は，次の3つである。①捏造，②改ざん，③盗用。①捏造とは「存在しないデータ，研究結果等を作成すること」，②改ざんとは「研究資料・機器・過程を変更する操作を行い，データ，研究活動によって得られた結果等を真正でないものに加工すること」，③盗用とは「他の研究者のアイディア，分析・解析方法，データ，研究結果，論文又は用語を当該研究者の了解又は適切な表示なく流用すること」と定義されている（文部科学大臣決定，2014）。なお，「ガイドライン」に原語は書かれていないが，日本学術会議（2004）によれば，それぞれ対応する原語は次のとおりである。①捏造

(fabrication)，② 改ざん（falsification），③ 盗用（plagiarism）。

　このほか，「ガイドライン」で具体的に挙げられているものとして，「他の学術誌等に既発表又は投稿中の論文と本質的に同じ論文を投稿する**二重投稿**」や「論文著作者が適正に公表されない不適切な**オーサーシップ**」などがある（下記—注1）を参照のこと）。

　このガイドラインを受けて，日本学術会議が 2015（平成 27）年に発表した「回答科学研究における健全性の向上について」（以下，「回答」という）では，前述の「二重投稿の禁止」や「オーサーシップの在り方」に関して詳しく解説されているだけでなく，大学生や大学院生の学修方法についても具体的にふれている。以下に引用する（日本学術会議，2015）。

【大学生】
・入学時のガイダンス等における基本的な研究倫理の啓発
・ゼミ研究や卒業研究の導入における研究の実施に必要とされる研究倫理の啓発（論文執筆上の研究倫理やインフォームド・コンセント，安全事項など）
・専門分野の特性を踏まえた研究倫理教育の実施（討論やケーススタディを用いた講義等）

【大学院生】
・入学時のガイダンス等における研究者として必要とされる研究倫理の啓発（論文著者の責任等を含む総合的な研究倫理教育，研究倫理申請書の書き方，利益相反の考え方や守秘義務など）
・専門分野の特性を踏まえた研究倫理教育の実施（討論やケーススタディを用いた講義等）

注1）オーサーシップ（authorship）とは，辞書的には「著作者たること」である。オーサーシップのあり方として倫理的に話題となるのは，その論文の著者となることができる要件に関することである。

　ここでも守秘義務や利益相反が出てくる。次にこの2つを説明する。

3．守秘義務とは

　法律における「秘密」とは，「一般に知られていない事実であって，かつ，知られていないことにつき利益があると客観的に認められるものをいう。秘密を守るべき義務は守秘義務と呼ばれるが，一定の者に対して守秘義務を課し，罰則をもって担保している立法例は多数にのぼる」（法令用語研究会，2012）。

　公認心理師法においても第四十一条で「公認心理師は，正当な理由がなく，その業務に関して知り得た人の秘密を漏らしてはならない。公認心理師でなくなった後においても，同様とする。」と明確に，秘密保持義務が書かれている。この第四十一条の規定に違反した者は，「一年以下の懲役又は三十万円以下の罰金に処する。」と第四十六条に書かれており，罰則が設けられている。

　これに対して，職業倫理的な守秘義務とは，「相手が専門家に対して完全なる信頼を有しており，その信頼をもとにして打ち明けた事柄を，相手を裏切ることのないよう，誰にも漏らさないことを指す」（一般財団法人日本心理研修センター，2019）こととされ，秘密の価値についての判断は含まれていない。よって，職業倫理的な守秘義務のほうが，法律における秘密保持より厳しいと解釈されている（一般財団法人日本心理研修センター，2019）。

　そもそも，守秘義務（confidentiality）とは，角田（2012）によれば「職務上，情報を知りうる立場にある者が，その秘密を漏らさないことを守る義務」のことである。心理臨床実践において，クライエントは普段は他人に言わないような個人的な内容を公認心理師等に話す。これは，相談を受けている公認心理師等が，クライエント本人の許可なく外

部に個人的な内容を勝手に漏らさないからこそ，クライエントは安心して相談することができる。このように，confidentiality とは，狩野（2008）によれば「健康に関する情報の管理者に対する倫理的・法的用語」のことと言い換えることができる。似た用語として，プライバシー（privacy）があるが，これは狩野（2008）によれば，「患者（あるいはその代理人）の権利である」。このように confidentiality や privacy といった関係する英語や日本語はいくつかある。ここではその違いを探究することはしないが，これら語義の違いに関心をもつ読者は，参考文献に挙げた金沢（2006）で学びを深めてほしい。

　このように，心理臨床実践における守秘義務は重要であるが，前章（13 章）で詳しく解説されているため，本章ではこれ以上，ふれない。しかし，守秘義務は，研究活動においても必ず関係してくる。臨床心理学における日本最大規模の学会である一般社団法人日本心理臨床学会（2016）の倫理綱領には，「会員は，事例又は研究の公表に際して特定個人の資料を用いる場合には，対象者の秘密を保護する責任をもたなくてはならない。会員をやめた後も，同様とする」と明記されている。

　実際の研究では，研究に協力する者（研究協力者）が，研究者から研究に関する説明を受け，同意する旨をサインする「同意書」の中に，情報の取り扱いに関する文章があることが多い。その中でプライバシーやデータの保管等に関する倫理的配慮について説明が行われ，研究協力者が同意してサインするといった手続きが行われている。

4. 利益相反とは

　利益相反（Conflict of Interest：COI と略されることが多い）とは，「具体的には，外部との経済的な利益関係等によって，公的研究で必要とされる公正かつ適正な判断が損なわれる，又は損なわれるのではない

かと第三者から懸念が表明されかねない事態をいう」と定義されている（厚生科学課長決定，2008）。また，利益相反を広義にとれば，金銭を中心とした有形の利益相反だけでなく，無形の利益相反も含まれる。たとえば，査読（peer review）に際して，潜在的な利害が査読結果に影響してしまうなどの場合である。

　大切なことは，定義の後半で「損なわれるのではないかと第三者から懸念が表明されかねない事態」が含まれていることである。多くの場合，研究者側は，経済的な支援を受けたとしても，そのことで研究結果を歪めたりしていない，公正にデータを取り扱ったと主張する。それが事実だとしても，「第三者から懸念が表明されかねない事態」が倫理的に問題とされるのである。この点に関して，新谷（2015）は，次のように述べている。「確かに，個人的利益を受けたことと，研究や審査の結果に何らかの因果関係があったことを後日証明することは極めて困難である。というよりも事実上，不可能に近い。それだからこそ，利益相反マネジメントでは，このような因果関係を証明しようとするのではなく，因果関係が色濃く疑われるような場合には，そのような関係に入ることを事前に防止すること，すなわち，アピアランス（外見）に基づいて予防措置を講じることを重視するのである」。

　このように，利益相反は，自分は悪いことは何もしていないと主張しなければならない事態の前に，そのような事態が起こらないように予防することが大切である。そのためには，1）　所属する大学・大学院における利益相反ポリシーや規則・規程等がある場合はそれに従うこと，2）　研究倫理委員会（research ethics committee）に提出する書類の中に利益相反自己申告書があれば，提出が義務づけられていなくても積極的に提出すること，3）　関係する学会や職能団体の倫理綱領等のなかにある利益相反に関するルールを知っておくこと，4）　心理臨床実践の現実を

理解し，かつ倫理や法律，とくに「契約」（第 1 章）のことをよく理解
している相談相手を日頃から持っておくことが役に立つであろう。大
学・大学院によっては組織として学外委員（第三者）のみで構成される
利益相反アドバイザリーボードを設置しているところもあるが，まだご
く少数に留まっている（新谷，2015）からである。大学・大学院生の場
合でいえば，研究倫理に詳しい教員を認識しておき，心配なことはむし
ろ隠そうとせず，積極的に相談していくことが肝要である。

5．研究におけるインフォームド・コンセント

　さて，本章 2 節で取り上げた研究の中には，いわゆる調査研究だけで
なく，事例研究も含まれる。事例研究には，単一事例研究と複数事例研
究とがある。どちらの場合でも，通常は自分が担当した事例についてま
とめるのが事例研究であるので，事例と出会ったときから，倫理的な配
慮が必要となる。

　一般社団法人日本心理臨床学会（2016）は，機関誌「心理臨床学研
究」の執筆ガイド（以下，「執筆ガイド」とする）において，執筆動機
の点検をする必要性を指摘している。「論文執筆の隠れた動機が，主に
研究業績を増やすことにおかれているとしたら，臨床実践にとって有害
となるかもしれない。また，臨床的な有用性を念頭におかない研究も，
本誌の投稿論文にはなじまない。研究の遂行と公表がクライエント（利
用者）の理解や福祉に何らかの意味で貢献することを目指すべきであろ
う。」（一般社団法人日本心理臨床学会学会誌編集委員会，2016）。

　実際のところ，そのクライエントと出会った瞬間に研究のことを考え
るわけではない。ただ，将来的に研究の対象になる可能性（あくまでも
可能性）を想定して，その相談機関に来訪されたクライエント全員に平
等に書面で研究の許可を取っているところは少なくないだろう。しか

し，最初に研究の許可を取っているからといって，それで終わりではない。一般的には心理支援（心理カウンセリングや心理療法を含めた広義の心理支援を意味する）が終わった後に，事例研究としてまとめるために改めて説明を行って同意をとる。研究に関するインフォームド・コンセントである。インフォームド・コンセントとは，十分な説明を受けたうえで本人が納得して同意するという意味であり，単に同意書にサインをもらえば済むということではない。

6. 事例研究におけるプライバシーの保護

　書面をもって事例発表の許可が得られたとしても，事例研究において対象者や登場する関係者のプライバシーを守らなければいけないのは当然のことである。

　「執筆ガイド」では次のように述べられている。「クライエントおよびデータ提供者自身のプライバシーを守ることは何よりも重要なことである。また，いかなる成果が期待できる研究であっても，個人の尊厳を脅かすようなことはなされるべきでない。」（一般社団法人日本心理臨床学会，2016）。さらにプライバシーに関して具体的にふれられているのは次の2点である。

　①「同意を得た場合においても，公表資料の中で当人を識別することができないように配慮しなければならない。そのために，人名，学校名，地名等を，Aさん，B校などアルファベットで記載するなどの工夫をしなければならない。」

　②「固有名詞を伏せるためのイニシャルの付け方に注意すること。例えば，「佐藤」という人名の，論文中でのイニシャルを「S」とするのは望ましくない。地名や施設名に関しても，A市，B施設などとし，同様に配慮すること。」

7. 著作権と引用について

　さてここで，先述の「特定不正行為」の一つである「盗用」を臨床心理学における事例研究に当てはめて考えてみよう。

　「盗用」は，盗用しようと考えて意図的に他人の研究成果を盗むことと考えられる。これは問題外であるが，現実にはそれよりも，先行研究の引用（quotation, citation）の仕方が不適切なために，結果として「盗用」が疑われてしまう事態のほうが多いのではなかろうか。鶴（2015）も「盗用は，インターネット上の論文や内容のコピー・アンド・ペーストという形で行われていることが見られる。その場合，全文をコピーしているわけでなく一部を使用しているという思いがあるので，盗んで使っているという意識は薄い」と指摘している。たとえ一部であろうとも，きちんと引用していなければ盗用に当たる。引用した場合はその出典を必ず明記する。頭では「引用」という単語を知っていても技術的に引用の仕方がわからなければ，結果的に「盗用」してしまうことも起こり得る。臨床心理学関係の専門誌には，それぞれ投稿規定等で「引用の仕方」について書かれているので，それらを熟読することが大切である。

　ここで法律を見てみると，そもそも「知的財産権」というものがあり，その中の一つに「**著作権**」（著作者の権利）が存在する（文化庁長官官房著作権課，2015）。著作権（copyright）には，著作者人格権と著作権（財産権）があり，前者は人格的利益（精神的に「傷つけられない」こと）を保護するものであり，後者は財産的利益（経済的に「損をしない」こと）を保護するものである。著作者人格権と著作権（財産権）は，著作物が創作された時点で自動的に付与されるため，何か特別な手続きをする必要はない（著作権法第 17 条 2 項）。著作権には，複製

権（無断で複製されない権利）が含まれており，二次的著作物の創作権（無断で二次的著作物を「創作」されない権利）も含まれている（著作権法第27条）。

　つまり，著作者本人の許可なしに勝手に複製（コピー）してはいけないのが原則である。一方で，学術論文では，先行研究を尊重することが大切であり，先行研究で何がどこまでわかっており，どこが不一致な結果なのか，残っている課題は何か等々を簡潔に記載することが，研究の「背景」（多くは，緒言や「はじめに」に当たる部分）になってくる。そのため，先行研究を**引用**する必要が出てくるのであるが，日本の著作権法第32条第1項で「公表された著作物は，引用して利用することができる。この場合において，その引用は，公正な慣行に合致するものであり，かつ，報道，批評，研究その他の引用の目的上正当な範囲内で行なわれるものでなければならない」とあり，引用は合法的な行為である。ただし，文化庁（2019）によれば，適切な「引用」と認められるためには，以下の要件が必要とされている。

ア．「引用」（第32条第1項）
【条件】
1　すでに公表されている著作物であること
2　「公正な慣行」に合致すること（例えば，引用を行う「必然性」があることや，言語の著作物についてはカギ括弧などにより「引用部分」が明確になっていること。）
3　報道，批評，研究などの引用の目的上「正当な範囲内」であること（例えば，引用部分とそれ以外の部分の「主従関係」が明確であることや，引用される分量が必要最小限度の範囲内であること）
4　「出所の明示」が必要

「引用」と認められず，違法な無断転載等とされた場合には，著作権法第 119 条以降の罰則に基づいて懲役や罰金に処されることになる。

8．調査研究における倫理

調査研究においても倫理が大切なことは言うまでもない。調査研究に関する倫理は，公益社団法人日本心理学会倫理規程（2011）の中にある「調査研究」に詳しい。学会ホームページで読むことができるので，調査研究を行う際に，事前に熟読してほしいが，主として質問紙調査に関して取り上げられているポイントを要約すると以下の 13 点になる。

① 調査計画と内容の倫理性（内容および表現の中立性を保つ）

② 倫理委員会等の承認（原則として承認を受けなければならない）

③ 調査対象者のプライバシーへの配慮と不利益の回避（プライバシーへの配慮，調査の実施により何らかの不利益が予想されるときは，調査の実施計画を中止する等の適切な手続きをとる）

④ 調査対象者の選択と調査の依頼（調査対象者の適切な選択，研究への参加は強制ではなく任意）

⑤ 質問紙調査におけるインフォームド・コンセント（記名回答を求める場合は，その理由の明示が必要であり，同時に不利益が生じないことを説明する）

⑥ 調査責任者・調査実施者の明記（調査協力者が問い合わせをできるようにしておく）

⑦ 調査データの管理（データの厳重保管と研究目的以外の使用禁止）

⑧ 調査結果の報告（結果を知りたい対象者には可能な範囲でフィードバックする）

⑨ 調査対象者の個人情報の保護（調査対象者の個人情報は研究上の

必要性が消失したらすみやかに廃棄する）
⑩ 面接調査における質問項目の表現（面接者は言葉づかいや表現などに注意する）
⑪ 面接調査におけるインフォームド・コンセント（原則として，文書で同意を得る。自己情報アクセス権・コントロール権があることも伝える）
⑫ 面接調査における代諾者が必要なインフォームド・コンセント（子ども，障害や疾患を有する人，外国人など，通常の方法の説明では内容の理解を得られたと判断できない場合，理解を得るために最善を尽くす必要。その努力にもかかわらず自由意思による研究参加の判断が不可能と考えられる場合には，代諾者に十分な説明を行い，原則として文書で代諾者の同意を得る）
⑬ 面接調査の記録における個人情報の管理（個人情報が外部に漏れないように厳重に管理する。どのような管理方法をとるかについて，対象者に明らかにしておく）

なお，⑨に関連して，個人情報ではなく「実験データ等の保存の期間」に関して，日本学術会議（2015）は「論文等の形で発表された研究成果のもととなった実験データ等の研究資料は，当該論文等の発表から10年間の保存を原則とする」と呼びかけている。

9. おわりに

大学生・大学院生の場合，所属する大学・大学院に研究倫理委員会があるので，研究計画書を提出して倫理委員会の承認を得ておくことは意味が大きい。しかし，倫理委員会の承認を受けたとしても，それは研究計画段階での話であり，これまで論じてきた法的・倫理的な観点に留意

しながら，生活者に還元できる学術研究をめざすことは言うまでもない。

　最後に，学術論文や学会発表などを通して，自分が得た知見を社会に還元し，次の世代に伝え，学問の発展を通じて人々の幸福に貢献すること，そのことが研究倫理の根幹にあることを忘れないでほしい。

学習課題

1. 査読を受けた臨床心理学論文（とくに事例研究）をいくつか読み，引用の仕方を比較検討してみよう。
2. 自分の所属する大学において一般的に使用されている研究に関する説明書や同意書などを実際に見てみよう。その際，自分が同意する側（説明を受ける側）になって読むと，どんな気持ちがするのかを，できるだけ意識化して文章にしてみよう。

引用文献

・文化庁著作権課（2019）　著作権テキスト～初めて学ぶ人のために～2019 年版.
　http://www.bunka.go.jp/seisaku/chosakuken/seidokaisetsu/pdf/r1392388_01.pdf
　（2020 年 1 月 15 日取得）
・法令用語研究会（2012）　『有斐閣 法律用語辞典』　有斐閣
・一般社団法人日本心理臨床学会（2016）　倫理綱領
　https://www.ajcp.info/pdf/rules/0501_rules.pdf（2020 年 1 月 15 日取得）
・一般社団法人日本心理臨床学会　学会誌編集委員会（2016）「心理臨床学研究論文執筆ガイド」　一般社団法人日本心理臨床学会
　https://www.ajcp.info/pdf/rules/Publication_Manual_for_Journal_of_AJCP.pdf

（2020 年 1 月 15 日取得）
・一般財団法人日本心理研修センター（2019）『公認心理師現任者講習会テキスト［改訂版］』 金剛出版
・狩野力八郎（2008）「論文を書くことと倫理規定を守ることのジレンマ」 精神分析研究，52（3），pp. 290-293
・公益社団法人日本心理学会（2011） 公益社団法人日本心理学会倫理規程
https://psych.or.jp/wp-content/uploads/2017/09/rinri_kitei.pdf
（2020 年 1 月 15 日取得）
・文部科学省 科学技術・学術審議会 研究活動の不正行為に関する特別委員会（2006） 研究活動の不正行為への対応のガイドラインについて—研究活動の不正行為に関する特別委員会報告書—
http://www.mext.go.jp/b_menu/shingi/gijyutu/gijyutu12/houkoku/__icsFiles/afieldfile/2013/05/07/1213547_001.pdf（2020 年 1 月 15 日取得）
・文部科学大臣決定（2014） 研究活動における不正行為への対応等に関するガイドライン
https://www.mext.go.jp/b_menu/houdou/26/08/__icsFiles/afieldfile/2014/08/26/1351568_02_1.pdf（2020 年 1 月 15 日取得）
・厚生科学課長決定（2008） 厚生労働科学研究における利益相反（Conflict of Interest：COI）の管理に関する指針.
https://www.mhlw.go.jp/file/06-Seisakujouhou-10600000-Daijinkanboukouseikagakuka/0000152586.pdf（2020 年 1 月 15 日取得）
・日本学術会議（2004）「科学における不正行為とその防止について」
http://www.scj.go.jp/ja/info/kohyo/18pdf/1823.pdf（2020 年 1 月 15 日取得）
・日本学術会議（2015）「回答 科学研究における健全性の向上について」
http://www.scj.go.jp/ja/info/kohyo/pdf/kohyo-23-k150306.pdf
（2020 年 1 月 15 日取得）
・角田秋（2012） 守秘義務. 風祭元監修，南光進一郎・張賢徳・津川律子・萱間真美編 『精神医学・心理学・精神看護学辞典』 照林社，pp. 181-182
・鶴光代（2015）「研究倫理教育について」 心理臨床学研究，33（1），pp. 1-3
・新谷由紀子（2015）『利益相反とは何か—どうすれば科学研究に対する信頼を取り戻せるのか—』 丸善

参考文献

① 金沢吉展（2006）『臨床心理学の倫理を学ぶ』 東京大学出版会
──職業倫理に関して論じた専門的な本であり，本文にもあるように，倫理に関する言葉の意味についても学ぶことができる。

15 | 心理臨床における法・倫理・制度 ——展望とまとめ

元永　拓郎

《**学習の目標**》　心の支援に関する法・倫理・制度を眺めることで抽出される心理専門職（公認心理師や臨床心理士等）に対する期待と課題について整理する。また，海外の動向も含めて今後の論点を示すとともに，法律と倫理を踏まえた心理臨床家の好ましいあり方及びその育成や訓練についても提案する。

《**キーワード**》　公認心理師，コミュニティチーム，障害者権利条約，心理臨床の未来

1. はじめに

　すでにみてきたように，心の支援が関係する法律にはさまざまなものがある。民法や刑法のように，社会生活の基本となるルールに関するものもあれば，母体保護法，児童福祉法，老人福祉法など，人生のある局面における権利や約束事を表したものもある。ある分野の体制や活動について規定したものもある。教育基本法や労働安全衛生法，介護保険法，医療法などである。また特別なテーマに対して，どのように理解し支援を行っていくべきかを定めた法律もある。自殺対策基本法，アルコール健康障害対策基本法，いじめ防止対策推進法などである。また心の支援との関連でいえば，精神保健福祉法も重要な法律である。

　これらの法律は，心の支援のみを規定しているわけではない。しかしながら，公認心理師や臨床心理士といった心理専門職が活動をしていくうえで，それらの法律の理念やめざす方向性や具体的体制などを知って

おくことが，非常に重要であることは，理解いただけるであろう。また，これらの法律の理念などが，心の支援に関する倫理とも密接に関係していることも，押さえておきたい。

　法律によっては，国民の理解と協力，国の責務，都道府県の責務，市町村の責務，医療や福祉関係諸団体などの協力を求めているものもある。とくに市区町村の役割を重視する法律が増えている印象がある。たとえば子ども・若者育成支援推進法，高齢者虐待防止法，自殺対策基本法などで，その方向が明確に打ち出されている。

　法律や条約によって位置づけられた計画や大綱などによって，一つひとつの施策内容は，かなり練られたものになってきている。しかしながら，それらの実施計画が縦割り的に別々に，規模の小さな市町村に降りてきても，それらの施策をすべて実施することは難しいであろう。市町村において実際に実効性のある形で実施するための総合的な戦略が求められている。さまざまな分野の横断的資格である公認心理師や臨床心理士から，包括的戦略を練ることのできる人材が生まれてくることに期待したい。

2．さまざまな法律が関与する現場

　さまざまな法律に基づき，市区町村にたくさんの相談窓口を設置することになった場合，規模の小さな自治体では実際に機能するであろうか？　たとえば子ども・若者育成支援推進法関係でいわゆるニートやひきこもりに関する相談窓口をつくり，また自殺対策基本法関係で自殺予防のために相談窓口を設け，過労死等防止対策推進法関連の相談を受けられるようにするなどを，別々の専門家を雇い体制を整えることは，小さな自治体においては非現実的かもしれない。横断的分野での知識や経験をもつ心の専門家が必要とされよう。心理専門職の国家資格として位

置づけられた公認心理師が，行政サービスにおいて総合的に心の支援を
どのように展開できるかが，これからの大切な課題の一つとなる。

　学校教育領域に限っても，虐待（児童虐待防止法），貧困（子どもの
貧困対策法），いじめ（いじめ防止対策推進法），発達障害（発達障害者
支援法），卒業後のニートやひきこもり（子ども・若者育成支援推進
法），自殺（自殺対策基本法）といった法律に基づき，専門家が相談に
のる体制や教職員研修，地域連携，生徒や保護者向けの啓発活動など
を，総合的に展開する必要がある。これらを日本全国の市町村教育委員
会で実施するためには，学校内や教育委員会での体制づくりにとどまら
ず，市町村レベルや都道府県におけるバックアップ体制づくりが求めら
れよう。そのような場で活動する心理専門職の姿とはどのようなもので
あろうか。

　住民にボランティアとして心の支援の一翼を担ってもらうために，自
殺対策では**ゲートキーパー研修**，精神障害の人への支援では精神保健ボ
ランティア養成講座，認知症の人への支援は認知症サポーター養成講座
などがある。これらを受講した住民に，個別の分野にとどまらず，地域
の課題に広く関与してもらう仕組みづくりに工夫が求められよう。住民
ボランティアに積極的に心の支援に関与してもらい，ボランティアが対
応に難しさを感じた場合などにコンサルテーションを心理専門職が担っ
たり，ボランティアからつないでもらい当事者の相談に心の専門家が応
じるといった形が整備されることで，地域の心の健康保持・増進力は格
段に高まるであろう。

　なお住民向け啓発活動やボランティア育成，相談窓口の設置などは，
単独の市町村にとどまらず，近隣の市町村が連携した形で展開した方が
有意義な場合も多いと考えられる。このような市町村連携や広域での支
援体制についても検討が必要となろう。このような視点で活動できる心

理専門職が全国で必要とされている。公認心理師そして臨床心理士は，これら社会全体の動きを踏まえつつ活動することが求められていることを自覚しておきたい。

3．学校教育へのはたらきかけ

　心の支援に関連する法律のなかには，子どもたちに直接関係するいじめや虐待などにとどまらず，将来関係するであろうテーマに関する授業等を学校教育のなかで行うよう定めているものもある。たとえば，過労死等防止対策推進法によって作られた**過労死等防止対策大綱**では，中学校や高等学校において労働条件の改善や仕事と生活の調和（ワークライフ・バランス）についての教育を行うよう明記されている。また法律ではないが認知症に関する施策（**認知症施策推進大綱**）では，小中高校において認知症サポーター養成講座を行うことを謳っている。

　もちろん子ども自身が関係する自殺対策では，2016（平成 28）年に改正された自殺対策基本法において学校における**自殺予防教育**の実施が強調され，同じく子どもが当事者となる子ども・若者育成推進法においては，相談機関の情報提供や体験学習の充実なども示されている。

　このようにさまざまな法律や施策が，学校教育に大きな役割を期待している。これらが体系的に子どもの成長に資する形で提供できればよいが，実際にはバラバラに提案されている現状がある。学習指導要領での位置づけも重要であるだろうし，最も重要なことは，新しく提案された教育内容が，子どもたちにどのような影響を与えるのか，また成長に資する内容であるかを，担任や学校関係者が注意深く観察することであろう。そして，必要なフォローアップをどのように行うかを検討し日々の教師のかかわりの積み重ねを続けることであろう。

　その担任の営みを孤立したものにさせないようにするために，管理職

含め学校内で共通の意識を持てることが重要である。そしてこの点に関するスクールカウンセラーの役割は大きいと考える。つまり，スクールカウンセラーは，目の前で起きている心理的課題に対応するのみでなく，児童・生徒の将来の生き方を豊かにするために，今必要な心理教育的アプローチを行っていくことも，求められている。公認心理師の業務の一つには，心の健康教育が位置づけられた。公認心理師も含めたスクールカウンセラーによる発達促進を意識した心理教育及び心の健康教育的な関与の重要性は増している。

　なおこれらのことを倫理にひきつけて考えるならば，心理的支援に関する倫理のみならず，教育実践における倫理，すなわち真に子どもにとって必要な学びを学校という場において考え続けることも，心理専門職は基本的姿勢として大切にしなければならないと言うこともできよう。

4．多職種チームによる心の支援

　心の支援が関与する法律の多くは，地域のさまざまな機関が連携することを求めている。公認心理師法や精神保健福祉士法などの身分法も，他の職種との連携を重視している。このように心の支援において，多職種での連携，すなわち**多職種チーム**での活動が原則となる。連携やチーム活動については，職業倫理としても強調されている。

　心の専門家のチームでの活動については，医療においては**チーム医療**，教育現場では**チーム学校**，高齢者支援に関しては医療と介護のチームと表現されることもある。これらはすべて**コミュニティチーム**と表現できるであろう（元永，2015）。コミュニティチームにおいては，法律および倫理が共通の認識事項となる。またチームの中心に本人がいて，本人の自己決定を尊重すること，そして本人の希望をかなえることが，

コミュニティチームの基本理念となろう。本人の自己決定の尊重は，倫理としても重要であることは，言うまでもない。

　近年の心の支援の施策は，コミュニティチームによる支援を重視しながら，本人の自己決定が適切なものとなるよう，国民全体への啓発や教育に力を入れている。そしてたとえば，認知症施策で活性化されたコミュニティチームは，貧困や自殺対策，ひきこもりといった他の課題においても，本人の真のニーズに寄り添う姿勢をもつという営みが有効となり得る。このような多職種で横断的なコミュニティチームをどう形成していくか，市町村にとって重要な課題となろう。

　さまざまな法律を概観することで改めて明らかになったが，心の支援において，個別相談を重視しながらもそれにとどまらず，チームでの対応，啓発，家族支援など，多様なレベルでの活動が展開される。多職種チームのどのメンバーも，活動を個別面談のみに限定することはできない。公認心理師も臨床心理士も当然ながら，個別面談のみに限定して業務を行うことは不可能であろう。

　対人援助職のコアとなるトレーニングは，もちろん個別支援からスタートする。十分な個人の状態の見立ておよび支援計画，実際の関与，そしてその評価ができなければ，専門家として不十分である。医師も看護師も福祉職も，個別支援がまずは重要とされる。しかしながら，個別支援にとどまらない集団や広いエリア（コミュニティなど）を対象にした支援方法も，開発されてきている。医学であれば公衆衛生学などである。病院管理学や医療政策といった分野も必要となっている。看護学も地域看護学などは地域全体へのアプローチを重視する。臨床心理学もまた，同じ状況にある。

5．心理専門職のキャリアパス

　心理専門職は，個別支援を中心に訓練を受け始めることになる。その
なかで，心理療法の諸理論を実践的に学ぶことになる。また心理検査の
実施と評価も，個別支援の範囲に入るであろう。これらを十分に学びな
がら，相談室のなかにとどまらない学校や職場，地域を巻き込んだコ
ミュニティにおける活動についても，学部や大学院において学ぶ必要が
ある。それらの学びにおいて，法・倫理・制度の十分な理解はまぎれも
なく必要である。

　大学院等の養成機関を修了し社会で働き始めるとき，職場から求めら
れることは，個別支援よりも，集団への関与だったり，コミュニティで
の活動であったりする。そのことを十分に理解できないまま個別支援ば
かりを行うと，臨床実践チームの中で浮いてしまうことも生じかねな
い。スーパーヴィジョンは個別支援に対して行われることが多いが，コ
ミュニティ活動に関するスーパーヴィジョンも受けることが重要な局面
もあろう。

　とくにコミュニティチームをどう形成するか，コミュニティチーム内
でどう動くかは，公認心理師や臨床心理士に限らずどの職種にとっても
重要な課題であるが，十分なトレーニングを受ける機会が不足してい
る。法律が求めている方向に，人材育成が追いついていない現状があ
る。この点について，心理専門職の養成教育機関が十分な整備を行う必
要がある。

6．横断資格に求められる未来

　そのような心の支援の課題があるなか，公認心理師が国家資格となっ
た。国家資格になることで，法律で規定されたさまざまな施策において

て，心理専門職が明確に位置づけられることになる。すなわち，コミュ
ニティチームの一員として，心理専門職が認められるようになるという
ことである。もちろんこれまでも臨床心理士がコミュニティチームの一
員として動いてきた地域や分野もあるのだが，国家資格化によって，す
べての分野でまた日本全国すべての地域で，心理専門職としての公認心
理師が高い知識と技術のレベルを有し，十分な倫理観をもち，動く環境
が整備され始めている。国民の心の健康の保持，増進のための重要な役
割を担えるよう動いていく必要があろう。

　コミュニティチームの一員として動くにあたって，心理専門職が分野
を限定しない汎用資格であることは，非常に有効である。そもそも心の
問題はその本質が横断的である。支援ニーズがある人の問題の広がりを
しっかりと把握し見立てることが必要となる。そのためにも，各分野の
知見を生かして支援の幅を広げていくことが重要となる。

　また公認心理師においては，臨床心理学を中心的な学問としながら，
基礎分野の学問としての心理学の学びも大切にしている。臨床と基礎の
両方の分野を基盤の学問として有する専門職は，対人援助職の中でもそ
れほど多くない。臨床で得られた知見が，基礎の心理学によって証明さ
れていく。基礎の心理学で得られた事柄が，臨床実践の場で応用されて
いる。そのような臨床分野と基礎分野の相互作用が，今後ますます重要
となっていくであろう。

7．科学技術の進歩と心の支援

　生命に関連する科学の進歩により，生殖医療によって浮かび上がる倫
理的問題，終末期医療のなかで直面する倫理的テーマなどが，大きな課
題を私たちに投げかける。クローン人間も技術的に可能となったり，
ES 細胞，iPS 細胞等による再生医療によって立ち上がる倫理的課題な

どもある。科学は，新しい命を誕生させる，延命するといった目の前の課題を乗り超えるうえでは有用であるが，そのような営みが，人の大切にしてきた価値を揺り動かしたり否定するといった社会的影響について，どう判断すべきかの回答は用意できない。

　そのような状況において，医学の領域で提供される科学技術に関しては，その恩恵が日本全国に十分に行きわたるためにさまざまな医療保険改革が行われ，いわゆる医療過疎地域に対してどのように対応するか議論が続いている。

　一方，医療における科学技術の過剰な提供についても注目されるようになっている。治療における多剤使用，残薬，延命治療などである。本人から**インフォームド・コンセント**を十分に得ながら治療を進めることで，これらの医療の過剰提供を回避しようという努力がなされるであろう。不必要な入院の継続も，医療の過剰提供として考えることが可能である。高度な医療技術を求めて人は入院するのであるが，どの時期まで入院すればよいかは，退院後の不安や家族の負担などの医療以外の要因によって変動するため，純粋な医学的問題ではなく社会的問題として考える必要が生じる。

　心の支援は，高度な医学技術が提供される段階においても必要となるだろうし，高度な医療技術の提供の場が，入院先から地域生活に移行する段階においても，継続して必要となろう。地域生活における不安感によって，より多くの種類の薬物治療が行われやすい状況になっていないか，注意する必要がある。これらのことは，精神科領域のみならず，すべての疾病に関して，心の支援のあり方を重視すべきことを示していると思う。

　これらを別な視点から言うならば，医療における高度な科学技術や医療提供の強弱によって生じる不安に直面しながらも，人が自分の大切に

したい心情と十分に向き合い，医療者との対話において自らの意思を十分に吟味し表現できるように，そして重要な局面において丁寧な自己決定を行えるように，適切な心理的支援が必要となろう。そしてその心理的支援は，医療チームのメンバーはもちろん，地域における医療，福祉関係者も含め，多職種のコミュニティチームで行われることが望ましいし，心理専門職はそのチームの中で，医療領域はもちろん地域の諸分野に精通した立場として，重要な役割を持つ存在でありたい。

8. 法律家と心の支援

　基本的人権が尊重され幸福を追求する権利を享受するうえで，心の健康の保持，増進が重要であるならば，法律家と心理専門職とのチームも今後ますます重要となろう。実際，司法・犯罪分野では，裁判所や少年院等での心理職の活動は歴史あるものであり，**犯罪被害者支援**においても法律家と心理専門職との連携は重要となる。

　法律家による支援という観点で言うと，**総合法律支援法**［2004（平成16）年成立］が施行され，弁護士や司法書士，行政書士といった法の専門家による支援を，国民が身近に受けられるような体制整備が行われている。この法律で整備された日本司法支援センターは「法テラス」と呼ばれ，法律相談はもとより，適切な相談窓口を紹介することもできる。心理専門職としても，コミュニティチームの一員として重視しておく必要があろう。

　また**裁判外紛争解決手続（ADR）**といって，裁判に訴えるのではなく，裁判外の組織に紛争の解決を依頼する制度がある。これは，「裁判外紛争解決手続の利用の促進に関する法律」［2004（平成16）年成立］によって定められ，民事上の紛争を公正な第三者が和解の仲介を行うものであり，その第三者は法務大臣の認証を受けることができるとした。

感情的な他者への怒りや攻撃性を扱うことは，心理専門職の仕事でもあるが，現実的な紛争の解決を同時に行うことが必要な場合，ADRとどう連携していくかも重要な課題となろう（奥村，2016）。

法律との関連でいうならば，市民参加の**裁判員制度**が，「裁判員の参加による刑事裁判関連法」の成立，施行［2009（平成21）年］によって創設された。裁判員制度は，裁判への国民の積極的参加という意味で意義深いものである。しかし一方で，事件の生なましい証拠を見聞きすることで，裁判員が心理外傷を受ける可能性もある。その心理的ケアも心理専門職にとって重要な役割となっている。

9. 心の支援と施設化

心の支援に焦点を当てた場合，その支援の性質として，「かかえこみ」があることについて論じたい。前述したように，高度な科学技術に人は依存しやすいことを述べたが，密な人間関係のなかで展開される心の支援自体が，提供を受ける側の依存心を刺激することになる。その依存心を有効に用いながら支援を展開することにもなるのだが，依存心が不適切に利用される危険性についても，専門家は自覚的である必要がある。心の支援に関する倫理においては，この依存心の不適切な利用に関連した事柄も多いことに気づくであろう。

倫理的に不適切ではなくても，公認心理師や臨床心理士の支援が「かかえこみ」になっていないか，十分な検討が必要である。他に必要な支援はないのか，利用できる社会資源はないか，そのことを常に意識しておく必要がある。そのためにも，支援に関係する可能性がある法律の知識と展開されている施策，コミュニティチームの可能性について，自覚的であることが求められよう。

ここで論じているテーマの深刻な現象の一つが，精神科病院における

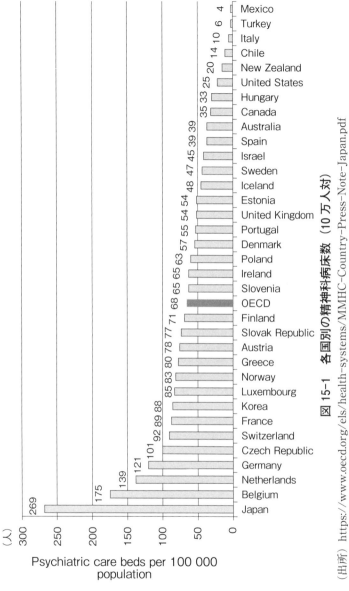

図 15-1　各国別の精神科病床数（10 万人対）

（出所）https://www.oecd.org/els/health-systems/MMHC-Country-Press-Note-Japan.pdf

長期入院の問題である。精神科への入院患者数は 2012（平成 24）年において約 30 万人となっている。〔図 15-1〕を見ると，OECD 加盟の諸外国と比較しても，日本の人口千人あたりの病床数が多く，その減少傾向が他国と比べてゆるやかであると指摘されている（OECD，2014）。

　2010（平成 22）年に新規入院となった人が約 40 万人であるが，そのうち約 35 万人は 1 年以内に退院している。一方で，2011（平成 23）年に 1 年以上入院していた約 20 万人のうち退院した人の数は約 4.9 万人である（厚生労働省，2014）。長期入院者，とくに 65 歳以上の高齢者の退院促進に課題を有していることがわかる。

　第 2 章で示されたとおり，精神保健福祉士とともに心理専門職の国家資格の必要性が国会において附帯決議されたのは，このような精神科医療機関における入院患者の多さに対する国際機関からの人権的に問題があるという勧告があったからである。その意味でも，公認心理師の使命の一つに，精神科医療機関の入院患者の退院促進があることを強調したい。

　入院とは，住まいと食事等の生活上のサービスの提供を受けながら，最善の治療を受けることである。医療関係専門家に治療に必要なことならば相談することも可能である。すなわち入院には，「住居サービス＋生活サービス＋相談サービス＋医療サービス」の機能があることを明確にしたい。そして退院とは，「住居＋生活」サービスと医療サービスを分けることに他ならない。ここで相談サービスは，「住宅＋生活」サービスに付随するものと医療サービスに付随するものとに分かれることになろう。

　高齢者施策においては，前者を住宅と介護，後者を医療として分け，地域でどのように展開するかについて整理しようとしている（医療介護総合確保推進法；第 7 章）。すなわち，住宅支援および生活支援を強力

に推し進めなければ，入院による「かかえこみ」からの地域移行はなかなか進まないであろう。長期入院の問題は，病院の問題のみに帰してはならない。医療以外の分野も含めて，社会全体で取り組むべきことである。

　認知症についても，精神科医療機関への入院や施設への入所が進行しつつある。施設への入所も，それが地域生活の継続となるような施設であるならばよいが，地域から隔てられ，個人の自由が強く制限されたような施設となると，本人のもっている能力が生かされないことになり，病気の進行以上に健康レベルの低下を生むであろう。施設入所によってその人の能力がより低下してしまい，施設に頼りきりになってしまういわゆる「**施設化**」の現象が起きる。

　そのような施設化を防ぐためにも，居住空間をなるべく地域に開かれたものにして，本人のできることや役割を担えることをきめ細かくアセスメントしながら関与するグループホームのような施設が求められている。すでに始まっているが，将来的には，居住はなるべく住み慣れたわが家として，必要ならば生活しやすい場所にスムーズに転居できる仕組みを整備し，介護や医療サービスは在宅で必要ならば 24 時間受けることができるような体制を，全国的に整備する必要がある。心の支援が有効なものとなるためにも，このような環境整備が必須であり，このことへの公認心理師・臨床心理士の関与もまた重要となろう。

10．偏見の問題

　このような「住宅＋介護＋医療」サービスが地域で展開できるならば，施設化は防げるであろうか。実際には，雇用も含めた社会参加，そしてその人の生きがいや誇りといったものが必要となろう。障害者においては，就労支援の取り組みが進んできている。しかし障害者のなかで

も精神障害者の就労支援はまだまだ制度的にも人材的にも途上である。心理専門職の活躍すべき分野と考える。

　認知症の人のなかにも，働きたいという希望の人はいる。そのような場を地域の中にどのように作っていくのか，これも重要な課題となろう。そもそも認知症の人が働きたいという希望は，どこから出てくるのだろうか。単に支援を受ける存在ではなく，自分のできることをやりたい，社会のなかで役割をこなしたい，自分の価値を大切にしたいといった心情があるのかもしれない。何かを与えられることだけでは，人は満足しない，心の支援を提供するといった一方通行の支援は，実は心の支援としては不十分である，そのことに私たちは自覚的である必要がある。

　そのような意味で，国連の**障害者権利条約**の批准［2014（平成26）年］および**障害者差別解消法**の2013（平成25）年成立と2016（平成28）年施行は重要である。これらは，単に障害者差別を禁止することのみではなく，障害者を支援の対象者としてみなすのではなく，彼らが自分のできることを行い，社会のなかでの役割をこなし，自分の価値を大切にし，また周囲からも社会からも大切にされる，そのような社会づくりが重要であることを謳っている。

　そもそも偏見は社会がつくっているものもあるが，そのような社会から取り入れられ，本人自身のなかに無自覚的につくられた偏見もある。精神的不調によって仕事ができない自分を強く責める人がいた場合，その理由の一つには，同じく不調によって仕事をしなかった同僚を，サボっていると責めていた過去の自分の価値観が背後に存在する可能性もある。いろいろな働き方がある，さまざまな事情があるという多様性を受け入れていくなかで，自らも回復していくこともあろう。この点は，公認心理師や臨床心理士がクライエントと向き合うなかで常にテーマの

一つとなっているのではないだろうか。

　このような多様性を受け入れていくプロセスは，心の支援において重要である。日本が障害者権利条約を批准ということは，多様性を受け入れる社会をめざしていくという宣言でもあるだろう。認知症があっても，精神障害があっても，さまざまな生き方として周囲や本人自身が受け入れ，自分の大切にしたいことが普通に尊重されていく地域生活が営めるために，心の支援のあり方や，その基盤となる倫理観などについて考えていく必要があろう。

11. 諸外国との比較

　諸外国との比較として，精神科医療機関の病床数の多さについては前述した。日本において心の支援に関するさまざまな法律は整備され，倫理的水準も一定のレベルを保っていると思われるのであるが，突出して病床数が多いという現実をどうとらえるか，心理専門職にとっても大きな問題である。

　精神科医療機関の病床数と並んで，日本の心の健康状態を示す指標として自殺率がある。〔図 15-2〕は，年齢や性別を調整した世界での 10 万人対の自殺死亡数の高さで分類したものである（WHO，2012）。韓国，北朝鮮，ロシア，旧東欧諸国，東アフリカ諸国とともに日本は高いレベルの自殺死亡率となっている。自殺対策について日本は，2006（平成 18）年に自殺対策基本法を成立させ，自殺対策を精神保健的観点のみならず社会的な取り組みとして実施すべきとした。また 2016（平成 28）年には大きな改正が行われ，その対策が市町村単位で確実に実施されることをめざしている。

　また，ひきこもりの数は，日本においては約 17.6 万人（15〜39 歳），約 36.5 万人（40〜64 歳）と推計されている（内閣府，2019）。これは，

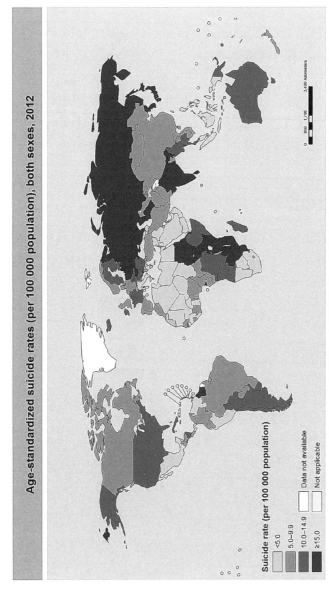

図 15-2　各国別の年齢調整後の自殺率（10 万人対）

出所：「WHO, 2012」

ふだんは家にいるが近所のコンビニなどには出かける，または家や自室からほとんど出ないといった狭義のひきこもり数であり，ふだんは家にいるが自分の趣味に関する用事のときだけは外出するといった広義のひきこもり数は約 36.5 万人（15〜39 歳），約 24.8 万人（40〜60 歳）と推計されている。ひきこもりに関する国際比較のための正確なデータは，その定義を国際標準のものとしにくいため，得られにくい現状がある。

12．法律による心の支援の整備が必要な分野

　これまで繰り返し述べてきたように，日本の心の健康に関する法律は，個別の分野ごとに整備されており，それらを統一的に整理する法律は存在しない。精神保健福祉法や自殺対策基本法は，心の健康の保持，増進を重視しているが，疾病予防や自殺予防といった観点が強く，心の健康を広く捉え，その増進をするという視点が弱い。

　そもそも心の健康には，社会的な要因のみならずパーソナリティや身体的健康といった個人的要因も関連しており，それらを含めた施策を行うことには困難を伴うであろう。身体的健康に主に着目した法律としては，健康増進法がある。この法律においても，アルコール関連障害，休養といった部分では，心の健康に大きく関連している。しかしこの法律の主眼は生活習慣の改善にあり，その意味では具体的な施策が立てやすい。心の健康を推進し，多分野での多職種コミュニティチームが活動しやすい環境をつくるためには，どのような法整備が必要なのだろうか？

　精神科医療機関からの退院促進や高齢者（認知症の人）の在宅支援，開かれた施設環境の整備などは，医療機関や施設といった組織の取り組みにとどまらず，社会全体の取り組みとして行う必要がある。現在はすでにある法律の範囲内で施策が検討されているのだが，今後の進捗によっては，社会全体での取り組みを広く掲げる法律の整備も必要となる

かもしれない。

　学校領域でいえば，いじめについては，いじめ防止対策推進法が施行され，いじめへの対応が社会全体の取り組みとしてなされ始めている。また不登校への対応については，教育機会確保法が施行され，教育機会をどう保障するかという観点での動きが進み始めている。一方で不登校生徒数は多いままであり，十分な教育を受けないままに社会に出る若者への継続的な支援の必要性から，子ども・若者育成支援推進法が定められ，教育のみならず雇用や福祉，医療・保健，矯正などの諸分野が連携し，社会全体の取り組みとして子どもや若者を支援することとなった。その意味でも，コミュニティにおける必要な連携の検討が，倫理的にも重要視されてきていることがわかる。不登校生徒を支援するうえでこの施策がどの程度効果をもつのか注視する必要があろう。

　このように，心に関する問題への対応は，常に現場が最も進んでおり，法律はあとから整備される場合が多い。現場の最前線で活躍する心理職は，単に法律の整備を待つのみではなく，現場の声をあげ，法律の整備や改正に積極的に関与すべきであろう。国家資格である公認心理師が誕生し，国が進める政策に意見や協力を求められることも増えてきている。目の前のクライエントのことはもちろん，目の前に登場していないが，社会のなかにあるニーズを広く把握し，全国規模での心の支援策を検討し，実施する力量が心理専門職にも求められる時代がきている。そのようなチャンスを有しているみなさんの心理専門職としてのはたらきに大いに期待したい。

学習課題

1.　精神科医療機関の長期入院者の退院促進のために，公認心理師はどのようなはたらきかけを行えるか，本人個人へのアプローチと病棟全体へのアプローチ，コミュニティへのアプローチそれぞれについて，述べよ。

2.　本授業で学んだ法律・倫理・制度に関する概要を踏まえ，学部卒業または修士修了後の自分の研修計画について，思うところを述べよ。

引用文献

・内閣府（2019）生活状況に関する調査
https://www8.cao.go.jp/youth/kenkyu/life/h30/pdf-index.html
・厚生労働省（2014）「長期入院精神障害者をめぐる現状」 第8回精神障害者に対する医療の提供を確保するための指針等に関する検討会資料
www.mhlw.go.jp/file/05-Shingikai-12201000.../0000046398.pdf
・元永拓郎（2015）「新しい資格『公認心理師』は心の健康に寄与するか？」『こころの健康』 30, pp. 20-27
・OECD（2014）Japan trails other countries in `deinstitutionalisation', but there are signs of progress, says OECD. MMHC — Country — Press.
https://www.oecd.org/els/health-systems/MMHC-Country-Press-Note-Japan.pdf
・奥村茉莉子（2016）「公認心理師法の成立に寄せて」『心と社会』 47, pp. 59-64
WHO（2012）Mental Health — Suicide Data. http://gamapserver.who.int/mapLibrary/Files/Maps/Global_AS_suicide_rates_bothsexes_2012.png?ua=1

公認心理師法

（平成二十七年法律第六十八号）
施行日：令和元年十二月十四日

・最終更新：令和元年六月十四日公布（令和元年法律第三十七号）改正

目次

「附帯決議」は、衆議院で法案が可決された際のものもあるが、ほぼ同じ内容であるので、ここでは参議院のものを掲載した。

公認心理師法案に対する附帯決議

政府は、本法の施行及び心理専門職の活用の促進に当たり、次の事項について特段の配慮をすべきである。

一、臨床心理士を始めとする既存の心理専門職及びそれらの資格の関係者がこれまで培ってきた社会的な信用と実績を尊重し、心理に関する支援を要する者等に不安や混乱を生じさせないように配慮すること。

二、公認心理師が、臨床心理学を始めとする専門的な知識・技術を有した資格となるよう、公認心理師試験の受験資格を得るために必要な大学及び大学院における履修科目や試験の内容を適切に定めること。

三、本法の施行については、文部科学省及び厚生労働省は、互いに連携し、十分協議した上で進めること。また、その他の府省庁も、本法の施行に関し必要な協力を行うこと。

四、受験資格については、本法第七条第一号の大学卒業及び大学院課程修了者を基本とし、同条第二号及び第三号の受験資格は、第一号の者と同等以上の知識・経験を有する者に与えることとなるよう、第二号の省令の制定や第三号の認定を適切に行うこと。

五、公認心理師が業務を行うに当たり、心理に関する支援を要する者に主治医がある場合に、その指示を受ける義務を規定する本法第四十二条第二項の運用については、公認心理師の専門性や自立性を損なうことのないよう省令等を定めることにより運用基準を明らかにし、公認心理師の業務が円滑に行われるよう配慮すること。

六、本法附則第五条の規定による施行後五年を経過した場合における検討を行うに当たっては、保健医療、福祉、教育等を提供する者その他の関係者との連携等の在り方についても検討を加えること。

右決議する。

平成二十七年九月八日
参議院文教科学委員会

第一章　総則

（目的）

第一条　この法律は，公認心理師の資格を定めて，その業務の適正を図り，もって国民の心の健康の保持増進に寄与することを目的とする。

（定義）

第二条　この法律において「公認心理師」とは，第二十八条の登録を受け，公認心理師の名称を用いて，保健医療，福祉，教育その他の分野において，心理学に関する専門的知識及び技術をもって，次に掲げる行為を行うことを業とする者をいう。

一　心理に関する支援を要する者の心理状態を観察し，その結果を分析すること。

二　心理に関する支援を要する者に対し，その心理に関する相談に応じ，助言，指導その他の援助を行うこと。

三　心理に関する支援を要する者の関係者に対し，その相談に応じ，助言，指導その他の援助を行うこと。

四　心の健康に関する知識の普及を図るための教育及び情報の提供を行うこと。

（欠格事由）

第三条　次の各号のいずれかに該当する者は，公認心理師となることができない。

一　心身の故障により公認心理師の業務を適正に行うことができない者として文部科学省令・厚生労働省令で定めるもの

二　禁錮以上の刑に処せられ，その執行を終わり，又は執行を受けることがなくなった日から起算して二年を経過しない者

三　この法律の規定その他保健医療，福祉又は教育に関する法律の規定であって政令で定めるものにより，罰金の刑に処せられ，その執行を終わり，又は執行を受けることがなくなった日から起算して二年を経過しない者

四　第三十二条第一項第二号又は第二項の規定により登録を取り消さ

れ，その取消しの日から起算して二年を経過しない者

第二章　試験

（資格）

第四条　公認心理師試験（以下「試験」という。）に合格した者は，公認心理師となる資格を有する。

（試験）

第五条　試験は，公認心理師として必要な知識及び技能について行う。

（試験の実施）

第六条　試験は，毎年一回以上，文部科学大臣及び厚生労働大臣が行う。

（受験資格）

第七条　試験は，次の各号のいずれかに該当する者でなければ，受けることができない。

一　学校教育法（昭和二十二年法律第二十六号）に基づく大学（短期大学を除く。以下同じ。）において心理学その他の公認心理師となるために必要な科目として文部科学省令・厚生労働省令で定めるものを修めて卒業し，かつ，同法に基づく大学院において心理学その他の公認心理師となるために必要な科目として文部科学省令・厚生労働省令で定めるものを修めてその課程を修了した者その他その者に準ずるものとして文部科学省令・厚生労働省令で定める者

二　学校教育法に基づく大学において心理学その他の公認心理師となるために必要な科目として文部科学省令・厚生労働省令で定めるものを修めて卒業した者その他その者に準ずるものとして文部科学省令・厚生労働省令で定める者であって，文部科学省令・厚生労働省令で定める施設において文部科学省令・厚生労働省令で定める期間以上第二条第一号から第三号までに掲げる行為の業務に従事したもの

三　文部科学大臣及び厚生労働大臣が前二号に掲げる者と同等以上の知識及び技能を有すると認定した者

（試験の無効等）

第八条 文部科学大臣及び厚生労働大臣は，試験に関して不正の行為が
あった場合には，その不正行為に関係のある者に対しては，その受験
を停止させ，又はその試験を無効とすることができる。

2 文部科学大臣及び厚生労働大臣は，前項の規定による処分を受けた
者に対し，期間を定めて試験を受けることができないものとすること
ができる。

（受験手数料）

第九条 試験を受けようとする者は，実費を勘案して政令で定める額の
受験手数料を国に納付しなければならない。

2 前項の受験手数料は，これを納付した者が試験を受けない場合にお
いても，返還しない。

（指定試験機関の指定）

第十条 文部科学大臣及び厚生労働大臣は，文部科学省令・厚生労働省
令で定めるところにより，その指定する者（以下「指定試験機関」と
いう。）に，試験の実施に関する事務（以下「試験事務」という。）を
行わせることができる。

2 指定試験機関の指定は，文部科学省令・厚生労働省令で定めるとこ
ろにより，試験事務を行おうとする者の申請により行う。

3 文部科学大臣及び厚生労働大臣は，前項の申請が次の要件を満たし
ていると認めるときでなければ，指定試験機関の指定をしてはならな
い。

　一　職員，設備，試験事務の実施の方法その他の事項についての試験
　　事務の実施に関する計画が，試験事務の適正かつ確実な実施のため
　　に適切なものであること。

　二　前号の試験事務の実施に関する計画の適正かつ確実な実施に必要
　　な経理的及び技術的な基礎を有するものであること。

4 文部科学大臣及び厚生労働大臣は，第二項の申請が次のいずれかに
該当するときは，指定試験機関の指定をしてはならない。

一　申請者が，一般社団法人又は一般財団法人以外の者であること。

二　申請者がその行う試験事務以外の業務により試験事務を公正に実施することができないおそれがあること。

三　申請者が，第二十二条の規定により指定を取り消され，その取消しの日から起算して二年を経過しない者であること。

四　申請者の役員のうちに，次のいずれかに該当する者があること。

イ　この法律に違反して，刑に処せられ，その執行を終わり，又は執行を受けることがなくなった日から起算して二年を経過しない者

ロ　次条第二項の規定による命令により解任され，その解任の日から起算して二年を経過しない者

（指定試験機関の役員の選任及び解任）

第十一条　指定試験機関の役員の選任及び解任は，文部科学大臣及び厚生労働大臣の認可を受けなければ，その効力を生じない。

2　文部科学大臣及び厚生労働大臣は，指定試験機関の役員が，この法律（この法律に基づく命令又は処分を含む。）若しくは第十三条第一項に規定する試験事務規程に違反する行為をしたとき又は試験事務に関し著しく不適当な行為をしたときは，指定試験機関に対し，当該役員の解任を命ずることができる。

（事業計画の認可等）

第十二条　指定試験機関は，毎事業年度，事業計画及び収支予算を作成し，当該事業年度の開始前に（指定を受けた日の属する事業年度にあっては，その指定を受けた後遅滞なく），文部科学大臣及び厚生労働大臣の認可を受けなければならない。これを変更しようとするときも，同様とする。

2　指定試験機関は，毎事業年度の経過後三月以内に，その事業年度の事業報告書及び収支決算書を作成し，文部科学大臣及び厚生労働大臣に提出しなければならない。

（試験事務規程）

第十三条　指定試験機関は，試験事務の開始前に，試験事務の実施に関する規程（以下この章において「試験事務規程」という。）を定め，文部科学大臣及び厚生労働大臣の認可を受けなければならない。これを変更しようとするときも，同様とする。

2　試験事務規程で定めるべき事項は，文部科学省令・厚生労働省令で定める。

3　文部科学大臣及び厚生労働大臣は，第一項の認可をした試験事務規程が試験事務の適正かつ確実な実施上不適当となったと認めるときは，指定試験機関に対し，これを変更すべきことを命ずることができる。

（公認心理師試験委員）

第十四条　指定試験機関は，試験事務を行う場合において，公認心理師として必要な知識及び技能を有するかどうかの判定に関する事務については，公認心理師試験委員（以下この章において「試験委員」という。）に行わせなければならない。

2　指定試験機関は，試験委員を選任しようとするときは，文部科学省令・厚生労働省令で定める要件を備える者のうちから選任しなければならない。

3　指定試験機関は，試験委員を選任したときは，文部科学省令・厚生労働省令で定めるところにより，文部科学大臣及び厚生労働大臣にその旨を届け出なければならない。試験委員に変更があったときも，同様とする。

4　第十一条第二項の規定は，試験委員の解任について準用する。

（規定の適用等）

第十五条　指定試験機関が試験事務を行う場合における第八条第一項及び第九条第一項の規定の適用については，第八条第一項中「文部科学大臣及び厚生労働大臣」とあり，及び第九条第一項中「国」とあるのは，「指定試験機関」とする。

2　前項の規定により読み替えて適用する第九条第一項の規定により指

定試験機関に納められた受験手数料は，指定試験機関の収入とする。

（秘密保持義務等）

第十六条　指定試験機関の役員若しくは職員（試験委員を含む。次項において同じ。）又はこれらの職にあった者は，試験事務に関して知り得た秘密を漏らしてはならない。

2　試験事務に従事する指定試験機関の役員又は職員は，刑法（明治四十年法律第四十五号）その他の罰則の適用については，法令により公務に従事する職員とみなす。

（帳簿の備付け等）

第十七条　指定試験機関は，文部科学省令・厚生労働省令で定めるところにより，試験事務に関する事項で文部科学省令・厚生労働省令で定めるものを記載した帳簿を備え，これを保存しなければならない。

（監督命令）

第十八条　文部科学大臣及び厚生労働大臣は，この法律を施行するため必要があると認めるときは，指定試験機関に対し，試験事務に関し監督上必要な命令をすることができる。

（報告）

第十九条　文部科学大臣及び厚生労働大臣は，この法律を施行するため必要があると認めるときは，その必要な限度で，文部科学省令・厚生労働省令で定めるところにより，指定試験機関に対し，報告をさせることができる。

（立入検査）

第二十条　文部科学大臣及び厚生労働大臣は，この法律を施行するため必要があると認めるときは，その必要な限度で，その職員に，指定試験機関の事務所に立ち入り，指定試験機関の帳簿，書類その他必要な物件を検査させ，又は関係者に質問させることができる。

2　前項の規定により立入検査を行う職員は，その身分を示す証明書を携帯し，かつ，関係者の請求があるときは，これを提示しなければならない。

3　第一項に規定する権限は，犯罪捜査のために認められたものと解釈してはならない。

（試験事務の休廃止）

第二十一条　指定試験機関は，文部科学大臣及び厚生労働大臣の許可を受けなければ，試験事務の全部又は一部を休止し，又は廃止してはならない。

（指定の取消し等）

第二十二条　文部科学大臣及び厚生労働大臣は，指定試験機関が第十条第四項各号（第三号を除く。）のいずれかに該当するに至ったときは，その指定を取り消さなければならない。

2　文部科学大臣及び厚生労働大臣は，指定試験機関が次の各号のいずれかに該当するに至ったときは，その指定を取り消し，又は期間を定めて試験事務の全部若しくは一部の停止を命ずることができる。

　一　第十条第三項各号の要件を満たさなくなったと認められるとき。

　二　第十一条第二項（第十四条第四項において準用する場合を含む。），第十三条第三項又は第十八条の規定による命令に違反したとき。

　三　第十二条，第十四条第一項から第三項まで又は前条の規定に違反したとき。

　四　第十三条第一項の認可を受けた試験事務規程によらないで試験事務を行ったとき。

　五　次条第一項の条件に違反したとき。

（指定等の条件）

第二十三条　第十条第一項，第十一条第一項，第十二条第一項，第十三条第一項又は第二十一条の規定による指定，認可又は許可には，条件を付し，及びこれを変更することができる。

2　前項の条件は，当該指定，認可又は許可に係る事項の確実な実施を図るため必要な最小限度のものに限り，かつ，当該指定，認可又は許可を受ける者に不当な義務を課することとなるものであってはならな

い。

（指定試験機関がした処分等に係る審査請求）

第二十四条　指定試験機関が行う試験事務に係る処分又はその不作為について不服がある者は，文部科学大臣及び厚生労働大臣に対し，審査請求をすることができる。この場合において，文部科学大臣及び厚生労働大臣を，行政不服審査法（平成二十六年法律第六十八号）第二十五条第二項及び第三項，第四十六条第一項及び第二項，第四十七条並びに第四十九条第三項の規定の適用については，指定試験機関の上級行政庁とみなす。

（文部科学大臣及び厚生労働大臣による試験事務の実施等）

第二十五条　文部科学大臣及び厚生労働大臣は，指定試験機関の指定をしたときは，試験事務を行わないものとする。

2　文部科学大臣及び厚生労働大臣は，指定試験機関が第二十一条の規定による許可を受けて試験事務の全部若しくは一部を休止したとき，第二十二条第二項の規定により指定試験機関に対し試験事務の全部若しくは一部の停止を命じたとき又は指定試験機関が天災その他の事由により試験事務の全部若しくは一部を実施することが困難となった場合において必要があると認めるときは，試験事務の全部又は一部を自ら行うものとする。

（公示）

第二十六条　文部科学大臣及び厚生労働大臣は，次の場合には，その旨を官報に公示しなければならない。

一　第十条第一項の規定による指定をしたとき。

二　第二十一条の規定による許可をしたとき。

三　第二十二条の規定により指定を取り消し，又は試験事務の全部若しくは一部の停止を命じたとき。

四　前条第二項の規定により試験事務の全部若しくは一部を自ら行うこととするとき又は自ら行っていた試験事務の全部若しくは一部を行わないこととするとき。

（試験の細目等）

第二十七条　この章に規定するもののほか，試験，指定試験機関その他この章の規定の施行に関し必要な事項は，文部科学省令・厚生労働省令で定める。

　第三章　登録

（登録）

第二十八条　公認心理師となる資格を有する者が公認心理師となるには，公認心理師登録簿に，氏名，生年月日その他文部科学省令・厚生労働省令で定める事項の登録を受けなければならない。

（公認心理師登録簿）

第二十九条　公認心理師登録簿は，文部科学省及び厚生労働省に，それぞれ備える。

（公認心理師登録証）

第三十条　文部科学大臣及び厚生労働大臣は，公認心理師の登録をしたときは，申請者に第二十八条に規定する事項を記載した公認心理師登録証（以下この章において「登録証」という。）を交付する。

（登録事項の変更の届出等）

第三十一条　公認心理師は，登録を受けた事項に変更があったときは，遅滞なく，その旨を文部科学大臣及び厚生労働大臣に届け出なければならない。

2　公認心理師は，前項の規定による届出をするときは，当該届出に登録証を添えて提出し，その訂正を受けなければならない。

（登録の取消し等）

第三十二条　文部科学大臣及び厚生労働大臣は，公認心理師が次の各号のいずれかに該当する場合には，その登録を取り消さなければならない。

　一　第三条各号（第四号を除く。）のいずれかに該当するに至った場合

　二　虚偽又は不正の事実に基づいて登録を受けた場合

2　文部科学大臣及び厚生労働大臣は，公認心理師が第四十条，第四十一条又は第四十二条第二項の規定に違反したときは，その登録を取り消し，又は期間を定めて公認心理師の名称及びその名称中における心理師という文字の使用の停止を命ずることができる。

（登録の消除）

第三十三条　文部科学大臣及び厚生労働大臣は，公認心理師の登録がその効力を失ったときは，その登録を消除しなければならない。

（情報の提供）

第三十四条　文部科学大臣及び厚生労働大臣は，公認心理師の登録に関し，相互に必要な情報の提供を行うものとする。

（変更登録等の手数料）

第三十五条　登録証の記載事項の変更を受けようとする者及び登録証の再交付を受けようとする者は，実費を勘案して政令で定める額の手数料を国に納付しなければならない。

（指定登録機関の指定等）

第三十六条　文部科学大臣及び厚生労働大臣は，文部科学省令・厚生労働省令で定めるところにより，その指定する者（以下「指定登録機関」という。）に，公認心理師の登録の実施に関する事務（以下「登録事務」という。）を行わせることができる。

2　指定登録機関の指定は，文部科学省令・厚生労働省令で定めるところにより，登録事務を行おうとする者の申請により行う。

第三十七条　指定登録機関が登録事務を行う場合における第二十九条，第三十条，第三十一条第一項，第三十三条及び第三十五条の規定の適用については，第二十九条中「文部科学省及び厚生労働省に，それぞれ」とあるのは「指定登録機関に」と，第三十条，第三十一条第一項及び第三十三条中「文部科学大臣及び厚生労働大臣」とあり，並びに第三十五条中「国」とあるのは「指定登録機関」とする。

2　指定登録機関が登録を行う場合において，公認心理師の登録を受けようとする者は，実費を勘案して政令で定める額の手数料を指定登録

294

機関に納付しなければならない。

3　第一項の規定により読み替えて適用する第三十五条及び前項の規定により指定登録機関に納められた手数料は，指定登録機関の収入とする。

（準用）

第三十八条　第十条第三項及び第四項，第十一条から第十三条まで並びに第十六条から第二十六条までの規定は，指定登録機関について準用する。この場合において，これらの規定中「試験事務」とあるのは「登録事務」と，「試験事務規程」とあるのは「登録事務規程」と，第十条第三項中「前項の申請」とあり，及び同条第四項中「第二項の申請」とあるのは「第三十六条第二項の申請」と，第十六条第一項中「職員（試験委員を含む。次項において同じ。）」とあるのは「職員」と，第二十二条第二項第二号中「第十一条第二項（第十四条第四項において準用する場合を含む。）」とあるのは「第十一条第二項」と，同項第三号中「，第十四条第一項から第三項まで又は前条」とあるのは「又は前条」と，第二十三条第一項及び第二十六条第一号中「第十条第一項」とあるのは「第三十六条第一項」と読み替えるものとする。

（文部科学省令・厚生労働省令への委任）

第三十九条　この章に規定するもののほか，公認心理師の登録，指定登録機関その他この章の規定の施行に関し必要な事項は，文部科学省令・厚生労働省令で定める。

第四章　義務等

（信用失墜行為の禁止）

第四十条　公認心理師は，公認心理師の信用を傷つけるような行為をしてはならない。

（秘密保持義務）

第四十一条　公認心理師は，正当な理由がなく，その業務に関して知り得た人の秘密を漏らしてはならない。公認心理師でなくなった後においても，同様とする。

（連携等）

第四十二条　公認心理師は，その業務を行うに当たっては，その担当する者に対し，保健医療，福祉，教育等が密接な連携の下で総合的かつ適切に提供されるよう，これらを提供する者その他の関係者等との連携を保たなければならない。

2　公認心理師は，その業務を行うに当たって心理に関する支援を要する者に当該支援に係る主治の医師があるときは，その指示を受けなければならない。

（資質向上の責務）

第四十三条　公認心理師は，国民の心の健康を取り巻く環境の変化による業務の内容の変化に適応するため，第二条各号に掲げる行為に関する知識及び技能の向上に努めなければならない。

（名称の使用制限）

第四十四条　公認心理師でない者は，公認心理師という名称を使用してはならない。

2　前項に規定するもののほか，公認心理師でない者は，その名称中に心理師という文字を用いてはならない。

（経過措置等）

第四十五条　この法律の規定に基づき命令を制定し，又は改廃する場合においては，その命令で，その制定又は改廃に伴い合理的に必要と判断される範囲内において，所要の経過措置（罰則に関する経過措置を含む。）を定めることができる。

2　この法律に規定するもののほか，この法律の施行に関し必要な事項は，文部科学省令・厚生労働省令で定める。

第五章　罰則

第四十六条　第四十一条の規定に違反した者は，一年以下の懲役又は三十万円以下の罰金に処する。

2　前項の罪は，告訴がなければ公訴を提起することができない。

第四十七条　第十六条第一項（第三十八条において準用する場合を含

む。）の規定に違反した者は，一年以下の懲役又は三十万円以下の罰
金に処する。

第四十八条　第二十二条第二項（第三十八条において準用する場合を含
む。）の規定による試験事務又は登録事務の停止の命令に違反したと
きは，その違反行為をした指定試験機関又は指定登録機関の役員又は
職員は，一年以下の懲役又は三十万円以下の罰金に処する。

第四十九条　次の各号のいずれかに該当する者は，三十万円以下の罰金
に処する。

一　第三十二条第二項の規定により公認心理師の名称及びその名称中
における心理師という文字の使用の停止を命ぜられた者で，当該停
止を命ぜられた期間中に，公認心理師の名称を使用し，又はその名
称中に心理師という文字を用いたもの

二　第四十四条第一項又は第二項の規定に違反した者

第五十条　次の各号のいずれかに該当するときは，その違反行為をした
指定試験機関又は指定登録機関の役員又は職員は，二十万円以下の罰
金に処する。

一　第十七条（第三十八条において準用する場合を含む。）の規定に
違反して帳簿を備えず，帳簿に記載せず，若しくは帳簿に虚偽の記
載をし，又は帳簿を保存しなかったとき。

二　第十九条（第三十八条において準用する場合を含む。）の規定に
よる報告をせず，又は虚偽の報告をしたとき。

三　第二十条第一項（第三十八条において準用する場合を含む。）の
規定による立入り若しくは検査を拒み，妨げ，若しくは忌避し，又
は質問に対して陳述をせず，若しくは虚偽の陳述をしたとき。

四　第二十一条（第三十八条において準用する場合を含む。）の許可
を受けないで試験事務又は登録事務の全部を廃止したとき。

附　則　抄

（施行期日）

第一条　この法律は，公布の日から起算して二年を超えない範囲内にお

いて政令で定める日から施行する。ただし，第十条から第十四条まで，第十六条，第十八条から第二十三条まで及び第二十五条から第二十七条までの規定並びに第四十七条，第四十八条及び第五十条（第一号を除く。）の規定（指定試験機関に係る部分に限る。）並びに附則第八条から第十一条までの規定は，公布の日から起算して六月を超えない範囲内において政令で定める日から施行する。

（受験資格の特例）

第二条　次の各号のいずれかに該当する者は，第七条の規定にかかわらず，試験を受けることができる。

一　この法律の施行の日（以下この項及び附則第六条において「施行日」という。）前に学校教育法に基づく大学院の課程を修了した者であって，当該大学院において心理学その他の公認心理師となるために必要な科目として文部科学省令・厚生労働省令で定めるものを修めたもの

二　施行日前に学校教育法に基づく大学院に入学した者であって，施行日以後に心理学その他の公認心理師となるために必要な科目として文部科学省令・厚生労働省令で定めるものを修めて当該大学院の課程を修了したもの

三　施行日前に学校教育法に基づく大学に入学し，かつ，心理学その他の公認心理師となるために必要な科目として文部科学省令・厚生労働省令で定めるものを修めて卒業した者その他その者に準ずるものとして文部科学省令・厚生労働省令で定める者であって，施行日以後に同法に基づく大学院において第七条第一号の文部科学省令・厚生労働省令で定める科目を修めてその課程を修了したもの

四　施行日前に学校教育法に基づく大学に入学し，かつ，心理学その他の公認心理師となるために必要な科目として文部科学省令・厚生労働省令で定めるものを修めて卒業した者その他その者に準ずるものとして文部科学省令・厚生労働省令で定める者であって，第七条第二号の文部科学省令・厚生労働省令で定める施設において同号の

　　　文部科学省令・厚生労働省令で定める期間以上第二条第一号から第
　　　三号までに掲げる行為の業務に従事したもの
2　　この法律の施行の際現に第二条第一号から第三号までに掲げる行為
　　を業として行っている者その他その者に準ずるものとして文部科学省
　　令・厚生労働省令で定める者であって，次の各号のいずれにも該当す
　　るに至ったものは，この法律の施行後五年間は，第七条の規定にかか
　　わらず，試験を受けることができる。
　　一　文部科学大臣及び厚生労働大臣が指定した講習会の課程を修了し
　　　た者
　　二　文部科学省令・厚生労働省令で定める施設において，第二条第一
　　　号から第三号までに掲げる行為を五年以上業として行った者
3　　前項に規定する者に対する試験は，文部科学省令・厚生労働省令で
　　定めるところにより，その科目の一部を免除することができる。
　　（受験資格に関する配慮）
第三条　　文部科学大臣及び厚生労働大臣は，試験の受験資格に関する第
　　七条第二号の文部科学省令・厚生労働省令を定め，及び同条第三号の
　　認定を行うに当たっては，同条第二号又は第三号に掲げる者が同条第
　　一号に掲げる者と同等以上に臨床心理学を含む心理学その他の科目に
　　関する専門的な知識及び技能を有することとなるよう，同条第二号の
　　文部科学省令・厚生労働省令で定める期間を相当の期間とすることそ
　　の他の必要な配慮をしなければならない。
　　（名称の使用制限に関する経過措置）
第四条　　この法律の施行の際現に公認心理師という名称を使用している
　　者又はその名称中に心理師の文字を用いている者については，第四十
　　四条第一項又は第二項の規定は，この法律の施行後六月間は，適用し
　　ない。
　　（検討）
第五条　　政府は，この法律の施行後五年を経過した場合において，この
　　法律の規定の施行の状況について検討を加え，その結果に基づいて必

要な措置を講ずるものとする。

（試験の実施に関する特例）

第六条 第六条の規定にかかわらず，施行日の属する年においては，試験を行わないことができる。

　附　則　（令和元年六月一四日法律第三七号）　抄

（施行期日）

第一条 この法律は，公布の日から起算して三月を経過した日から施行する。ただし，次の各号に掲げる規定は，当該各号に定める日から施行する。

二　第三条，第四条，第五条（国家戦略特別区域法第十九条の二第一項の改正規定を除く。），第二章第二節及び第四節，第四十一条（地方自治法第二百五十二条の二十八の改正規定を除く。），第四十二条から第四十八条まで，第五十条，第五十四条，第五十七条，第六十条，第六十二条，第六十六条から第六十九条まで，第七十五条（児童福祉法第三十四条の二十の改正規定を除く。），第七十六条，第七十七条，第七十九条，第八十条，第八十二条，第八十四条，第八十七条，第八十八条，第九十条（職業能力開発促進法第三十条の十九第二項第一号の改正規定を除く。），第九十五条，第九十六条，第九十八条から第百条まで，第百四条，第百八条，第百九条，第百十二条，第百十三条，第百十五条，第百十六条，第百十九条，第百二十一条，第百二十三条，第百三十三条，第百三十五条，第百三十八条，第百三十九条，第百六十一条から第百六十三条まで，第百六十六条，第百六十九条，第百七十条，第百七十二条（フロン類の使用の合理化及び管理の適正化に関する法律第二十九条第一項第一号の改正規定に限る。）並びに第百七十三条並びに附則第十六条，第十七条，第二十条，第二十一条及び第二十三条から第二十九条までの規定　公布の日から起算して六月を経過した日

（行政庁の行為等に関する経過措置）

第二条 この法律（前条各号に掲げる規定にあっては，当該規定。以下

この条及び次条において同じ。）の施行の日前に，この法律による改正前の法律又はこれに基づく命令の規定（欠格条項その他の権利の制限に係る措置を定めるものに限る。）に基づき行われた行政庁の処分その他の行為及び当該規定により生じた失職の効力については，なお従前の例による。

（罰則に関する経過措置）

第三条　この法律の施行前にした行為に対する罰則の適用については，なお従前の例による。

索引

＊配列は五十音順

分担執筆者紹介

窪田　由紀（くぼた・ゆき）
・執筆章→ 4・5・11

1975 年	京都大学文学部哲学科心理学専攻卒業
1980 年	九州大学大学院教育学研究科教育心理学専攻博士後期課程単位取得後退学
現在	九州産業大学学術研究推進機構科研費特任研究員，臨床心理士，公認心理師
所属学会	日本心理臨床学会，日本学校心理学会，日本教育心理学会，日本コミュニティ心理学会など
専攻	臨床コミュニティ心理学
主な著書	『学校コミュニティへの緊急支援の手引き　第 3 版』（共編著，金剛出版） 『臨床実践としてのコミュニティ・アプローチ』（単著，金剛出版） 『学校における自殺予防教育のすすめ方』（編著，遠見書房） 『災害に備える心理教育』（共編著，ミネルヴァ書房） 『学校心理臨床実践』（共編著，ナカニシヤ出版） 『危機への心理的支援』（編著，ナカニシヤ出版）

池田　政俊（いけだ・まさとし）
・執筆章→ 6・8・9

1985 年	千葉大学医学部卒業 総合病院国保旭中央病院神経精神科，帝京大学医学部附属市原病院（現，ちば総合病院医療センター）メンタルヘルス科，千葉県市原保健所嘱託医（兼任），東京電力千葉支店産業医（兼任）などを経て，
現在	帝京大学大学院文学研究科心理学専攻主任教授，博士（医学），精神保健指定医，臨床心理士，公認心理師，日本精神神経学会認定精神科専門医，指導医，日本精神分析学会認定精神分析的精神療法医スーパーバイザー，国際精神分析学会認定精神分析家
専攻	精神分析学，臨床精神医学
所属学会	日本精神神経学会，日本精神分析学会など
主な著書	『北山理論の発見―錯覚と脱錯覚を生きる』（共編著，創元社） 『サポーティヴ・サイコセラピー入門―力動的理解を日常臨床に活かすために』（共訳，岩崎学術出版社） 『新体系看護学全書　精神看護学概論・精神保健　第 1 章 II 精神（心）の構造とはたらき』（分担執筆，メヂカルフレンド社） 『専門医のための精神科リュミエール 29 自殺予防の基本戦略 V 自殺プロセスの各段階での自殺予防　7. パーソナリティ障害』（分担執筆，中山書店） 『フロイト全著作解説』（分担執筆，人文書院）

川畑　直人（かわばた・なおと）

1987 年	京都大学大学院教育学研究科（博士課程）教育方法学専攻中退
1999 年	教育学博士（京都大学　論教博第 81 号）
現在	京都文教大学臨床心理学部教授，臨床心理士，日本臨床心理士養成大学院協議会会長，日本公認心理師養成機関連盟理事，有限会社ケーアイピーピー代表取締役
所属学会	日本心理臨床学会，日本心理学会，日本教育心理学会，日本犯罪心理学会，日本ロールシャッハ学会，日本精神科診断学会，日本産業ストレス学会など
専攻	臨床心理学，精神分析学
主な著書	『対人関係精神分析の心理臨床』（監修・共著，誠信書房）『こころに寄り添う災害支援』（共著，金剛合出版）『臨床心理学—心の専門家の教育と心の支援—』（共著，培風館）『心理臨床家アイデンティティの育成』（編著，創元社）

編著者紹介

津川　律子 (つがわ・りつこ)

・執筆章→1・2・14

1985 年	日本大学大学院文学研究科心理学専攻博士前期課程修了
現在	日本大学文理学部心理学科教授，公認心理師，臨床心理士，日本公認心理師協会副会長，日本臨床心理士会会長
専攻	臨床心理学，精神保健学
所属学会	包括システムによる日本ロールシャッハ学会，日本精神衛生学会，日本心理臨床学会，日本精神神経学会など
主な著書	『心理療法におけるケース・フォーミュレーション―的確な臨床判断に基づいた治療計画の基本ガイド』（共監訳，福村出版） 『心理学からみたアディクション』（共編著，朝倉書店） 『保健医療分野の心理職のための分野別事例集―チーム医療とケース・フォーミュレーション―』（共編著，福村出版） 『精神療法トレーニングガイド』（共編著，日本評論社） 『改訂増補 精神科臨床における心理アセスメント入門』（単著，金剛出版）

元永　拓郎 (もとなが・たくろう)

・執筆章→3・7・15

1991 年	東京大学大学院医学系研究科博士課程単位取得済中退
現在	帝京大学文学部心理学科教授，博士（保健学），公認心理師，臨床心理士，日本精神衛生学会副理事長，日本公認心理師協会常任理事
専攻	精神保健学，臨床心理学
所属学会	日本学校メンタルヘルス学会理事，日本心理臨床学会理事，日本公認心理師養成機関連盟理事など
主な著書	P. H. ロッシほか著『プログラム評価の理論と方法』（共訳，日本評論社） 『受験生，こころのテキスト』（共編著，角川学芸出版） 『新しいメンタルヘルスサービス』（単著，新興医学出版社） 『心の専門家が出会う法律〈新版〉』（共編集，誠信書房） 『関係行政論（第2版）』（編著，遠見書房） 『サイコセラピーは統合を希求する』（単著，遠見書房）

放送大学教材　1529528-1-2111（ラジオ）

心理臨床における法・倫理・制度
―関係行政論―

発　行　　2021 年 3 月 20 日　第 1 刷
　　　　　 2023 年 1 月 20 日　第 2 刷
編著者　　津川律子・元永拓郎
発行所　　一般財団法人　放送大学教育振興会
　　　　　 〒 105-0001　東京都港区虎ノ門 1-14-1　郵政福祉琴平ビル
　　　　　 電話　03（3502）2750

Printed in Japan　ISBN978-4-595-32250-1　C1311